国際知的財産法入門

木棚照一（著）

日本評論社

はしがき

　本書は、国際知的財産法の入門書である。私が知的財産権法の研究を始めた1970年代においては知的財産権の問題がわが国の裁判所で徹底的に争われることは稀であった。知的財産権に関する紛争が生じても業界内部の話し合いにより解決されることが多かった。知的財産権が企業の競争力の重要な要因となることは認識されていたが、それはあくまで弁理士、知的財産権に係る弁護士、企業の関連部署等の専門家という狭い範囲にとどまった。

　しかし、1980年代の日米貿易摩擦を契機として、また、1995年の世界貿易機関（WTO）の成立後の急速なグローバル化の進行の中で、知的財産権の問題が国境を越えて問題になり、それが裁判所等の紛争解決機関で争われることも著しく増加してきた。新聞やテレビなどのマスメディアにおいても知的財産権に関するいろいろな紛争事例や地域的な連携協定における知的財産権条項が取り上げられることも少なくなく、知的財産権に関する関心が広まっている。それらの中には、知的財産権の純国内的な問題が含まれるだけではなく、むしろ国境を越えた、国際的な問題が多くなっている。わが国の裁判所の裁判例の中にも注目すべき判例が形成されつつある。大学や大学院においても国際知的財産法に関する科目が増えている。

　国際知的財産法は、法源という面からみても、国際条約ばかりではなく、国内法も問題となり、複雑に絡み合う。国際条約といっても、工業所有権の保護に関するパリ条約や文学的及び美術的著作物の保護に関するベルヌ条約のように、国連の専門機関となっている世界知的所有権機関（WIPO）の管理の下にある条約と国連と独立の機関とされる世界貿易機関（WTO）の管理下にある知的所有権の貿易的側面に関する協定（TRIPs）のように通商協定の一部に組み込まれたものがある。

　条約と国内法の関連に関する一元説に立ったとしても、私人間の紛争解決に直接的適用される知的財産条約の規定とあくまで通商条約としての性質上拘束されるのは原則として国家に留まるTRIPsがある。関連する国内法についても、

抵触法規定と実質法規定、実質法規定においても訴訟手続に関する規定と権利義務の成立要件や効力、内容等を定めた実体法規定がある。性質を異にするいろいろな次元の法源が問題となる。そのためか何となく難しい科目とみられ、敬遠されることも稀ではない。しかし、本書においても示したように、他の法学部の専門科目と比べて特別に難しい科目ではない。今後グローバル化の中で知的財産立国を目指すわが国において、いよいよこの科目を習得した人材が求められる重要となる分野である。

　筆者は、2009 年に国際知的財産法の体系書を出版した。これは、ハーバード大学への留学を契機として知的財産権をめぐる国際的な側面を学問的に体系化するたたき台を示し、この分野の学問研究の将来の発展に役立てようとしたものであった。教科書としては、当時開設しようとされていた法科大学院の学生を対象にした 536 頁に及ぶものであった。しかし、この本も残り少なくなっている。また、この本を使用して法学部で授業に使用してみると、少し内容的に難しい問題も扱い、詳しすぎるところがあるだけではなく、学生にとって価格的にも高くて購入しにくいことが分かった。そこで、学部の学生を念頭に置いたより使いやすい教科書として学生が入手しやすい価格になるように作成したのが本書である。

　入門書として内容を圧縮する必要があるので、原著書の文献を引用した部分は、できる限り少なくし、必要な範囲内で（　）の中で本書の巻末に主要参考文献としてまとめて掲げた文献の略称を挙げるにとどめた。章別も原著書においては 2 部構成としていた。これは法科大学院等の討論を中心とした授業を念頭に置いたものであった。しかし、学部の授業では使いにくい面があった。

　そこで、本書では 14 章とし、教科書の中における体系を分かりやすくし、学部の授業で使いやすいように工夫した。国際私法、知的財産法に関する問題については適宜その関連の教科書を、判例については各事例ごとに特に指定していなくても、『国際私法判例百選〔第 2 版〕』はじめ関連する判例百選、重要判例解説、私法判例リマークス等の判例解説を必要に応じて参照して頂きたい。なお、旧著を発行してから 10 年足らずしか経過していないけれども、この分野における動きは早い。国際知的財産法に関する法源、判例、学説の動向にも着目し、できる限り現時点での出版物としてふさわしい内容となるように務めた。

本書が所期の目標を達成した書物になっているかどうかは読者の皆様の評価に待たなければならない。それでも、現在与えられた条件の下でこれをまとめるとしたら、残念ではあるが、この程度しかできないというのが著者の正直な気持ちである。今後もし機会が与えられるとすれば、より良いものにするように努力していきたい。

　本書の出版については、日本評論社の中野芳明編集部長に大変お世話になった。本書を出版できたのは、同氏との出会いによるところが大きい。同氏の提案と鞭撻（べんたつ）がなければ、本書は日の目を見ることはなかったであろう。記して深く謝意を表したい。

　　2018年1月8日

　　　　　　　　　　　　　　　　法律事務所を兼ねた豊島区学習院下の寓居にて
　　　　　　　　　　　　　　　　　　　　　　　　　　　　木棚　照一

国際知的財産法入門

目　次

はしがき　i

第1章　知的財産法の無体性と属地性の交錯 ················· 1
　　1　知的財産権概念の登場とその国際性との関連性　1
　　2　条約等の国際法源による知的財産権規制の必要性と可能性　3
　　3　真正商品の並行輸入と商標権の属地性　7
　　4　特許製品の並行輸入と特許権の属地性　11

第2章　日本における知的財産権保護の特徴と知的財産摩擦 ········ 15
　　1　日本における知的財産権保護の特徴　15
　　2　日米間の知的財産摩擦とその具体例　16
　　　（1）ハネウエル対ミノルタ事件　17
　　　（2）IBM対富士通事件　20
　　　（3）コーニング社対住友電工事件　22
　　3　知的財産摩擦において日本の企業が学んだこと　24
　　4　米国のプロ・パテント政策と知的財産摩擦　26

第3章　工業所有権の国際的保護に関するパリ条約の成立と
　　　　その後の展開 ································· 29
　　1　パリ条約成立前における工業所有権の保護　29
　　2　パリ同盟の成立までの歴史　31
　　3　パリ条約の定着とその後の改正会議　35
　　4　パリ条約の発展　37
　　　（1）第一次世界大戦までの改正会議とその成果　37
　　　（2）第一次世界大戦から第二次世界大戦までの改正会議とその成果　38
　　　（3）第二次世界大戦後の改正会議とその成果　41
　　5　パリ条約の停滞と19条の「特別の取極」　43

第4章 文学的及び美術的著作物の保護に関するベルヌ条約の成立と
　　　 その後の展開 ……………………………………………………………45
　　1　ベルヌ条約成立前の著作権保護　45
　　2　ベルヌ条約成立の意義とその後の展開　46
　　3　1886年のベルヌ条約の内容　48
　　4　ベルヌ条約のその後の発展　49
　　　(1)　第一次世界大戦までの改正会議　49
　　　(2)　第一次世界大戦から第二次世界大戦までの改正会議　51
　　　(3)　第二次世界大戦後の改正会議　52
　　5　ベルヌ条約パリ改正条約と万国著作権条約パリ改正条約との関係　55
　　6　伝統的著作権条約の停滞と今後の展望　57

第5章 TRIPs（知的所有権の貿易関連の側面に関する協定）の成立と
　　　 その後の問題点 …………………………………………………………59
　　1　ウルグアイ・ラウンド交渉の開始とその後の展開　59
　　2　知的所有権の貿易関連の側面に関する協定（TRIPs）の特徴と
　　　 問題点　62
　　　(1)　一般規定および基本原則　63
　　　(2)　著作権および関連する権利　64
　　　(3)　特許　65
　　　(4)　商標権　68
　　　(5)　意匠権　70
　　　(6)　その他の知的財産権　70
　　　(7)　その他の関連規定　71
　　　(8)　まとめ　72

第6章 その他の知的財産権条約および今後の可能性 …………………74
　　1　世界知的所有権機関（WIPO）所管の条約と世界貿易機関（WTO）
　　　 所管の条約の併存　74
　　2　基本的知的財産権条約とその他の知的財産権に関する国際法源　77
　　　(1)　工業所有権に関する国際法源　77
　　　(2)　著作権および著作隣接権に関する国際法源　83
　　　(3)　その他の知的財産権に関する国際法源　85
　　3　基本的知的財産権条約との関係　87

第7章 国際法源における基本原則とその相互間の関係……………90

1 基本的国際法源に共通する原則としての内国民待遇の原則　90
2 TRIPsの基本原則としての最恵国待遇の原則　96
3 パリ条約における基本原則としての優先権制度と工業所有権独立の原則　100
   (1) 優先権制度　100
   (2) 工業所有権独立の原則　105
4 ベルヌ条約における自動的保護と保護の独立性　109
   (1) 著作権の自動的保護の原則　109
   (2) 著作権保護の独立性　111

第8章 知的財産権の保護を受けるための要件および手続…………113

1 はじめに　113
2 連結点としての登録国と保護国　114
3 保護国法が日本法になる場合　119
4 特許出願におけるPCTルートとパリ・ルート　121
5 標章の国際登録に関するマドリッド協定の1989年の議定書による国際登録　123
6 意匠の国際登録に関するハーグ協定ジュネーブ改正協定による国際登録　126
7 登録によらないで生じる権利　127

第9章 知的財産訴訟に関する国際裁判管轄権の原則………………129

1 民事訴訟法における国際裁判管轄権の規定（第1編総則第2章裁判所第1節日本の裁判所の管轄権）の制定　129
2 被告が民事訴訟法3条の2の定める日本国内に住所等を有する場合における外国の登録知的財産権に関する侵害訴訟および実施・使用契約に関する訴訟の裁判管轄権　131
3 被告が民事訴訟法3条の2に定める日本国内に住所等を有しない場合における外国の登録知的財産権の侵害訴訟および実施・使用契約に関する訴訟の裁判管轄権　133
4 著作権に関する訴訟の裁判管轄権　138
5 併合請求による国際裁判管轄権の拡張　140
6 特別の事情による日本の裁判所の国際裁判管轄権の制限　142

第 10 章　知的財産権自体に関わる問題の準拠法 …………………144

1　知的財産権に関する法の調和における TRIPs の意義と限界　144
2　渉外的知的財産権問題を国際私法により解決する必要性　147
3　知的財産権に関する国際私法の調和の試み　149
4　知的財産権の属地性と知的財産紛争の準拠法　152
5　法適用通則法における知的財産権自体の準拠法の考察　156

第 11 章　知的財産権侵害の準拠法 ……………………………………159

1　法適用通則法上の不法行為の準拠法　159
2　外国特許権をその外国における行為によって侵害した場合　163
3　外国特許権を日本における行為によって侵害した場合　164
4　外国特許権侵害の消極的確認訴訟　170
5　日本における外国著作権侵害訴訟の準拠法とその適用　172
　(1)　著作権の属地性と外国著作権侵害訴訟　172
　(2)　著作権侵害訴訟の準拠法　173

第 12 章　知的財産権に関する契約の準拠法 …………………………177

1　日本における契約準拠法と知的財産権の譲渡、実施・使用許諾契約の準拠法　177
2　知的財産権の準拠法と契約準拠法の関係　180
3　著作権の譲渡契約の準拠法に関する判例　185

第 13 章　知的財産権に関する渉外紛争とその解決方法 ……………189

1　私人間の紛争解決の諸方法　189
　(1)　はじめに　189
　(2)　裁判による方法　189
　(3)　行政機関等への申立てによる方法　191
　(4)　権利無効の主張と侵害訴訟が係属する裁判所　193
　(5)　仲裁による方法　195
　(6)　その他の ADR による方法　204
2　知的財産権に関する国家間の紛争　207

第 14 章　いずれの解決方法を採るべきかを決定する際の考慮要因と
　　　　　日本における侵害訴訟における防御方法……………………214
　　1　いずれの方法を採るべきかに関する考慮要因　　214
　　2　対策チームの構成と役割　　217
　　3　わが国における特許侵害訴訟の攻撃防御方法　　222
　　　(1)　権利濫用の抗弁　　225
　　　(2)　先使用の抗弁　　227
　　　(3)　試験、研究の抗弁　　231

主要参考文献　　233
事項索引　　237

[第1章]

知的財産法の無体性と属地性の交錯

1　知的財産権概念の登場とその国際性との関連性

　わが国は制定法国であるから、多くの法分野においては制定法上定められた法源が存在する。例えば、私法の分野においても、民法、会社法、保険法、手形法、小切手法などそれぞれ独立の法典が存在する。知的財産法についても、知的財産基本法、特許法、実用新案法、意匠法、商標法、著作権法、不正競争防止法等の制定法が存在する。大学における研究教育分野も、それらの法典を中心に内容的に特定され、体系化されている。

　それでは、国際知的財産法の主要な法源はなんであろうか。国際知的財産法を一口で言えば国境を越えた知的財産権の保護に関する法ということができる。しかし、条約集や六法全書を見ても国際知的財産法とよばれている独立の法源は見出せない。とはいえ、工業所有権の保護に関するパリ条約、特許協力条約（PCT）、文学的及び美術的著作物の保護に関するベルヌ条約、知的所有権の貿易的側面に関する協定（TRIPs）などの一連の知的財産権の保護に関する国際条約がある。これらは国際知的財産法という観点からみても重要な法源である。それではこれらの条約だけが国際知的財産法の主な法源であるかというと必ずしもそのようにはいえない。これらの条約は、国際的に合意することができる範囲で基本的な原則を定めて国家間で締結されたものであり、条約の規定の事項的範囲や場所的適用範囲が制限されているだけではなく、TRIPsのようにその通商条約的性質上からみて原則として直接に知的財産権を有する私人の保護に適用されるものではないと考えられているものもある。したがって、条約の直接適用によって解決されることはかなり限定的になってしまう。条約上の規定から直接解決を導くことができない国際知的財産法の多くの問題は、法源

としては国内法源である国際私法とりわけ「法の適用に関する通則法」（以下、「法適用通則法」と略す）や民事訴訟法の国際裁判管轄権等に関する規定など性質を異にする種々の国内法を通じて解決しなければならない。

その意味では、国際知的財産法という言葉は、必ずしも法源の国際性を意味するものではなく、むしろ規律対象の国際性に着目したものということができる。その点では国境を越えた取引の規律が重要になって独自の法分野として認められていった国際取引法と類似する。国際知的財産法も法源という観点からみれば、国際法と国内法、国際法について一元説を採る限り自己執行的な性質を有し、直接適用性を持つ一般知的財産権条約上の規定とあくまで国家のみを規律対象とすることを原則とする通商条約上の規定、国内法についても実質法と抵触法、私法と公法、外国人法と一般実質法、実体法と手続法など性質を異にする多数の法規からなる重層的構造を持つ法分野である。

国際知的財産法という概念を理解するためには、規律対象である知的財産および知的財産権がいかなる性質および内容を持つものかを理解する必要がある。もっとも、知的財産権が何であるかという単純な問題についてすら単一の明確な概念が国際的に成立しているわけでは必ずしもない。知的財産権という概念は、特許権、商標権、意匠権、著作権、著作者人格権、回路配置利用権、育成者権、営業秘密など多くのものを含む。

19世紀末において、ドイツのJosef Kohlerやベルギーの Edmoind Picard が、無体財産権（Immaterialgütterrechte）又は知的財産権（droit intellectuals, jura in re intellectuali）という概念を作り出し、ローマ法以来の伝統的な有体財産に関する財産とは異なる著作物、発明、商標などの知的創造による無体の新しい種類の財産の存在とそれを保護するための権利（著作者や発明者等の権利）の独自性を主張した。これらの学者が着目したのは、ローマ法以来の物権、債権、人格権という権利の三分法になじまない、著作者や発明者などの知的創造者の人格権と知的創造物という無体物に対する財産権が緊密に結合している新たな権利の成立についてであった（Ladas, Artistic Property, p.9f.）。そして、それらの権利の共通性を基礎にして新しい法的概念を作り出したのは、それによって、これまでばらばらに扱われてきたこれらの権利の保護を統合的に捉え、これらの権利の性質を理論的により明確に説明し、文学的、美術的著作物と産業的財産の国際的規律の推進力にしようとしたものとみることができる。

知的財産権は、発明、考案、植物の新品種、意匠、商標、著作物その他人間の知的、創造的活動によって生み出される無体物を対象にした権利である。対象の性質からみると、特許、考案などの技術的権利、著作物、意匠などの芸術的権利、商標、地理的表示などの商業的権利に分けられる。その内容を知り、それを利用できる知識と能力を持つことができれば、誰でも、どこでも、いつでも利用することができる性質（ユビキタス性）を持つ。もちろん、そのような無体物を利用することによって具体的な商品を製造すると、それは物権等の客体となり得る有体物になる。しかし、知的財産権はそれに尽きるものではなく、発明、意匠などの枠内でいろいろな実施・利用・使用の形態が可能となり、そのような無体物によって生み出された商品については、有体物に対する排他的支配権である物権の客体になるだけではなく、無体物に対する物権と類似の性質を有する排他的権利としての知的財産権の客体ともなるのである。

　このような知的財産権は、一方では、人間の創造的知的活動から生じた財産として普遍的に保護されるべき財産権の性質を持つとともに、他方では、国家の産業政策や文化政策と密接に関わる権利として国家性が強調されてきた。知的財産保護の理論ないし思想をみても、典型的には知的財産権を国家以前の権利であると捉える自然権思想とあくまで国家が国家主権によって与える権利であるとする国家主権思想がある。どちらの考え方が有力であるかは、これまでの歴史をみると、国と時代によって異なる。また、権利の種類によっても若干異なる。

　人間の生産活動によって得られた財産が国家以前の権利として保護されるべきことが広く認められるとすれば、人間の知的生産活動によって得られた有用な無体物についても人類の基本的人権のひとつとしての財産権として国の如何を問わず広く保護されるべきことになる。歴史的に見ればフランス革命後のフランスや独立戦争および南北戦争後の米国などにこのような思想が強くみられたところである。

2　条約等の国際法源による知的財産権規制の必要性と可能性

　知的財産のユビキタス性との関係における権利保護の普遍性の要請と権利保護が国家ごとに行われている現実を直視すると、このような思想だけによって実効的に行われるものではないことが明らかになる。人間が各国家を構成して

社会生活を行っている以上は、まず、知的財産権の普遍的保護の要請は、国家間の合意に基づく条約や協定、国家実行が繰り返されることによって確立される国際慣習法などによって満たされなければならない。国際知的財産法というと多くの人が条約、協定等の国際法源を連想するのもこのことに関係があるであろう。

19世紀後半の市場の国際化に伴って、知的財産権の国際的保護のための条約が理論的に可能なばかりではなく、実際的に必要になってきた。当時の西欧主要諸国は、ローマ法以来の伝統を継受した同質的な社会であったこともあって、知的創作に係る発明家、技術者、工場経営者、美術家や作家などの運動を基礎として1883年のパリ条約や1886年のベルヌ条約のような統一法条約が成立したのも、知的財産権保護の共通意識が形成され条約法に関する必要性が認められる基盤があったからである。しかし、それでも、各国の知的財産権に関する考え方やその権利の対象として何を保護すべきかなどに関する対立があったから、内国民待遇の原則（パリ条約2条、3条、ベルヌ条約5条）、つまり同盟国の国民や同盟国の国民とみなされる外国人にも内国人と同じ条件や手続に従う限り内国民と同じ保護を受けるという、外国人法上の原則を中心とする緩やかな統一法に過ぎなかった。

ところが、一方では、第一次世界大戦後に社会主義国が誕生し、他方では、第二次世界大戦後に多くの途上国が独立してこのような諸国がパリ条約やベルヌ条約の加盟国になると、知的財産権保護に関する国家の利害が直接に対立するようになる。例えば、ある知的財産権取引、例えば、音楽著作権についてA国の収支がプラスであり、輸出過剰であるとしたら、A国は、音楽著作権の国際的保護について積極的になるであろう。しかし、B国が音楽著作権の収支につき輸入過剰国であるとすれば、B国は音楽著作権の保護について消極的になるであろう。多くの知的財産権、例えば、特許権ばかりでなく著作権も、先進資本主義国の国民又は企業が所有していることが多い。このような場合に権利者に排他的独占権を与えるという方法で保護を与えれば、その知的財産権が輸入独占のためだけに行使され、弊害が生じるおそれがある。そこで、開発途上国はそのような知的財産権の保護に消極的になるであろう。すべてのこのような知的財産権の対象となるような知識、技術、文芸は人類共有の財産として独占権を与えない方法こそ望ましいと主張することになる。また、もし、こ

のようなものに知的財産権を認めるとすれば、開発途上国にも存在する民間文芸、伝承的知識や遺伝的資源にも知的財産権を認めないのは、不衡平であると主張するであろう。このような対立が高まれば、科学や技術の発展によって生じる新たな知的財産を国際的な条約で保護することが困難になってしまう危険性を生じる。

　知的財産権の概念は、このように産業財産権（工業所有権）と著作権を統合する、独自性を持った権利概念として提唱され、発展していった。知的財産権が無体財産を対象としており、いわゆるユビキタス性を持つ権利であるところから、19世紀後半から交通、郵便、通信の発展と人の移動の自由、営業の自由の保障への要請などに伴って、他人の知的活動の成果を無断で利用することを禁止し、知的財産を国際的に保護すべきであるという運動が高まっていった。知的財産法の分野が最も早く統一私法条約が成立した分野であるといわれるのも、このような知的財産権の性質と関連する。知的財産保護に関する条約や国内法は、科学技術や文化活動の進歩や変化に対応し、時代の要請に適合した知的財産保護を目標とするが、各国の産業政策や文化政策とも密接に関連するばかりではなく、各国の財政状況や国民的要請も異なることが多いので、知的財産権の対象、権利内容、法的救済方法などが相違するのがむしろ通常であった。19世紀後半に成立したパリ条約やベルヌ条約などの伝統的知的財産権条約と20世紀末のGATTウルグアイ・ラウンド交渉の成果として設立されたWTO（世界貿易機関）の付属協定のひとつとして成立したTRIPsにおける知的財産権は、必ずしも同一ではない。

　知的財産権といえば、パリ条約上の工業所有権とベルヌ条約上の著作権が含まれることは争いがないであろう。パリ条約のストックホルム改正条約上の工業所有権については、特許、実用新案、意匠、商標、サービス・マーク、商号、原産地表示又は原産地名称、および不正競争防止に関する保護が挙げられている（同条約1条2項）。また、ベルヌ条約のパリ改正条約上の「文学的及び美術的著作物」には、書籍、小冊子その他の文書、講演、演説、説教その他これと同性質の著作物、演劇用又は楽劇用の著作物、舞踊および無言劇の著作物、楽曲、映画およびそれに類似する方法で表現される著作物、写真およびそれに類似する方法で表現される著作物、素描、絵画、建築、彫刻、版画および石版画の著作物、応用美術の著作物、図解および地図ならびに地理学、地形学、建築

学その他の科学に関する図面、略図、および模型のような文芸、学術および美術の範囲に属するすべての製作物を含む（同条約2条1項）。ここでは、著作隣接権は直接含まれてはいないし、コンピュータ・ソフトウエアやレコードが著作物に当たるかどうかについては、少なくとも明文上は明らかではなかった。

それに対して、1967年の世界知的所有権機関（WIPO）を設立する条約は、「知的所有権」とは、文芸、美術および学術の著作物、実演家の実演、レコードおよび放送、人間の活動のすべての分野における発明、科学的発見、意匠、商標、サービス・マークおよび商号その他の商業上の表示、不正競争に対する保護に関する権利ならびに産業、学術、文芸又は美術の分野における知的活動から生じる他のすべての権利をいうとされており（同条約2条(viii)）、パリ条約やベルヌ条約より広く規定されている。これは、この条約が知的財産に関する保護を促進し、知的財産権条約の管理に関する同盟国の協力を確保するために制定された条約であるから（同条約3条参照）、知的財産の概念をより広く定義しているのである。

伝統的な知的財産権条約の時代の要請に適合した改正が困難になり、これを克服するためにGATTウルグアイ・ラウンドの交渉を通じて世界貿易機関（WTO）の設立協定の付属協定として成立したTRIPsは、同協定第2部第1節から第7節までのすべての知的財産権を含むものとするから（同協定1条2項）、著作権および関連する権利、商標、地理的表示、意匠、特許、集積回路の回路配置、開示されていない情報の保護のすべてを含むことになる。同時に、加盟国にパリ条約ストックホルム改正条約とベルヌ条約パリ改正条約の遵守する義務を規定し（同協定2条1項、9条1項）、また、パリ条約、ベルヌ条約、隣接権に関するローマ条約および集積回路についての知的財産権条約に基づく既存の義務であって、加盟国が相互に負うことのあるものを免れさせるものではないことを明らかにしている（同協定2条2項）。

諸外国で出版される著書をみると、TRIPsが発効した1995年前後から国際知的財産法と名付けられる書物に出会うことは珍しくなくなった。おそらくそれは、TRIPsが工業所有権、著作権等を含むすべての知的財産権を保護すべきものとし、最低限の保護基準を示し全体的に調整して扱っていることに関連するであろう。

3　真正商品の並行輸入と商標権の属地性

　わが国においては島国であるという地理的特徴もあり、少なくとも私が知的財産法の研究を始めた1970年代初めの頃までは、知的財産権に関する属地主義の原則とわが国の知的財産法を理解していれば国際知的財産法という法分野を独自に考える必要がないとする見解が有力であった。ところが、知的財産権の属地主義の原則の意義は、条約上直接定められているものではなく、その根拠についても議論が分かれている。そのような状況の中で、国際知的財産法の規律対象のユビキタス性、普遍性と規律方法としての属地性は、相互に交錯し、知的財産の属地性の意義そのものが問われなければならない事例が生じる。

　日本においては外国のブランド品つまり著名商標を付けられた商品とりわけ外国人又は外国会社の所有する著名商標商品に消費者の人気が集まる傾向が強いといわれている。これが偽ブランド品つまり真正商品でない場合には、それが業として輸入、販売される限りは、商標権によってその商品の輸入、販売等を阻止することができるのは、商標法25条、2条1項1号、3項2号、36条等の明文の規定からみて当然である。しかし、権限を有する者により外国の著名商標を付された真正商品をわが国に並行輸入する場合にはどうであろうか。

　ブランド商品の流通・販売経路は次のようになっているのが通常である。世界各国に同一又は類似の標章（例えば、Coca-ColaやGucci）を対象とした商標権を並行的に所有している商標権者が、各々の国に子会社やその他現地の独立の商人を総代理店として置き、その国の商標権についての専用使用権をその総代理店に許諾して自己の商標を付けた商品（以下、商標商品という）つまり自らの商標商品をすべてこの総代理店を通じて世界の各国で流通させるのである。そのような商標商品は、商標権者自身が製造する場合のほか、商標権者の許諾を受けたうえで、現地子会社や他の業者に製造させる場合も多い。いずれにしても商標権者自身による商標商品の品質管理を厳格に行うことにより、そのブランドの評価を維持し、高めるようにされている。

　ところで、商標権者や総代理店が各々の国の市場状況に応じた市場戦略をとることがあって、日本国内の商品価格が商標権者の本国や発展途上国である外国よりも著しく高くなることがある。また、日本の総代理店が国内における取引の相手方や取り扱う商品の種類や分量を制限することがある。このような場

合に、日本における商標商品の価格が異常に高くなることがある。そこで、外国で拡布された商標商品が日本の総代理店を通さずに、つまり商標権者が設定した経路と異なる流通経路で日本に輸入されることが生じる。これを商標商品の並行輸入という。

　真正商品すなわち商標権者又はそれと同視することができる者から出ており（出所の真正）、かつ、そのような者によって商品表示が付けられている（表示の真正）商標商品が並行輸入された場合にも、日本の商標権を行使してこのような並行輸入自体や並行輸入された商品の国内における販売し、引き渡し、又はそれらのために展示する行為等を阻止することができるかが問題になる。

　商標権は典型的にはある国家の権限を有する官庁における登録により取得されるものである。商標権者は、それによって登録国の領域内で行使することができる権利の束を取得する。商標商品や役務がその国内で商標権者やその許諾を得た者により最初に売買されれば、商標権はそのような商品や役務に及ばなくなる。まず、この点をどのように説明するかである。比較法的にみれば、ヨーロッパ大陸法系の諸国においては消尽論とよばれる理論で説明する場合が多い。しかし、知的財産権の種類によっても必ずしも同一とはいえず、商標権については商標機能論によって判断されることもある。その他の諸国、とりわけ、コモン・ロー諸国では黙示的許諾論によることが多いが、米国においては、ファースト・セール・ドクトリンとよばれる、その商品の拡布の際の具体的事情（例えば、途上国に向けられた価格の安い製品であるかどうかなど）を考慮することができる一種の柔軟な消尽論が導入されている。

　わが国においては、第一の問題、つまり純国内的な問題として商標権者の第一の拡布によって国内の商標権が拡布された商品に及ばなくなる点については消尽論で説明するのが通常である。しかし、第二の問題、つまり、商標商品の並行輸入に関わる場合には、パーカー事件判決として知られる大阪地裁昭和45年2月27日判決以来、商標機能論からみて真正商品の並行輸入は実質的違法性のない行為であるから、商標権の侵害にならないと説明するのが判例、通説になっている。

　日本においては、1964年頃から並行輸入問題が生じていたが、それまでの判例は、商標権の属地性を理由に日本の商標権による差止めを認める傾向にあった。たとえ、真正商品が輸出国において権限を有する者によって適法に販売

されたものであっても、商標権の属地性の観点から、そのような外国における販売の事実は日本の商標権の効力に影響を及ぼすものではないから、日本の商標権を行使して商標商品の日本への並行輸入を阻止することができると考えられていた。

　このような状況を変える契機となったのが、パーカー事件に関する大阪地裁昭和 45 年 2 月 27 日判決（昭 43（ワ）7003 号、判時 625 号 75 頁）であった。X（原告）は、日用雑貨や電気製品の輸入等を業とする日本会社であり、米国の世界的に著名な商標「PARKER」を付したパーカー社の万年筆 600 本を香港の商社より買い付け、日本に輸入しようとしたところ、パーカー社から昭和 39 年以降この商標につき日本国全域、指定商品のすべてを対象とする専用使用権の設定を受け、その登録を受けているカナダ法人 Y 社（被告）が昭和 43 年 5 月 24 日大阪税関に「無体財産権侵害物品についての輸入差止申立書」を提出していたので、同税関から Y の輸入同意書がない限り輸入を許可できない旨の通告を受けた。X は、一方では大阪税関長の輸入不許可処分に対して行政処分取消訴訟を提起するとともに、他方では、X が輸入しようとしているパーカー万年筆がパーカー社から出た真正商品であり仕向国による仕様の相違もない、まったく同品質のものであり、商標権やその専用使用権を害するものではないとして、Y 社に対して商標商品の輸入販売差止請求権不存在確認請求訴訟を提起した。そのうちの後者が本件訴訟である。

　大阪地裁は、本件商標の専用使用権に基づく差止請求権がないことを確認する旨判決した。「商標権の属地主義の原則がいかなる限度まで適用されるべきであるかは、同条約及びわが国の商標法上しかく自明のものではなく、この問題の解決のためには、商標保護の本質にさかのぼつて検討する必要があると考えられるのである。」「商標保護の直接の対象は、商標の機能であり、これを保護することによつて窮極的には商標権者の利益のみならず公共の利益をあわせて保護しようとするもので、この点において、商標権は他の工業所有権と比べて極めて社会性、公益性の強い権利であるということができ」「その保護範囲は必然的に社会的な制約を受けることを免れないのは勿論であり、商標権属地主義の妥当する範囲も、商標保護の精神に照らし商標の機能に対する侵害の有無を重視して合理的に決定しなければならない。」「同一人が同一商標につき内国及び外国において登録を得ている場合に、外国において権利者により正当に

なされた商品の拡布による外国商標権の消耗は内国商標権についても同時に消耗の効果をもたらすと解し、これはパリ条約にいう商標権独立の原則とは関係がないとの見解に立つた裁判例がヨーロッパには相当数存し、原告は右理論を援用し、本件パーカー商品は、パーカー社が米国において、『PARKER』の商標を附して製造し」、「米国より香港に対する輸出の際に、又は少なくとも香港における取扱の際に消尽されたと主張するけれども、右の理論にはたやすく賛同することができない。」

「しかし、権利者が商標権侵害を理由に第三者の行為を差止めるには、その行為が形式的に無権利者の行為であることのほか、実質的にも違法な行為であることが必要であると解すべきである。同一人が世界的に著名な商標につき、外国及び内国に登録を得ている場合に、第三者がその登録商標を附した商品を輸入する行為が実質的にも違法な行為であるかどうかを判断するに当つて、その商標が世界的に著名な商標であること、右商品が外国において権利者により製造され正当に商標が附されて譲渡されたものであるかなど、外国における事実ないし行為を斟酌することは、なんら商標権独立の原則にもとるものではないと解せられる。」「前述のようにXの輸入販売しようとするパーカー社の製品とYの輸入販売するパーカー社の製品とは全く同一であつて、その間に品質上些かの差異もない以上、『PARKER』の商標の附された指定商品がXによつて輸入販売されても、需要者に商品の出所品質について誤認混同を生ぜしめる危険は全く生じないのであつて、右商標の果す機能は少しも害されることがないというべきである。」「Xは形式的には本件登録商標につきなんらの使用の権限を有しないものであるが、同人のなす本件真正パーカー製品の輸入販売の行為は、商標保護の本質に照らし実質的には違法性を欠き、権利侵害を構成しないものというべきである。」

この判決に見られる真正商品の並行輸入が実質的違法性を欠き商標権の侵害に当たらないから日本の商標権の専用使用権を行使することができないとする判断は、ラコステ事件・東京地裁昭和59年12月7日判決（昭54（ワ）8489号、判時1141号143頁）等のその後の下級審判決においての基本的に支持され、フレッド・ペリイ事件・最高裁平成15年2月27日第一小法廷判決（民集57巻2号125頁）でもこの理論的枠組みが維持されている。

属地主義は、公法の分野では、その国の領土の中で生じた事実のみについて、

その国の法を適用し、その国の領土外で生じた事実関係には適用しないとする原則を意味すると解されることがある。しかし、例えば、公法の典型例とみることができる刑法においても、そのような意味における属地主義の原則が定められているけれども（刑法1条1項）、その例外として国外犯の規定がある（2条、3条、3条の2、4条、4条の2）。属地主義の原則に例外を認めざるを得ないとすれば、結局はその規定の趣旨や目的を考慮して個別的具体的に考察せざるを得ない。パーカー判決やこれに続く商標商品の並行輸入に関する判例は、そのことを前提としつつ、日本の商標権保護の目的や趣旨からみて真正商標商品の並行輸入に関し実質的違法性を欠き、わが国の商標権の侵害とならないから差止請求権が存在しないとみたのである。

4 特許製品の並行輸入と特許権の属地性

　特許権が一方では近代ヨーロッパにおいて自然権の一種として、またコモン・ロー諸国においてはより現実主義的な見方から例えば国家や国際社会を構成する基礎となる社会的合意の中に当然包摂されるべき性質を持つものとして位置づけられるとともに、他方では、典型的な産業財産権としてそれぞれの国の産業政策やその他の基本政策と深く結びついたものと見られてきたのである。それだけに特許権は知的財産権の中でも最も属地性の強い権利といわれてきたのである。外国で適法に拡布された特許製品を日本に並行輸入する場合に日本の特許権者が日本の特許権によってこれを阻止することができるのはどのような場合に、どのような条件の下においてであるかが問題となる。

　まず、特許権者の差止請求権の行使を認めた中古ボーリング用自動ピン立て装置事件判決についてみておきたい。Xは、ボーリング用機械装置の製造販売等を主目的とする米国法人であり、米国、日本、オーストラリアなどの諸国で「ボーリング用自動ピン立て装置」に関する特許権を有していた。Yは、以下に述べる事情から中古品であるボーリング用自動ピン立て装置（以下、イ号装置という。被侵害装置が複数ある時は、ロ号装置、ハ号装置等とよぶ）22組を輸入して、これをボーリング遊技場に設置し使用している日本法人である。Xは、イ号装置が本件特許明細書に示された実施例に記載されているとおりの装置であるところから、Yがこれを業として使用する行為はXの本件特許権の侵害に当たるとして、侵害行為の停止と侵害に供した設備の除去を求めた。

大阪地裁昭和44年6月9日判決（昭43（ワ）3460号、知財例集1巻160頁以下）は、Xの請求を認容した。「同一発明についての特許権であつても、単に外国で取得した権利を登録国がそのまま承認して保護の地域的範囲を拡大するという関係にあるものではなく、登録国ごとにそれぞれ異なつた内容の権利として観念され、登録国の数に応じた別個独立の特許権が成立し、これらは互いに相侵すことなく無関係に併存し、ある国の特許権について生じた事由は他国の特許権の効力に影響を及ぼさないものと解すべきである。」

　中古ボーリング用自動ピン立て装置事件判決とパーカー事件判決との対比の中でこれらの判決以来長い間にわたり、真正商標商品の並行輸入は許容されるが特許製品の並行輸入は日本特許権により禁止することができるとするのが日本の判例であるとする理解が支配した。しかし、商標権と特許権の本質的相違からのみで当然にこのような結論が認められるべきかどうかについては、学説上は早くから疑問が呈せられ、EC裁判所の判例、EC諸国や他の英米法系諸国の判例、学説などの比較法的考察を基礎にした議論が蓄積されてきた。そのような中で中古ボーリング用自動ピン立て装置事件判決から四半世紀余を経てはじめてこれを見直すべきとする判決が生じたのが特許製品の並行輸入に関する平成7年3月23日のBBS事件控訴審判決であった。

　X（BBS社）は、ドイツ法人であり、日本とドイツに自動車の車輪に関する並行的な特許権を有している。同社は、代表者Aが元レーサーであった経験を生かして自動車用車輪その他の自動車部品を開発し、製造販売するために設立したものである。BBS製品は、問題となった当時、日本の消費者に高い評価を受けており、日本に設立した子会社（以下、日本BBS社という）を総代理店として、これを通じて日本に輸入され、販売されていた。ところが、日本法人Y1は、BBS社がドイツにおいて製造・販売したイ号製品とドイツのB社の委託を受けて製造しドイツでB社に販売されたロ号製品を日本に並行輸入して、代表者を共通にする日本の販売会社Y2を通じて販売していた。そこで、Xは、Y1、Y2に対して特許製品である車輪の輸入、販売等の差止めと各自に1,118万円余の損害賠償等を求めて訴えを提起した。

　東京地裁平成6年7月22日判決（判時1501号70頁）は、Xの請求を一部認容したので、Y1らが控訴した。東京高裁平成7年3月23日判決（判時1524号3頁）は、控訴請求を認めて、次のように判示した。「この争点に関する法律

問題は、いわゆる特許権の国際的消尽（「用尽」又は「消耗」とも呼ばれている。）の可否の問題として従来論じられてきた問題である」「同盟国の国民に対する内国民待遇の原則を規定するパリ条約2条や特許独立の原則に関する4条の2の規定等に照らすと、我が国の特許法も、同法の適用及び効力範囲を我が国の領域内に限って認める旨のいわゆる属地主義の原則を採用」する。「特許独立の原則及び属地主義の原則に照らすと、我が国の特許法によって成立した特許権の効力は我が国の特許法の解釈によって決せられるべき問題であるから、我が国で成立した特許権の効力範囲を定めるに当たって、外国で行われた特許製品の適法な拡布の事実を考慮することが許されるか否かの問題は、正に、我が国特許法の解釈問題であり、このことは前記の各原則に沿うものではあっても、何ら、これらに抵触するものでないことは明らかである。」「国外における事実を考慮して我が国における特許権の効力を判断することが、特許独立の原則や属地主義の原則に何ら反するものでないことは前に説示したとおりであるし、既に特許法29条1項3号においては、国外において生じた事実（特許出願に係る発明が出願前に外国において頒布された刊行物に記載されている事実）を特許権の成立に関する法律要件（特許障害要件）の一つとして取入れているところでもある。」「特許権者等による発明公開の代償の確保の機会を一回に限り保障し、この点において産業の発展との調和を図るという前記の国内消尽論の基盤をなす実質的な観点からみる限り、拡布が国内であるか国外であるかによって格別の差異はなく、単に国境を越えたとの一事をもって、発明公開の代償を確保する機会を再度付与しなければならないという合理的な根拠を見いだすことはできないというべきである。」

最高裁平成9年7月1日第三小法廷判決（平7(オ)1988号、民集51巻6号2299頁）は、次のように述べてXの上告を棄却した。「我が国の特許権に関して特許権者が我が国の国内で権利を行使する場合において、権利行使の対象とされている製品が当該特許権者等により国外において譲渡されたという事情を、特許権者による特許権の行使の可否の判断に当たってどのように考慮するかは、専ら我が国の特許法の解釈の問題というべきである。」「特許権者は、特許製品を譲渡した地の所在する国において、必ずしも我が国において有する特許権と同一の発明についての特許権（以下、『対応特許権』という。）を有するとは限らないし、対応特許権を有する場合であっても、我が国において有する特許権と譲渡地の

所在する国において有する対応特許権とは別個の権利であることに照らせば、特許権者が対応特許権に係る製品につき我が国において特許権に基づく権利を行使したとしても、これをもって直ちに二重の利得を得たものということはできない。」「国際取引における商品の流通と特許権者の権利との調整について考慮するに、現代社会において国際経済取引が極めて広範囲、かつ、高度に進展しつつある状況に照らせば、」「輸入を含めた商品の流通の自由は最大限尊重することが要請されているものというべきである。」「我が国の特許権者又はこれと同視し得る者が国外において特許製品を譲渡した場合においては、特許権者は、譲受人に対しては、当該製品について販売先ないし使用地域から我が国を除外する旨を譲受人との間で合意した場合を除き、譲受人から特許製品を譲り受けた第三者及びその後の転得者に対しては、譲受人との間で右の旨を合意した上特許製品にこれを明確に表示した場合を除いて、当該製品について我が国において特許権を行使することは許されないものと解するのが相当である。」

　現在のわが国の判例は、知的財産権をめぐる国境を越えた私人間の紛争について、かつてのように属地主義の原則から当然に結論を導くことができるものと考えるのではない（属地主義の根拠については、第8章2および第10章4参照）。知的財産権の属地性を含めてそれが抵触法上どのような意義を有するかを検討して行わなければならず、外国で生じた事実を考慮して国内の知的財産法を解釈適用すべきかは、その規定の目的、趣旨を考慮して具体的、個別的に解釈されなければならない。最高裁が国際消尽論を採らず、黙示的許諾論を採ったのは、本件特許製品のように個人の経験やアイデアから創出されたものと企業が大きな投資をしてチームを組んで開発した薬品などの特許製品で、その種類によって異なる扱いをできるように柔軟化する点にあるように思われる。特許製品上の表示が日本語によらなければならないか、英語による表示でよいかなどどのような表示を特許製品上にすれば、特許製品の並行輸入を阻止することができるのかについては、より詳細な検討が必要になる（木棚・並行輸入参照）。

[第2章]

日本における知的財産権保護の特徴と知的財産摩擦

1 日本における知的財産権保護の特徴

　明治政府は、ヨーロッパから招いた外国人の示唆に基づいて、比較的早くから特許や商標などに関する保護を定める規定や制度を整備し、人材養成に努めてきた。日本における特許の歴史は、明治4年（1871年）の専売特許略規則（明治4年太政官布告第175号）に遡ることができる。これは、当時のヨーロッパ諸国の特許法に倣い、先願主義、審査主義等を定めていたが、審査体制が不十分なまま、翌年の太政官布告第105号によって当分執行停止とされた。もっとも、この太政官布告には但書が付けられており、発明をした者があれば、地方官を経て発明品および工夫の過程等詳細取調書を工部省に届けるべきものとしていた。この規定による届出は、明治17年までに326件あったといわれている。

　明治18年（1885年）の専売特許条例（同年太政官布告第7号）が実質的にはわが国最初の特許法といわれており、全文26ヵ条からなり、審査主義、先発明主義、恩恵主義、特許要件、輸入特許特許権の存続期間等に関する規定があった。商標については、明治17年（1884年）の商標条例がある。著作権については、明治2年（1969年）の出版条例があったが、これは、出版取締に関する規定と著作物保護の規定が未だ混在していた。著作者の権利保護が明確に規定されたのは、明治32年（1899年）の旧著作権法であり、これは、ベルヌ条約への加盟を意識したものであった。この年に工業所有権についてもパリ条約への加盟を意識した旧特許法、旧意匠法、旧商標法が公布、施行された。不平等条約が撤廃されるまでは、外国人は治外法権を持っていたので、外国人に日本の法律の適用がなく、知的財産権を認めることもなかった。不平等条約の撤廃に向けて西欧諸国と締結した通商航海条約の付属議定書にパリ条約やベルヌ条

約への加盟を約束していたこともあり、不平等条約が撤廃された明治32年に日本はパリ条約とベルヌ条約に加盟している。

　日本は、このように、不平等条約の撤廃という悲願とも関連して、比較的早くから欧米諸国の知的財産保護制度を採り入れようとし、法規や制度を整え、そのために必要な人材を養成してきた。このことが、新しい技術やそれを実施して生産された製品が日本に流入しやすい環境を整えることになった。そして、第二次世界大戦後における技術の大幅な遅れを取り戻し、進んだ外国の技術を伝播させ、改良するのに重要な役割を果たした。日本企業は、外国から積極的に技術につき実施許諾を受けてそれを実用化し、改良を加え、また、リバース・エンジニアリングなどを通じて、より安価で、より良い製品を製造するための独自の技術を開発してきた。

　特に特許庁の審査制度に基づいて付与される特許権等の産業財産権については、厳格な信頼できる審査の構築のもとで、クレームの文言解釈に基づく狭い保護範囲を付与する制度として展開されてきた。そのような制度環境のもとで知的財産権制度を発展させ、繊維織物、写真機その他の精密機械、電化製品、自動車などの生産技術を向上させ、日本製品の国際競争力を強め、日本の経済的成長を促す重要な要因としてきたのである。それにもかかわらず、知的財産法が特殊な専門家によってのみ関心が持たれ、日本企業においては、知的財産やその管理を扱う部署は法務部の一部とされ、又は、少数の専門家による知的財産室が置かれているに過ぎない企業が多かった。この時代には未だ日本企業における知的財産関係の部署の発言力は弱かったのである。このような状況の下で米国に輸出される知的財産に関する製品との関係で次に述べる知的財産摩擦が生じたのである。

2　日米間の知的財産摩擦とその具体例

　1970年代の後半から80年代にかけ、日本企業の米国市場における攻勢による貿易不均衡がアメリカ合衆国（以下、「米国」と略す）等との間で貿易摩擦を生じさせた。さらに、1980年代における米国政府のアンチ・パテント政策からプロ・パテント政策への転換などもあって、知的財産摩擦といわれる現象が発生するようになってくる。これが日本社会全体に知的財産に関心を広める契機となったのである。ここでは、このような現象を示す3つの具体的な事例を

挙げて問題点を整理しておくことにする。

(1) ハネウエル対ミノルタ事件

　まず、自動焦点カメラの特許紛争に関する米国のハネウエル社と日本のミノルタ社の紛争についてみておこう。

　ミノルタ社は、1985年2月にこれまで実用化に成功しなかった自動焦点装置をつけたカメラ ά-7000 の発売を開始し、この製品のシリーズは米国市場でも人気商品となっていった。ハネウエル社は、1987年4月20日、この自動焦点装置つきの一連の製品がハネウエル社の持つ3件の米国特許（以下、Stauffer 特許という）を侵害すると主張してハネウエル社の本拠があるミネソタ州の連邦地裁に訴えを提起した。それに対し、ミノルタ社は、同年5月13日、3件の Stauffer 特許の無効、権利行使不能、非侵害の確認訴訟をニュージャージー州の連邦地裁に提起し、同年6月26日にミネソタ地裁に対して訴訟の棄却およびニュージャージー州連邦地裁への移送を申し立てた。ミネソタ連邦地裁は、同年12月18日、ニュージャージー州連邦地裁への移送を命令した。ハネウエル社は、1988年4月11日、自動露出調整等に関する他の一件の特許（以下、Ogawa 特許という）を侵害するとしてニュージャージー州連邦地裁に提訴したが、この訴訟は後に先の訴訟に併合された。1987年11月から1991年4月まで米国の訴訟法に基づき、原告と被告が相互に訴訟に関する情報を相手方に要求し、開示させるディスカバリーの手続が行われた。ハネウエル社は陪審による審理を要求し、1991年9月に陪審員の選定が行われ、証拠採否等に関する当事者双方からの申立てを審理するトライアル（事実認定）手続が開始された。

　トライアルにおける当事者間の争点は次のように整理できた。①特許侵害について、ハネウエル社は出願書類のクレームの文言侵害を主張し、ミノルタ社は米国の出願書類に書かれた実施例と自社製品の構成の相違を指摘し、侵害に当たらないと主張した。②特許の有効性について、ミノルタ社は先行特許であるライツ特許によって新規性を欠くか、自明となり、ハネウエル社はライツ特許を実行不能だから Stauffer 特許が新規性を欠くものではなく、ベスト・モード（特許出願が出願時における発明者に知られている最適な態様を開示するものでなければいけないとする米国特許法上の原則をいい、これに違反した場合には特許は無効になる（118条a項参照））違反、情報開示義務違反もないと主張した。③故意侵害

について、ハネウエル社は当該製品の発売前のミノルタの社内会議で担当役員からハネウエルの特許を侵害するがその特許は無効と報告されており、米国の特許弁護士の鑑定を取っていないので故意侵害に当たると主張し、ミノルタ社は米国弁護士の意見も聞いており、故意侵害には当たらないと主張した。④損害賠償額について、ハネウエル社はシステム全体の売り上げを基礎とすることを主張し、ミノルタ社はカメラのボディの売り上げのみを基礎として算定するよう主張した。

　1992年1月29日から2月6日まで陪審による評議が行われた。陪審は、3件のStauffer特許のうち1件については侵害なし、他の1件については侵害があるがその特許を無効としたが、1件については侵害があり、かつ、有効として、8500万ドルの損害額を認定し、Ogawa特許については侵害があり、かつ、その特許を有効とみて1135万ドルの損害賠償額を認定した。また、ハネウエル社のベスト・モード違反、情報開示義務違反はないとし、ミノルタの侵害は実損害の3倍までの損害賠償が認められる故意侵害には当たらないとした。ミノルタ社は、1992年3月9日、ハネウエル社に和解金1億2千750万ドル（約165億円）を支払うことで和解し、訴訟を取り下げる合意をし、裁判所は、この合意を考慮して訴訟を却下した。

　ミノルタ社が侵害したとされるハネウエル社の技術は、瞳分割方式といわれる技術であり、レンズからカメラ内部に入る光をレンズの左側を通る光と右側を通る光に分け、光センサーに2つの像を結ばせて、ピントが合えば像が上下同じ位置に結ばれるようにして、レンズをモーターで動かしてピントを合わせるものであった。しかし、この方法ではピントを合わせるのに時間がかかり、自動焦点装置としては不十分なものであり、ハネウエル社は自動焦点装置の開発をあきらめていた。ミノルタ社は、センサーを左右対称に配置し、像が左右対称に並べばピントが合うようにし、ピントがずれていれば、どれだけずれているかをマイコンで計算して必要な距離だけモーターでレンズを動かすようにした。これにより、ピントを合わせる時間が短くなり、自動焦点カメラが開発できたのである。瞳分割方式自体は先行技術として知られており、センサーとモーターを使ってピントを合わせる点にハネウエル特許の特徴があった。ミノルタ社は、米国訴訟で争うまでにハネウエル社からの実施許諾交渉の申入れがあったが、このハネウエルの特許を無効と判断してそれに応じなかった。

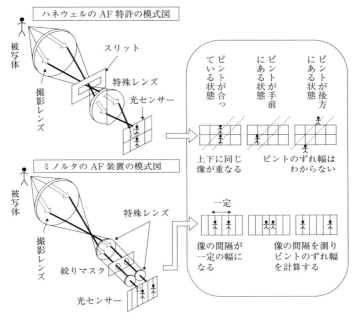

(出所)『朝日新聞』1992年3月4日夕刊。

　それでは、陪審の評決後に、関連特許の保護期間の経過がすぐ目前に来ていたのに、なぜ陪審の認定額を上回る金額で和解に応じたのであろうか。結局、ハネルウエル社の強気の姿勢が功を奏したということもあろうが、ミノルタ側のいくつかの事情があったことを指摘できるであろう。ミノルタ社がここまでの5年間で使用した訴訟費用が40億円に上っていたことがある。米国における訴訟のディスカバリーの手続には、多くの弁護士を動員して、膨大な資料を相手方に開示させ、その中から自己に有利な証拠となる資料を見つけ出さなければならない。これらの弁護士はタイムチャージ制で、費やした時間とその弁護士の時間当たりの単価に応じて課金されるので、ディスカバリーの早い段階で徹底的に争うか、和解をするかの方針を決定して相手方と交渉しなければならないのである。ミノルタ社はこのタイミングを逃し、その中で高額の弁護士費用を支払い徹底的に争うか、和解するかの選択が求められたのである。また、ハネウエル社は、訴訟中の1990年6月14日にいったんミノルタ社の自動焦点

カメラの輸入排除、米国での販売禁止命令を求めて米国国際貿易委員会（以下、「ITC」と略す）に提訴したことがあるが、再びそれをちらつかせたのである。米国への輸出が全生産高の3割を占めていただけに、ミノルタとしてはこれを避けたかったのである。ITC手続は、短期間に判断されるだけに、これになれていない日本企業にとっては負担が大きかった面もあった。

　この和解の後、キャノン、ニコン、オリンパスなど日本の自動焦点カメラを米国へ輸出していた6社も相次いで訴えられ、1992年中に全社が和解に応じたが、これらの会社が全体としてハネウエルに支払った金額は、213億円を超えていたといわれている。

(2)　IBM対富士通事件

　コンピュータの基本ソフトの著作権に関するIBM対富士通事件を見てみよう。

　この事件は、裁判ではなく仲裁で争われ、その内容についても非公開で、当事者がその内容を公開していないので、正確な事件の全体を把握できる情報はない。背景には、1979年頃富士通が日本IBMを抜いてコンピュータ部門の売り上げで日本一になるなどの状況があり、これに対して1982年FBIのおとり捜査によって日本の電算機メーカーの社員が逮捕されるというIBM産業スパイ事件があり、米国における官民一体の知的財産政策から生じた事件でもあった。

　この事件の後で、富士通は、1983年にIBMと基本ソフトについて秘密協定を締結していた。富士通はIBMの互換機を安く販売することで営業業績を伸ばしてきた企業であった。その内容は明らかにされていないが、一部の雑誌等で報道されたところによると、「①協定前に富士通が出荷したIBMの権利に触れるソフトは、富士通が和解金と使用料を支払い、出荷を継続する。②協定後富士通が出荷するソフトは、IBMの権利に触れるものについては認められず、富士通が独自に開発したものに限られる。」ことが含まれていた。

　1985年中頃IBMは、富士通の発売したコンピュータ用の基本ソフトにIBMの著作権に触れるものがあるとし、米国仲裁協会（AAA）に仲裁の申立てをし、富士通は、日本の商事仲裁協会に仲裁の申立てをした。1887年5月両社は、この紛争内容を特定し、2002年11月29日までの間ロバートHマヌーキン教授とジョンLジョーンズ氏からなるAAAの仲裁委員会に付託することに合

意した。

　仲裁手続においては、IBMは富士通の基本ソフトがIBMのものと実質的に同一であり、かつ、富士通がIBMの基本ソフトに接する機会があったことを主張したといわれている。富士通は、この協定内容の解釈を争い、基本ソフトと他の応用ソフトを接続して利用者が実際にソフトを利用できるようにするマニュアルを公開すべきことなどを主張したといわれている。争点となったのは、秘密協定違反があったかどうかのほか、IBMがそのソフト情報をどこまで開示する義務があるか、ソフトウエア著作権の保護範囲はどこまでか、であったとされている。

　1987年9月15日、このAAAの仲裁委員会は、両当事者の主張を折衷した和解案を仲裁命令という形で示し、その内容は日米の主要新聞紙上に全面広告で掲載された。その内容は、富士通がIBMに対し、仲裁委員会が定める金額を一括払いし、IBMの申立てにつき免責、免除を受けるとともに、富士通に対し次のことを認めるものであった。①富士通とその顧客は、既存の同社製の基本ソフトを継続使用することができる。②IBMは、富士通が独自の互換基本ソフトを開発・維持するために必要な情報を引き出す妥当な機会を富士通に与える。③5年から10年の間、「セキュアド・ファシリティ」という第三機関・施設を新たに設置して、他のソフト開発に従事していない富士通社員にその施設内でのIBM製ソフトを調査できるようにする。④綿密な機密保持対策、第三者専門家の厳密な監督、仲裁人のコントロールがあれば、富士通は、ソフト開発で免責を受け、特定の情報を引き出すことができる。⑤命令の有効期間、過渡的期間も経過した後は、富士通は、IBMの一般顧客が入手できるようなIBMのソフトのみを扱うことができ、準拠著作権法に従って、独自のソフト開発にIBM情報を利用することができる。

　両社は、この仲裁命令に従うことにした。仲裁委員会は、1988年11月29日、仲裁命令の中で「一年以内に定める」とした金額を3億9593万ドルと決定した。1997年5月9日、IBMと富士通は、この仲裁終了に関する合意文書を公表し、「紛争を仲裁によって解決するという両社の義務をなくし、両社を通常のビジネス関係の戻す」ことに合意した旨宣言している。

　この事件は、IBMの基本ソフトに関する情報を得てIBMの互換機を製造してきた富士通とIBMの著作権侵害紛争を過去における侵害の問題も含めて侵

害があったかどうかを厳格に認定することなく、和解金を支払うという方法で解決した事例である。同時に、セキュアド・ファシリティという外部から遮断された第三機関・施設を設けて一定期間それぞれ相手方のソフトの解析を可能にしたのである。また、仲裁命令で示された機密保持対策、監督の下でリバース・エンジニアリングなどによる情報の獲得を富士通に許す内容を含む。富士通は、これによって、きわめて多額の和解金を支払うことになったが、IBM機との互換機路線を維持できるようになった。

(3) コーニング社対住友電工事件

インターネット通信に不可欠な光ファイバーに関する特許侵害が争われた住友電工対コーニング社事件をみておきたい。

米国のコーニング社は、1970年に光ファイバーに関する1件の製法特許と2件の構造特許をとり、伝送損失の低い光ファイバーの実用化に成功した。これは、当時画期的なことと考えられ、1970年を「光ファイバー通信元年」ということがあるほどである。このうち、コーニング社の構造特許はきわめて広範な一般的なものであって、ガラスでできた光ファイバーであればほぼこれに該当することになってしまうものであった。この特許は日本でも出願されたが、クレームが余りに広いので、拒絶査定を受けていた。

住友電工は、コーニング社の製法と異なる方法で製造することに成功し、製法特許を取得してその光ファイバーを米国に輸出していた。コーニング社は、1984年3月、米国関税法337条に基づき米国国際貿易委員会（ITC）に住友電工の光ファイバーの輸入差止めを申し立てた。これに対して、住友電工側は、同年8月にコーニング社の持つ2つの特許の無効確認を求めてノースカロライナ州の連邦地裁に提訴した。コーニング社は、同年12月、住友電工とその米国子会社をその所有する3件の特許を侵害したとして、ニューヨーク州の連邦地裁に損害賠償請求の訴えを提起した。これらの2つの訴えは、後に併合されて、ニューヨーク連邦地裁で審理されるようになった。ITCは、1984年4月から調査を開始し、1985年4月に住友電工の光ファイバーがコーニングの特許を侵害しているが、実質的に国内産業に影響がないとして差止請求を却下する決定をした。

ニューヨーク連邦地裁は、1987年10月、住友電工の光ファイバーがコーニ

紛争の対象となった光ファイバーの基本構造

(出所)『週刊東洋経済』1990年10月6日号80頁。

ング社の製法特許については侵害していないが、構造特許を侵害しており、これらの特許をいずれも有効なものとみて、住友電工の米国子会社における光ファイバーの製造禁止を命じる判決をした。住友電工は、この判決を不服として、連邦巡回控訴裁判所（CAFC）に控訴した。CAFCでは、コーニング社の広いクレームを持つ構造特許が有効かどうか、および、住友電工のS-3とよばれていた製品がコーニングの構造特許を侵害しているかどうかが争われた。とりわけ、侵害になるかどうかの争点については、均等論の適用との関係で問題になった。光ファイバーは、屈折率の異なる中心部（コア）と外側（クラッド）から構成されており、その界面で全反射を生じさせ。ファイバーに沿って光を伝達するものである。コーニング社の特許は、コアに添加剤（ゲルマニュームを使うことについては開示していない）を加えて屈折率を上げたのに対し、住友電工の製品は、クラッドに添加剤（フッ素）を加えて屈折率を下げたものであった。クレームの文言どおり解釈すれば、侵害にならないはずであった。

しかし、連邦地裁判決では、問題の光ファイバーが屈折率の差を得るためにクラッドにフッ素を添加している点が異なるだけで、添加物をクラッドに加えるか、コアに加えるかは、実質的に同じ機能を同じ態様で実施しているだけで、同じ結果をもたらすから均等とみて、コーニング社の構造特許を侵害するもの

と判決したのであった。住友電工は、CAFC では、この点に関する原審の均等論の適用を争った。つまり、コーニング社の特許のクレームには、添加物を加えたコアの部分があるが、住友の S-3 の製品にはそのコアの部分がないから、クレーム中の要素の少なくともひとつを完全に欠くことになり、均等ではないことになると主張したのである。

　しかし、CAFC は、1989 年 2 月、住友電工側の控訴を棄却した。CAFC は、1987 年に判決した Pennwalt Corp. v. Durand-Wayland Inc., (833 F. 2d 931) におけるオール・エレメント・ルールを適用して、ここでいうエレメントはクレーム中の限定を意味し、クレーム中に書かれたすべての限定につきその記載に対応した要素として存在する必要がないとみて、S-3 という製品がクレーム中の要素を欠くものではないとし、結論的に連邦地裁判決を支持したのである。

　住友電工は、CAFC で敗訴した後コーニング社と積極的に和解交渉を進め、単に和解金を支払うだけではなく、光ファイバーに関する両者の技術をクロスライセンスの形で提供し合うことを含めて交渉を開始した。コーニング社の特許の保護期間（1989 年 5 月）が経過した後の同年 12 月に、住友電工は、和解金 2500 万ドルを支払うこととし、コーニング社と新素材関連の共同事業を展開することで和解した。

3　知的財産摩擦において日本の企業が学んだこと

　ここでは、日本の社会で知的財産に関心がもたれる大きな契機となった知的財産摩擦が現れた時代における典型的な 3 つの事例についてのみ紹介した。いずれも最終的に和解で決着している点では共通する。ミノルタの事件では、第 1 審の陪審の評決の後に、住友電工の事件では、控訴審判決の後で和解した。この 2 つの事件では、ハネウエル社、コーニング社の特許が日本での出願については拒絶査定を受けていたものであり、日本の企業が当該特許を無効にできると判断して争ったため、より早い時期での和解の機会をつかむことができなかった事例であろう。

　米国の特許法では、もともと画期的な基本発明の特許については広いクレームや保護範囲を認めてきた。ハネウエル社やコーニング社の特許はこのような基本特許と判断され、しかも、紛争が生じたのは、米国がアンチ・パテントからプロ・パテントに政策変更し、それを実行に移していた時期と重なる。ディ

スカバリーに着手した後早い時期に和解交渉を始められなかったのは、この点とも関わるように思われる。それでも、住友電工は、紛争継続中の1987年5月に超伝導に関する600件もの特許出願を集中的に行い、基本特許が米国企業に帰属した場合でもクロスライセンスの交渉ができるように対策を立て、コーニング社を含む米国企業との提携や合弁を働きかけ、一定の成果を得ている。

ミノルタの場合には、相手方のハネウエルが写真機製造をしておらず、特許自体の価値を強硬に主張してきた事例であるだけに、お互いの技術を生かし合うような和解ができなかったのである。また、陪審裁判であっただけに、ハネウエルは、陪審員の前で役者による演劇を演じさせ、日本企業が悪者であるとの印象を植えつけるのに成功し、陪審における有利な評決を引き出すのに役立ったともいわれている。住友電工の場合は、ITC手続で弁護士がディスカバリーにより自社に有利な証拠を集めて実質的に国内産業に影響がないとの判断を得たことが、後の和解交渉における積極的な動きを可能にしたともいえる。これらの点は事件を依頼する弁護士の選任の重要性を示すものとして指摘されることもある。

富士通の事件では、米国仲裁協会の仲裁命令という形をとって実質的に和解した。この場合は、当時コンピュータ業界を支配していたIBMとその互換機を製造していた日本企業の間の紛争であるだけに、相互のある程度の協力関係を保つことが両社の利益にもなることもあって、裁判ではなく、仲裁による解決が利用されている点が注目される。その内容も、「セキュアド・ファシリティ」という第三機関・施設を設置し、かつ、約15年間これに関連した紛争が生じた場合には、AAAの当該仲裁委員会に付託することを合意するものであった点で特徴的である。知的財産権についても仲裁による解決が図られた例としてここで扱ったのである。

このような知的財産摩擦の中で生じたさまざまな事件を通じて日本国内でも種々の対策が採られた。

まず、国のレベルでは、特許庁は、これのみを契機としたものではないが、米国特許商標庁、ヨーロッパ特許庁との三極会議を定期的に行い、それぞれの実務情報を交流するとともに、必要であれば調整を試みるようになった。政府としては、知的財産権保護の強化を政策として掲げ、知的財産基本法を制定し、知的財産法の改正を行うとともに知的財産高等裁判所を設置するなど積極的な

施策を実行した。

次に、民間レベルでみると、日本の多くの企業は、知的財産権対策を強化するために、知的財産権を専門に扱う知的財産部などの部署を設置し、その責任者として取締役等の役員を配置し、弁理士や弁護士との連携も強化した。とりわけ、知的財産権に関わり米国における訴訟を提起された場合には、ディスカバリーを徹底的にやり合うとミノルタの事件でも明らかなように弁護士費用がかさむことになるので、ディスカバリーの早い段階で徹底的に争うか、和解交渉を開始するかを決断することができるように知的財産部の権限を強化したといわれている。しかし、それでも新しい技術を開発した技術者は自己の技術の独自性に自信を持つことが多く、製品を販売する担当者からは、売れている製品については消費者の需要に適合しているのだから、裁判所等の機関による判決がないのに、自社に不利な和解をするよう説得することは難しいといわれている。

ともあれ、このような知的財産摩擦を経験して後、日本の企業や個人の知的財産に関する紛争処理の方法が変わってきていることは事実である。知的財産が市場における競争力の要因として重要であるという認識が広がり、知的財産に関する訴訟が裁判所に提起されることも増えてきた。知的財産がユビキタス性を持つところから、知的財産訴訟が増えてくれば、国際知的財産法に関する判例その他の解決事例が増えてくるのも当然である。また、米国における知的財産訴訟に対応するために、米国における紛争の解決にどのように対応すべきか、陪審訴訟になった場合にどのようにすれば有利な解決が得られるかについても研究が進められてきた。

4　米国のプロ・パテント政策と知的財産摩擦

1886年9月20日にGATTの閣僚会議がウルグアイのプンタ・デル・エステで開催され、知的財産権を含む、物およびサービスにおける国際取引に関する交渉予定を示したウルグアイ・ラウンドの閣僚宣言が採択された。この宣言によると、知的財産権は、農業、投資とともに物の貿易交渉に関する第1部で扱われている。知的財産権の効果的かつ適切な保護を促進し、そのような保護のための措置や手続が貿易の障害とならないようにするための新しい適切な規則と規律を作り上げることが目標として掲げられていた。このようにGATT

で知的財産権問題が取り上げられるようになった主要な背景をみておきたい。

①知的財産自体その性質からして国際取引に強い関わりを持ってきた。その保護が不十分であると、不公正な取引になるし、その保護が過剰であれば、非関税障壁のひとつとして批判される。GATTのこれまでのラウンド交渉では、1978年の東京ラウンドのとき、知的財産権者の許諾を得ないで流通している知的財産権に関わる商品（以下、「不正商品」という）が問題になった。100の多国籍企業が国際反不正商品連合を結成した。米国とヨーロッパ共同体の代表者は、1979年7月31日に「不正商品の輸入を阻止するための方策に関する協定」と題するコード草案を提案したが、合意を得られなかった。その後も、不正商品問題は、1982年の閣僚会議や1984年のGATT締約国会議が取り上げており、知的財産問題としてあくまでWIPOでの解決を主張する途上国とその取引的側面についてGATTでの解決を主張する先進国とで対立する問題でもあった。プンタ・デル・エステ宣言は、この点についての閣僚会議のひとつの回答でもあった。もっとも、その後も、GATTで知的財産権問題を扱う意義と問題点が学問的に議論されている。

②1980年代における米国政府のプロ・パテント政策の推進と二国間交渉等によるその国際的波及が挙げられる。1930年代に寡占による経済低迷期を経験した米国は、1950年代の初期に至るまでアンチ・パテントの時代といわれていた。1952年の特許法の大改正を契機に極端な反特許の考えは克服されたが、技術独占に対する警戒は残っていた。1970年代から1980年代に入り、米国の製品貿易が赤字に転じるようになって、知的財産権保護の強化が米国企業の国際的競争力の回復・強化をもたらすと考えられた。まず、国内法上の知的財産権保護強化が行われた。例えば、1981年のコンピュータ・プログラムに関する著作権法における保護の明文化、1982年の知的財産を専門とする連邦控訴裁判所（CAFC）の設置、1984年の医薬品特許の保護期間の回復措置、1988年の包括貿易法の成立などの措置がとられた。このような知的財産権保護の強化を国際的にも及ぼそうとして、知的財産保護が不十分と考えられる国に対し通商法301条、スーパー301条等による警告を発し、その適用をちらつかせながら二国間交渉を積極的に開始した。これは、プロ・パテント政策の国際化を図るものであり、知的財産摩擦とよばれる現象が生じたのもこの時期と重なる。米国の強力な二国間交渉を受けた諸国から、むしろ多国間交渉の場で知的財産

保護の問題を取り上げた方が良い結果が得られるのではないかという期待が強まっていった。

　③この間における科学技術の進歩に著しいものがあり、バイオ・テクノロジー、コンピュータ、デジタル技術、コンピュータ・プログラムなど新しい領域の技術が開発され、これらの技術を利用した新製品が販売され、普及してきた。ところが、伝統的知的財産権条約は、先にみたように先進国と途上国の対立から改正会議が開催できないような状態に陥っていた。全会一致を原則とする伝統的知的財産権条約の枠内での改正が困難とすれば、むしろ、包括的貿易交渉の中で取り上げた方がよいのではないかと考えられるのは自然である。つまり、知的財産自体を単独で扱えば、一般論としていえば、知的財産保護強化は先進国の利益となり、途上国は反対することになる。しかし、包括的貿易交渉の場であれば、熱帯産果実の輸入規制を緩める代わりに、ある知的財産の保護の強化を認めさせることは不可能ではない。また、GATT交渉の中で生じる協定等であれば、このような協定に関わる紛争が生じた場合には、これまで慣習的に認められてきたGATTのパネルという紛争解決機関を利用できることになり、一定の間接的な強制力を持つ判断が得られる可能性がある。

　閣僚宣言で単に不正商品だけではなく知的財産権をより包括的に取り上げられることになったのは、米国のプロ・パテント政策を国際的に及ぼそうとする米国の代表の積極的な働きかけによるものであった。交渉の最高機関として通商交渉委員会（Trade Negotiation Committee, 以下、「TNC」と略す）が設置されることになっていた。1987年2月5日に閣僚は、物の貿易に関するウルグアイ・ラウンドのすべての論点についての交渉の組織と計画について合意した。TRIPs交渉グループの会議は、5回の公式の会合を持った。当初は不正商品問題を検討し、さらに、他のグループによって提示されている提案と知的財産交渉の関係を検討した。この交渉の成果については、第5章参照。

[第3章]

工業所有権の国際的保護に関する
パリ条約の成立とその後の展開

1 パリ条約成立前における工業所有権の保護

　英国では、王室財源の支持者などに特権を与える風習があり、1560年以降その濫用が民衆の不満を招いていた。議会は、1624年の間に排他的権利の付与を禁止し、新製品の「最初のかつ真実の発明者」に対する特許独占のみを例外として認める専売条例（the Statute of Monopolie（21 Jac.1., cap.3））を制定した。これが英国の植民地やその他のヨーロッパ諸国に伝わっていった。

　1825年頃からいろいろな集団が特許制度の強化と拡大を求めるようになったので、英国の議会委員会と王室委員会は、1851年〜1865年の間3回にわたって特許制度の役割を調査した。その結果、特許制度に消極的な評価が少なからずあったので、指導的な意見はその廃止を主張した。貴族院は、出願の厳格な審査、特許の保護期間の7年への削減、すべての特許の強制実施を定めた特許法改正法案を通過させた（もっとも、この法案はその後特許反対運動が弱まった1874年下院で廃案にされた）。ドイツでは、各種の通商同盟や商業会議所が特許法の廃止を歓迎する意見を表明した。1863年に国民経済学者の会議は、特許発明が国民にとって有害であると決議した。オランダでは、1817年に成立した特許法を1869年に廃止した（Abbott, Cottier, Gurry, Intellectual Property System, p.228）。

　しかし、このような特許反対運動は、1870年代になって急速に沈静化した。それは、再び台頭してきた保護主義によって支えられていた。競争の自由より産業、貿易の国家的保護に高い価値を認める思想が、世界的な恐慌に直面して有力になっていった。自由貿易論者も、強制実施許諾の規定を導入することによって特許保護論者と妥協していった。このような状況のもとで、1873年に

ウィーン万国博覧会が開催されようとしていた。オーストリア＝ハンガリー政府の主催で行われたこの万国博覧会において、いくつかの諸国、とりわけ、南北戦争後に特許保護を強化していた米国は、自国から出展される発明がオーストリア法上相当な保護を受け得るかどうかを懸念していた。当時のオーストリア特許法には、特許付与の日から1年以内にオーストリア国内で特許製品を製造しない場合には、その特許を無効とする旨の規定があった。米国は、オーストリアに対し、博覧会に出品される発明をより適切に保護し、外国の特許権者により完全な保護を与える特許法を受け入れるよう迫るのに指導的役割を果たした。ウィーン駐在の米国大使は、オーストリア外務省に対して、オーストリア政府の措置に不満を表明し、オーストリア法が改正されない場合には、万国博覧会への参加を見送るべきとする婉曲な脅迫で結んだサイエンティフィック・アメリカン（Scientific American）誌上の論文さえ援用した。オーストリアは、出品された発明、標章、意匠に出品後2年間特別な保護を与える旨の特別法を制定し、万国博覧会の直後に工業所有権の保護に関する国際会議を開催することを決定した（木棚・研究8頁以下参照）。

工業所有権の保護に関する第1回の国際会議が、1873年8月4日から8月9日まで6日間ウィーンで開催された。この会議は、公式の外交会議ではなかったけれども、158名の参加者中に13ヵ国からの代表が含まれていた。参加者の多数はドイツからであり、多数の工場主の参加が目立っていた。会議の対象は、特許に絞られ、まず、すべての諸国の特許を統一することを目指し、次に、特許文書の相互交換を通じて世界特許への手がかりを築こうとするものであった。ところが、会議の前半では、理論的あるいは実際的に特許保護が望ましいかどうかに議論が集中した。

特許反対論は、自由貿易論ないし国民経済論に立つ学者や一部の実業家により主張された。特許反対論者が理論的に反対論を唱えたのに対し、その基礎となっているのがひとつの学問であるとしても、それはきわめて歴史の浅いものであり、実業家の実利的観点から支持することができないばかりではなく、発明者の発明に対する所有権保護という点からみれば、理論的に必ずしも正当でない。そのいわゆる理論は、「経済的自由」と「経済的恣意」を混同したものだからである、と反論された。また、米国の生産力の増大は、特許法にではなくその社会的、政治的関係に起因するものだから、特許法の制定によって生産

力の増大を期待することはできないとする議論に対して、例えば、米国の機械工業の発展を特許とまったく関係がないものといえるであろうか、と反論された。結局、特許肯定論が会議の大勢を占めた。

このような会議の模様からみても分かるように、決議は次の3点に関し、その内容はきわめて一般的なものであった（木棚・研究9〜11頁）。①発明の保護は、すべての文明国で立法上保障されるべきである。②有効で有益な特許法は次のような諸原則を規定すべきである。つまり、発明者又は権利承継人のみが特許を取得できること、特許が外国人に拒絶されてはならないこと、この点に関連して予備審査が必要なこと、発明特許は15年の保護期間を持ち、この期間は延長することができること、発明の技術的利用を可能にするように完全な公開と結合していること、効力を有するすべての特許の明細書を入手し、特許庁を通じて閲覧することができるようにしなければならないことなどである。③各政府ができる限り早急に特許保護のための国際的一致を実現するよう努力することを勧告する。この目的を達成するために、この会議の準備委員会を設置し、委員を選出し、次の会議の時期と場所を決定する権限を持つ常設執行委員会として活動を継続することになった。

2　パリ同盟の成立までの歴史

第2回の工業所有権の保護のための国際会議は、1878年のパリ万国博覧会の折にフランス政府の援助の下で、同年9月5日から17日まで開催された。この会議も公式のものではなかったが、約500名の参加者があり、参加者の約4分の3がフランスの実業家によって占められており、フランス的な考え方が会議全体を支配したといわれている。この会議では、特許ばかりではなく、商標や意匠などについても討議されたが、多くの議論が一般的、原則的問題に費やされた。

この会議の最初の討議は、発明者の権利の性質に関するものであった。会議に出された原案は、「発明者の権利、工業意匠、著作に対する権利、および、製造者又は商人の標章に対する権利は財産権であり、市民法はそのような権利を創造するものではなく、単に規律するに過ぎない」とするものであった。この点に関する討論は、フランスからの参加者が圧倒的に多かったこともあり、発明者の権利を自然法上の財産権とする見解が採られていった。

この会議の当初の目標は、当時形成されようとしていた万国郵便同盟と同様な方法で、工業所有権に関する統一法を制定すること、つまり、多国間条約による加盟国間の共通規則を定めることにおかれていた。当時は「同盟（Union）」という用語があたかも空気のように広がっていたのである（Ladas, Industrial Propety, p.75f.）。しかし、発明者の権利の性質に関する議論が終わり、共通規則の問題に入っていくと、各国現行法の多様性に直面し、「同盟」の理想は、あくまで「夢」にとどまるように思われるようになってきた。もっとも、このような困難な状況の下でも、いくつかの点で最終的に次のような一致点があった。例えば、外国人はすべての国で内国人と平等に扱われるべきこと、特許権者による特許製品の輸入は特許取消しの原因になってはならないこと、同一の発明につき異なる諸国で取得された権利は相互に独立であること、強制実施は特許の公然の取消しとなるから排斥されるべきこと等である。統一特許法への議論の障害となったのは、特許発明の審査制度の採否、特許性の要件、登録商標の効果に関する問題であった。フランス以外のほとんどの国の代表者は審査制を支持したが、出席者の多数を占めるフランスは無審査制を支持する決議を採択させた。会議の決議を実現するために常設国際委員会を設置することが決議された。

　常設国際委員会は、この会議の直後の1878年9月18日と19日の両日会合し、各国に5名の委員からなる部会を設置し、フランス部会は、完全な統一法を目指した長く詳細な草案を作成し、フランスの商務大臣にこの草案を提出し、公式の国際会議を招集することをフランス政府に発議することを要請した。フランスの商務大臣は、各国の国内法と相違する多くの条項を含み、かつ、弾力性が乏しいそのような草案が採択される見通しがまったくない、と述べ、より控えめな草案を起草するように求めた（Ladas, Industrial Propety, p.78）。この求めに応じて、ジャジャエル・シュミー（M. Jagerschmidt）が起草したのが、「工業所有権の保護のための国際同盟に関する条約草案（Projet d'une Union Internatinale pour la Protection de la Propriété Industrielle）」であった（木棚・研究13頁以下参照）。この条約草案においては、内国民待遇の原則（2条）、特許権者が特許の取消原因となることなく他の同盟国から特許製品を輸入することができること（4条）など、1878年の会議でほぼ一致に達したいくつかの条項が含まれていた。

ところで、この草案で最も特徴的であったのは、3条で次のような規定を置いた点である。つまり、「ある締約国において正規に行われた特許付与、工業的意匠もしくは雛形、製造標もしくは販売標の出願寄託は、その寄託の日から開始する……の期間中その寄託につき他のすべての同盟国においても登録に関して優先権を生じさせるものとする」という条項である。これは、一方では、審査制度の採否、特許性の要件など前の会議で争点となり、各国特許法の相違から調整が困難になった条項については統一法の作成を断念しながら、他方では、優先権を認めることによって発明者の権利を同盟国内で広く保障しようとしたものである。それを根拠づけたのは、発明者にその発明公開に対する代償を最初の出願国ばかりではなく、その他の同盟国においても保障しようとする思想であった。

フランス政府は、1880年この草案をもとにして工業所有権保護のための最初の公式の国際会議の開催を呼びかけた。会議は、1880年11月4日から20日まで19ヵ国の代表が参加してパリで開催された。この会議の目標は、統一法を制定することではなく、締約国の国内法との抵触を回避しながら、内国においてはもちろん外国においても工業所有権の保護を保障するための若干の一般原則を定める「同盟」を創設することにおかれた。

まず、議論は、草案2条の内国民待遇の原則から開始された。当時会議に参加した国のうち2ヵ国、オランダとスイスは、当時特許保護に関する立法をもっていなかった。そこで、これらの国が、自国民の発明を保護していないのに、条約により締約国の国民の発明を保護する義務を負うことになるかどうかが問題になった。起草者はそのような義務を負うものではないと回答し、会議としても同様の結論に落ち着いた。そして、締約国の国民に認められる保護につき相互主義が要求されてはならないことが会議全体で確認された。また、内国民待遇を受けることができる者の範囲について議論があった。ベルギーとエルサルバドルの代表は、同盟国内ではすべての外国人が同盟国の国民の享有する利益を享受すべきである、と主張した。これに対して、フランス代表は、この条約は締約国にのみ関するものであると述べ、スイス代表は、締約国以外の国民に同盟の利益の享有を拒絶することにより、これらの諸国が同盟に加盟せざるを得なくなると発言した。このような2つの見解を折衷する案として、スウェーデン代表は、同盟国の国民でなくとも、いずれかの同盟国の領域内に住所ま

たは工業上もしくは商業上の営業所を有するものを同盟国の国民と同様に扱うべきことを提案した。結局、最後の提案が会議では支持され、同盟国の国民とみなされる者に関する3条が挿入された。

次に、草案3条（条約4条）の優先権について議論された。イタリアの代表は、これが条約中で最も重要な規定であると述べたが、この規定の意義と効果について、この会議に参加した各国代表に必ずしも理解されていなかった。例えば、オランダ代表は、「第三者によりすでに適法に取得された権利を留保して」という文言を挿入することを提案した。ところが、「第三者の権利を留保して」という簡略化された規定が入れられた。これが、後に優先権によっては優先期間中に生じた第三者の権利を排除することができないという解釈を生じ、この規定の意義を減殺することになった。この文言の削除は、1934年のロンドン改正会議まで待たねばならなかった。草案においては、優先期間が空白のままになっていた。討議の結果、この期間と、特許については6ヵ月、意匠、商標については3ヵ月にすることになった。

次に重要な点として、本源国法によって有効な商標および意匠を同盟全体でそのまま有効にできるようにする提案についてである（草案5条、条約6条、現6条の5A）。オーストリアの代表がこれに反対し、フランスやブラジルの代表は、この規定を支持した。オーストリア代表は、議長の説得もあり、この反対を取り下げた。また、スイスの代表は、意匠を除外すべきと主張し、これが受け入れられた。

さらに、特許製品が他の同盟国で製造され、特許権者によりその製品が輸入されている場合にも、特許権が消滅しないこと（5条）を含む19ヵ条と7項目からなる最終議定書が採択された。

フランス政府は、1880年の会議の決定に従い、会議で採択された草案をすべての工業国に送付し会議への参加を呼びかけ、第2回の公式の国際会議を1883年3月6日から開催した。この会議には、20ヵ国の代表が参加し、条約草案および議定書について十分に審議して、若干の説明と留保が付けられたうえで、基本的に変更のないままで採択された。1883年3月20日ベルギー、ブラジル、スペイン、フランス、グアテマラ、イタリア、オランダ、ポルトガル、スイスなどの11ヵ国により署名され、条約18条により批准書が交換されてから1ヵ月後の1984年7月7日に発効した。

このようにして成立したパリ条約は、次のような3種類の規定を含んでいた。第一に、同盟の国際機関およびここの同盟国に関する諸規定である。例えば、国際事務局の設立に関する規定（条約13条、議定書第6項目）、改正会議の開催に関する規定（条約14条）、各同盟国の特別な取極をする権利を保障する規定（条約15条）である。第二に、同盟国に一定の国内法を制定する義務を課する規定である。例えば、博覧会の出品物の保護に関する規定（条約11条）、工業所有権の保護のための特別の官庁を設置すべき義務を定める規定（条約12条、議定書第5項目）である。第三に、工業所有権の出願人又は所有者の権利に関する諸規定である。この種の規定はさらに次の3種類に分けられる。まず、同盟国の国民の内国民待遇に関する規定（条約2条）と準同盟国民の内国民待遇に関する規定（条約3条）である。この規定は、従前の相互主義を否定して内国民待遇を与える点できわめて重要な意義を有するとみられてきた。次に、最小限の保護に関する実質的な統一法規定である。例えば、特許製品の輸入による特許権の不消滅（条約5条）、商号の保護（条約8条）、商標・商号の不法付着の取締（条約9条）、原産地の虚偽表示の取締（条約10条）等に関する規定である。これらの規定は、各国法の相違にもかかわらず合意することができた最小限の実質法上の統一法であった。最後に、他の同盟国法に基づく出願ないし寄託により一定の権利ないし利益を認める規定である。例えば、優先権に関する規定（条約4条）、本源国で正規に寄託された商標の他の同盟国における保護に関するいわゆるテル・ケル（telle quelle）条項（条約6条、議定書4項目：テル・ケルはそのままを意味するフランス語、英語では"as if"がこれに当たる）である。これらの規定は、第一出願国又は本源国で正規に行われた出願を基礎として工業所有権の国際的保護を実現しようとした独特の統一規定といえよう。

3　パリ条約の定着とその後の改正会議

1883年に成立したパリ条約は、その時点でみても不完全な部分をもっていた。この点が考慮されて、条約上の諸規定の現実的適用の経験にかんがみて、条約上の規定を改正するために、定期的に条約改正会議が開催されることが規定されていた（条約14条）。同条3項によると、第1回改正会議は、1885年にローマで開催されることになっていた。1900年頃までは、パリ条約は未だ定着しておらず、例えば、パリ条約の成立に多大の貢献をしたフランスにおいてすら、

この条約に対する反対運動が激しく行われていたのである。相対的に発展した産業は市場を国外に求めていたので、パリ条約に関心を示したが、その他の産業は利害関係を異にしていたからである。1885年頃からパリ、リヨン、マルセーユ等の商業会議所およびリールとノルドの製鋼会議所がパリ条約に対する激しい反対運動を展開した。その攻撃は、主として2条の内国民待遇の原則、3条による非同盟国民の包含、4条の優先権、5条の特許製品の輸入による特許喪失の廃止、および、当時未だ特許法が交付されていなかったスイスにおける国際事務局の設置に向けられていた。

例えば、優先権によって、外国人がフランスの出願人に先んじてフランスの特許を取得することが可能になる。そのため米国人は、裁縫機械や農業機械のフランスにおける製造を中止してもっぱら輸入によりフランスの需要に応じることができよう。また、高度に発展したスイスの時計産業は、フランスの時計産業を絶滅させるであろう。全体としてフランスは、パリ条約の同盟国であることによって大きな経済的損失を免れない。

しかし、このような見解に従っていたなら、フランスは技術的後進性を固定化してしまうことになったであろう。また、実際には、指摘されたようなフランス経済についての損害は生じなかったのであった。このような見解は比較的短期間で克服されていった。

また、一部の諸国、例えば、ドイツはパリ条約に加盟せず多くの国と二国間条約を締結した。ウィーン会議で目指された世界特許の夢はなお捨て去るべきではなく、少なくとも、ドイツとオーストリアのように、二国間では、条約により、すべてのドイツ特許をオーストリアで有効とし、逆に、すべてのオーストリア特許がドイツで有効とすることができるはずであるとの主張があった。しかし、一方では、フランスを中心とするパリ同盟国からの積極的な働きかけがあり、他方では、パリ条約が次第に定着し、同盟国が増加してくるに従い、パリ条約の利点が認められ、現存するこの条約に加盟するのが妥当であると認められるようになった（木棚・研究21頁以下参照）。

このような中で、第1回改正会議が1886年4月19日から5月11日までイタリアのローマで開催され、12ヵ国の同盟国と7ヵ国の非同盟国の代表が参加した。イタリア政府は、国際事務局と協力して、パリ条約の施行に関する規則を準備した。これは、条約の解釈およびその後の発展に必要な9点を規定し

ていた。しかし、この会議で採択された補足条項および施行規則は、いずれの同盟国によっても批准されなかった。

　第2回の改正会議は、1890年4月1日から14日までスペインのマドリッドで開催された。この会議には、第1回改正会議の後に加盟した米国を含む13ヵ国が代表を送った。スペイン政府は、国際事務局の協力の下で4つの議題を提出した。第一の議題は、「商品への虚偽の原産地表示の防止に関する協定」であり、第二の議題は、「標章の国際登録に関する協定」であった。これらの協定は、すべての同盟国の賛成を得るのが難しいことが予想されたので、これに賛成する諸国間での限定的同盟を形成しようとするものであった。この協定の署名のための会議が4月14日から15日に行われ、第一の協定は修正なく、スペイン、フランス等5ヵ国により署名された。第二の協定は、かなりの修正の後に、ベルギー、スペイン等9ヵ国により署名された。これら2つの協定は修正を受けながら現在でも重要な役割を果たしている。

　結局、これら2回の改正会議では、条約の条文自体を修正し、それを解釈、施行することについての提案はいずれも批准されなかった。しかし、一方では、会議のもち方に工夫がされ、2つのマドリッド協定を成立させた意義は大きい。他方では、パリ条約の定着に重要な役割を果たしたことは否定できない。

4　パリ条約の発展

(1) 第一次世界大戦までの改正会議とその成果

　第3回の改正会議は、1897年12月1日から14日、1900年の12月11日から14日の2回にわたりベルギーのブリュッセルで開催された。この改正会議においては、パリ条約の追加・修正条項のほか、前回の会議で成立した「標章の国際登録に関する協定」の追加条項についても審議された。パリ条約に限ってみると、準同盟国民の要件としての営業所の「現実かつ真正の」という限定（3条）、特許の優先期間の6ヵ月から12ヵ月への延長、意匠および商標については3ヵ月から4ヵ月への延長（4条）、特許独立の原則についての規定の新設（4条の2）、不正競争からの保護に関する規定の新設（10条の2）、博覧会出品の仮保護がその同盟国の法律によって与えられることの明文化（11条）などの改正である。ところが会議中にも新しい種々の問題が提起され、1900年にもう一度会議が開催されることになった。この会議が困難な中にも成功裡に行われ、

それによって、日本をはじめドイツ、オーストリア＝ハンガリー、オーストラリア等の有力な諸国が新たに同盟に加わっている。

　この会議でパリ条約が発展の第一歩を踏み出すことができたのは、種々のレベルの工業所有権の保護に関する国際会議がもたれたことと無関係ではないであろう。例えば、1897年5月8、9の両日ブリュッセルで技術者、実業家、法律家等の会合がもたれ、工業所有権法の発展のための調査、宣伝活動を行う国際的な社団法人として「国際工業所有権保護協会（AIPPI）」が設立された。これは、従来万国博覧会の際に不規則的に開催されていたこの種の会議に規則性と継続性をもたせた点で重要な意義を有した。

　第4回の改正会議は、1911年5月15日から6月2日まで米国のワシントンで開催された。この年までに同盟国は22ヵ国となり、当初より同盟国の数が倍増していた。日本の代表を含む21ヵ国の同盟国の代表と19ヵ国の非同盟国の代表が参加した。この会議には、米国と工業所有権に関する汎米協定を締結していた多数の米大陸諸国の代表が参加していた。参加国が多数になったこともあって、専門委員会、編纂委員会が編成され、これらの委員会で作成された草案が総会で審議された。これがその後の改正会議の慣例となった。

　この会議で改正されたのは次の諸点である。つまり、①2条の同盟国民につき住所や居所の要件を課してはならないこと（2条）、②出願人の承継人も優先権を主張することができるものとすること（4条A）、実用新案も国際的保護の対象に加えられ、特許と同じ12ヵ月の優先期間が認められること（4条C）、優先権主張の手続やその効果に関する規定を新設（4条D）、③優先権に基づき取得された特許は、存続期間ばかりではなく、無効や消滅理由についても独立のものとしたこと（4条の2）、④出願の日から3年間特許を実施せず、かつ、特許権者がその不実施を正当とする事実を明らかにしないときは、特許の失効を規定することができるものとしたこと（5条）等である。この会議では、条約の条文の意義を明確にし、保護を強化するために重要になる諸点についての改正が行われたのである。

(2)　**第一次世界大戦から第二次世界大戦までの改正会議とその成果**

　第5回の改正会議は、1925年10月8日から11月6日までオランダのハーグで開催された。前回の会議との間に第一次世界大戦が起こり、戦争発生当時

のパリ同盟国22ヵ国中14ヵ国がこれに参戦した。しかし、この戦争による交通の分断にもかかわらず、工業所有権の国際的保護は停止しなかった。大戦中条約のすべての効力が保持されたわけではないが、パリ条約から脱退を宣言した国はなく、ほとんどの同盟国で条約上の保護を維持するために、特許料の納付期間や優先期間の延長などの臨時的措置が講じられた。この改正会議には、34ヵ国に増加していた同盟国のうち30ヵ国の代表が参加した。会議の進め方については、前回の方法が踏襲され、編纂委員会の作成した案に若干の修正を加えたうえで11月6日に署名された。

　この会議で改正されたのは主に次の諸点であった。①工業所有権の定義、範囲に関する規定を条約にいれた（1条2項ないし4項）。2条1項に「この条約で特に定める権利を害することなく」という文言が加えられた。②意匠および商標の優先期間を6ヵ月に延長し、期間の計算方法に関する規定が新設された（4条C）。優先権証明書の提出期間を3ヵ月以内とする文言が挿入された（4条D）。特許出願に基づく優先権を主張して実用新案出願をすることができ、その逆もできる等の規定を入れた（4条E）。出願が複数の優先権主張を含むか、出願に単一性がない場合における出願分割の規定が入れられた（4条F）。③特許の濫用による失効の要件を強制実施権の付与では濫用を防止するために十分でない場合のみに限定し、出願後3年という要件を特許付与後3年に改めた（5条4項）。商標についても濫用による失権の規定が設けられた（5条7項）。意匠の保護は保障される意匠に係る物品を輸入することによっては失われないこと、権利の存在を認めさせるためには、登録の記号もしくは表示を産品につけることを要しないことを明文で定めた（5条5項、6項）。④工業所有権の存続のための料金支払の猶予期間を認めるべきこと（5条の2）、および、特許侵害とならない通過交易の場合に関する規定が新設された（5条の3）。⑤本源国法における商標の登録の更新又は延長は、他の同盟国におけるそれらを当然に理由あるものとしない（6条4項）。周知商標の保護（6条の2）、国の紋章、旗章等の保護（6条の3）が規定された。

　第6回の改正会議は、1934年5月1日から6月2日にかけてイギリスのロンドンで行われた。この会議はもともとパリ条約成立50周年に企画されたが、ハーグ改正条約の批准が遅れていたので、延期されたのである。40ヵ国の同盟国のうち34ヵ国の代表が派遣された。AIPPIや国際商業会議所などの民間

国際機関もこの会議に向けて総会を開き、それぞれ代表が決議を携えて参加した。

　改正された主要な点は次のとおりである。①4条Aの1項の「第三者の権利を留保して」という文言が削除され、4条Bの2文に優先期間中に生じた第三者の行為によりいかなる権利とりわけ先使用権を生じさせるものではないことを明文化した。もともと、第三者の権利の留保は、第一国出願膳にすでに存在していた第三者の権利の成立を妨げるものではないことを意図していた。ところが、多くの同盟国で優先権は優先期間中の第三者の権利の成立を妨げることができないと解釈された。このような解釈によって優先権を認めた趣旨が形骸化されてしまう可能性があった。第3回改正会議以来の懸案事項が漸く解決された。②複合優先を認める規定が4条Fに新設され、第4回改正会議以来の課題が実現され、ハーグ改正条約の4条Fは若干の文言の修正のうえ4条Gに移された。4条Hが新設され、発明の構成要件が最初の出願書類全体から明らかになる限り、最初の出願の請求に記載されていないことを理由に優先権を否認することができなくなった。③発明者掲載権に関する規定が置かれ、発明者の人格権の保護が図られた（4条の3）。④不実施に対する制裁規定がさらに制限され、強制実施は特許付与の時から3年の期間が満了するまで請求することができず、特許の失効又は取消しの手続は強制実施許諾の時から2年の期間が満了するまで提起することができないものとされた（5条A、4項）。また、これらの規定が実用新案にも準用される旨の明文規定が設けられた（5条A、5項）。従来の5条7文が5条C、1項に移されるとともに新たに2項、3項が設けられた。⑤ある同盟国で登録された商標は他の同盟国で登録された商標と原則として独立である旨の規定が設けられた（6条D、現6条3項）。商標の譲渡は、その商標を付した商品の製造又は販売の排他的権利が譲渡されれば、公衆を誤らせることがない限り、その効力が認められるとする規定が新設された（6条の4）。

　この会議では、いくつかの重要な積年の課題を実現する改正が行われた。同時に、条約中の「締約国」を「同盟国」に改め、条文中の各項を明確にするため数字を振るなどして実体規定に関する限りほぼ現在のパリ条約に近い体裁のものとして整備された。

(3) 第二次世界大戦後の改正会議とその成果

　第7回の改正会議は、1958年10月6日から31日までポルトガルのリスボンで開催された。それまでの慣例では、5年から15年の間隔で改正会議が行われてきたが、第二次世界大戦で改正会議の準備が中断された。大戦中に条約の破棄を通告した国はなく、31の同盟国で優先期間の延長・停止、権利の回復等の条約上の権利保護の措置がとられた。47の同盟国中40ヵ国の代表が参加した。この会議の参加者は、全体で300名近くとなり、その約3分の2が特許庁の官吏であった。改正案の採択は、全会一致によることになっていたので、一国のみの反対で採択されなかった提案が従来に比してかなり多かった。

　この改正会議で改正された主要な点は次のとおりである。①まず、優先権主張の要件の明確化し、緩和するための改正である。4条A、2項の「国際条約」を「二国間もしくは多国間の条約」とし、3項を新設し正規の出願の意義を明確にした。4条Fの複合優先の規定を部分優先も認められるように文言を改めた。4条Gの分割出願の要件を緩和するために2項を新設した。②特許製品の販売が国内法令で制限されているということで特許性を否定できないとする規定を置いた（4条の4）。③強制実施に関する5条Aに4項を設け、審査国と無審査国の間の不公平をなくすために「出願の日から4年又は特許付与の時から3年の期間のうち遅く到来するもの」として期間の要件を厳格化し、強制実施許諾の性質と譲渡の制限について規定した。④5条の2を改正し、料金納付の猶予期間を特許ばかりではなく、その他の工業所有権についても6ヵ月とした。5条の4を新設して方法特許の効力を規定した。また、5条の5を新設して意匠の保護を明文で定めた。⑤6条に3項が設けられ、前回の改正会議で挿入された商標独立の原則をより明確化した。周知商標の保護を強化するために6条の2の1項に「その使用を禁止すること」を追加し、2項で1項の定める登録無効請求の除斥期間を3年から5年に延長した。6条の3の国の紋章等に関する保護を政府機関の紋章等にも拡張した。6条の5のDでテル・ケル条項の保護を受ける商標は本国の登録に従属することを定めた。6条の7を新設して、代理人等の名による商標登録の規制に関する規定を設けた。⑥サービス・マークを保護することを明らかにするため、1条2項にこれを挿入し、6条の6を新たに規定した。⑦原産地等の虚偽表示の取り締まり、不正競争行為の禁止の範囲を拡充した（10条1項、10条の2）。

この会議では、工業所有権の国際的保護の要件や範囲に関しこのようにかなりの前進がみられた。しかし、会議における採決方法、同盟国の組織問題や各国の代表の選出方法等につき問題点が明らかとなってきた。また、先進工業国と発展途上国等の利害の対立も浮かび上がってきた。

　第8回の改正会議は、1967年6月11日から7月14日までスウェーデンのストックホルムで開催された。前回の改正会議で次の改正会議をウィーンで開催することにしていたが、ベルヌ条約の改正会議の開催国となっていたスウェーデン政府は、次の2つの理由から、パリ同盟とオーストリア政府の同意を得て、知的財産権に会議のテーマを拡張して開催したのである。①知的財産権に関する種々の国際事務局を統合して現代的な国際行政機関とするため、知的財産権に関する国際会議とする必要があった。②社会主義国、とりわけ、ソ連のパリ条約加盟に伴い、パリ条約の中の優先権規定に関し発明者証につき触れる必要が生じており、できる限り早い機会に改正会議がもたれる必要があった。パリ条約とベルヌ条約の同盟国農地47ヵ国が代表を送ったほか、ユネスコ、ヨーロッパ経済共同体など13の政府間国際機関とAIPPIをはじめ27の民間国際機関もそれぞれ代表を送った。

　この改正会議の成果をパリ条約に限って見てみよう。①同盟の組織に関するリスボン改正条約13条から19条を13条から30条に置き換えられた。総会を設置し、広範な権限を付与し（13条1項、2項(a)(i)～(xiii)）、議決方法を管理規定の改正以外は投票数の3分の2以上の多数によるものとした（13条4項(d)）。総会の下に執行委員会を置き一定の権限を与えた（14条）。国際事務局を置き、これをWIPOとし、その任務を規定した（15条）。②発明者証の出願は、出願人の選択によって特許又は発明者証のいずれの出願もできる同盟国でなされた場合には、特許出願と同一の条件で優先権を生じるものとした（4条I）。

　この会議の開催当時、パリ条約の同盟国は77ヵ国に達しており、その多くは途上国や社会主義国であった。この改正によって、パリ同盟の機関や組織が拡大され、整備された。しかし、同時に、これらの国の発言権が増大し、南北あるいは東西対立の場となる危険もはらんできた。

　第9回の改正会議は、1980年2月4日から3月4日までジュネーブで開催された。これまで行われた改正会議は、同盟国における工業所有権の保護の拡大を目指したものであった。ところが、1960年代に入ってから工業所有権の

ほとんどが先進国の企業により独占され、市場確保のために濫用的に行使されているという指摘がされ、このような濫用を有効に規制し工業所有権を途上国の工業化に役立ち、これによって新しい経済秩序の形成に有益なものとなることが求められた。1974年9月のWIPOの調整委員会の勧告によって、WIPOの事務局長が国連貿易開発会議（UNCTAD）と協議して途上国に特別の利益をもたらすための追加条項を検討するために暫定政府専門委員会を設けるようにしたことに始まる。

　この会議では、WIPO事務局長名で用意されたかなり膨大な基本提案をはじめ多くの議題が準備されていた。しかし、ジュネーブの第1回外交会議では、議決方法につき開発途上国が多数決を主張し、従来の全会一致の原則を主張する先進国と対立した。結局、全会一致を原則としつつ、それが得られない場合には反対投票が12以下のときに限り3分の2の多数決とすることになった。その後も2回の外交会議が行われたが、採択に至らなかった。特に対立したのは次の4点であった。①出願人による自由選択性を前提とする4条Ⅰを、このような自由選択性のいかんにかかわらず発明者証に特許と同じ地位を与えるかどうか（もっとも、この点は、例えば、ソ連解体後その承継国であるロシア連邦は、1992年10月14日の特許法で発明者証を廃止し、特許制度のみを採用したので、現在では状況が変化している）。②5条Aの特許の不実施に対する制裁措置を強化すべきかどうか。③5条の4の製法特許の保護範囲に関する規定を改正して、外国で特許製法に従って製造された製品の輸入を阻止する権利を場合によって制限してよいものとするかどうか。④10条の4を新設して、原産地名称と抵触する商標の登録および使用を禁止できるものとするかどうか、潜在的な原産地名称に特別な保護を与えるかどうか。しかし、この対立は解消されず、外交会議再開の目途は立っていない。この会議では、従来と異なり、途上国、先進国、社会主義国のグループ間の交渉が中心になった。しかし、グループ間およびグループ内の利害調整ができず、成果が得られないままになった。

5　パリ条約の停滞と19条の「特別の取極」

　パリ条約の成立史をみると明らかになるのは、まず、万国博覧会の際に開催した民間の多数の参加者を含む非公式の国際会議において、当時有力であった特許廃止論を克服し、各国の商工業の発展にとって工業所有権の国際的保護が

不可欠であるとの共通認識を形成したうえで、国際工業所有権の国際的保護のための条約が構想されたことである。各国の特許に関する基本思想や実務の相違による工業所有権法の相違に直面して世界特許の理想の実現が困難になると、優先権制度やテル・ケル条項など次善の方法によってその困難が克服された。また、パリ条約に簡単に加盟することができるようにするため、非同盟国はいつでも事務局長に加入書を寄託することによって同盟国になることができるものとした。さらに、定期的に改正会議を持ち、加盟国がその改正条約を批准するか、旧条約にとどまるかの自由を持つことにした。このような柔軟な対応と工夫によって、改正会議ごとに工業所有権の国際的な保護範囲を拡大するとともに、同盟国の数を増加させてきた。

　しかし、パリ条約は最近新たな困難な状況に直面して停滞状態に陥っている。このような停滞を打開する道のひとつの方法は、同盟国のすべてが合意することができる改正条約の作成が困難であるとすれば、条約19条の「特別の取極」を利用して、同盟国の合意できる範囲内で新たな補完的な条約や協定を締結することである。この方法は第2回の改正会議以降これまでも採られてきている。例えば、特許協力条約（PCT）はその成功例のひとつである。1990年代WIPOは、各国の特許に関する実体法規定を統一、調和するための特許調和条約草案の作成に取り組んだ。それ自体は、条約として成立しなかったが、その後、PCTの改正会議などを通じて特許の実体法規定の国際的調和を図る可能性が模索されている。特許制度を利用する企業の側から特許の実体法規定の調和により容易かつ迅速に特許を取得できる途を探るべきとする意見が強まっている。また、PCTによる国際出願の制度は、商標や意匠の出願にも調整を行いながら、類似の方法で及ぼされている（第8章5、6参照）。

［第4章］

文学的及び美術的著作物の保護に関する
ベルヌ条約の成立とその後の展開

1　ベルヌ条約成立前の著作権保護

　1886年にベルヌ条約が成立した当時、英連邦を除けば、100年を越える著作権保護の歴史を持つ国はなかった。多くの諸国は、自国の著者の著作権については保護しても、外国の著者の著作物の海賊行為を不公正で、不道徳な行為と必ずしも認めていなかった。海賊行為が本の価格を安くし、社会的、教育的必要を満たすのに役立つと考えられる傾向があった。このような状態で被害を受けたのは、イギリスとフランスの著作者であった。18世紀のイギリスの著作者は、アイルランドにおける海賊行為に悩まされ、1800年のアイルランドとのthe Act of Unionの後は、海賊行為の拠点は米国に移った。19世紀中米諸国は、外国の著作権保護を拒み続けたが、それは公共の利益を理由にしていた。ただ、米国法上、慣習的に「儀礼上の著作権（courtesy copyright）」とよばれるものが認められていた。つまり、大多数の出版社が、他のものが著作者と出版契約をした場合には、その外国著作物の出版を控えるという不文の慣習があるものと考えていた。これによって、19世紀のイギリスの作家、ディケンズ（Charles Dickens）やトロロープ（Anthony Trollope）は、米国法上保護を受けていないのに多額の金銭を受け取ることができたのである（Abbott, Cottier, Gurry, Intellectual Property System, p.866）。

　フランスの著作者は、オランダ、スイス、ドイツにおける行為からも被害を受けたが、19世紀はじめ頃までは、ベルギーのブリュッセルが海賊行為の拠点であった。フランスは、1852年、第二帝国ルイ・ナポレオン（Louis Napoleon）の発布した勅令によって、外国で発行された著作物の複製2通をフランス国立博物館に寄託すれば、その外国がフランスの著作物に保護を与えて

いるかどうかにかかわらず、その外国著作物にも保護を拡張することにした。これは、著作者の権利は自然権であるから国籍および政治的国境というような人工的制約に服すべきではないとする考えから出たものであった。この勅令の発布の後に、フランスは、懸案のベルギーとの二国間条約の締結に成功し、他のヨーロッパ諸国とも二国間条約を締結していた（Ladas, Artistic Property, p.46）。しかし、このような相互主義の条約では、二国間の実質的保護の比較が問題になり、著作者の地位はなお不安定な状態にあった。

2　ベルヌ条約成立の意義とその後の展開

　1852年のフランスの勅令の与えた影響によって、1858年9月27日から30日までブリュッセルで開催された著作者および芸術家の会議が国際著作権同盟形成のための最初の運動であった（Ladas, Artistic Property, p.71）。ヨーロッパ諸国や米国から300名以上の参加者があった。この会議では、国際著作権法に関する5つの決議が採択された（Ladas, Artistic Property, p.72）。①著作者のための著作権の国際的承認の原則は、すべての文明国の法の一部分とされなければならない。②この原則は相互性のいかんにかかわらず認められなければならない。③外国の著作者を内国の著作者と同じにすることは、絶対的、かつ、完全でなければならない。④外国の著作者は、最初に発行された国で要求された方式を満たした場合には、その権利の承認および保護のために他の方式も要求されてはならない。⑤すべての国が文学および美術作品の保護のための統一法を採用することが望ましい。

　1858年の会議は、その後の議論に大きな影響を及ぼした。1877年8月19日ルーベンス（Rubens）生誕300年の記念式典の折、ベルギーのアントワープで美術家のみが参加した会議が開催され、万国国際法協会に美術作品保護のための世界法を研究するプロジェクトの立案を依頼する決議が採択された。しかし、その後の会議での進展はなかった。

　1878年のパリ万国博覧会の折、国際文学者会議と国際美術家会議が開催された。国際美術家会議は、1878年9月18日から21日に開催され、美術家の作品についての権利は財産権であり、その保護期間は制限されるべきこと、作品が公表されてから100年の保護期間が望ましいこと、方式は要求されてはならないことなど21の決議をした。国際文学者会議は、6月17日から29日ま

でビクトル・ユーゴ（Victor Hugo）が議長となって開催され、長時間の議論の末、5つの決議が採択された（Ladas, Artistic Property, p.74）。著作者の著作物についての権利は、法の付与によるという性質のものではなく、立法者が保障しなければならない財産という類型のひとつであること、すべての文学上、科学上、美術上の著作物は、その本源国以外の国においてその国を本源国とする著作物と同じように取り扱われるものとし、このことは、演劇および音楽の著作物についても同様に適用されることなどを含んでいた。

1882年のローマにおける会議で、ドイツの出版業者を代表したパウル・シュミット（Paul Schmidt）博士は、「文学上の財産のための同盟」の結成を主張し、1883年9月10日のベルンの会議でそのような同盟のためのプロジェクトを準備するために7名の委員により構成された委員会を組織した。その委員会には、4名のフランス代表、2名のスイス代表と1名のドイツ代表からなっていた。その委員会は、10条からなる草案を準備した。この草案は、内国民待遇の原則、文学的、美術的著作物の定義、本源国で規定された要件を満たす以上、それ以外の方式要件を要求されるべきでないこと、著作権の全保護期間に翻訳権を認めること、同盟の国際事務局の設置などを規定しており、当時としては注目すべきものであった。1883年9月3日にその会議はこの草案を採択し、スイス政府に外交会議の開催を要請した。このように、その後も重要な会議を開催してきた国際文学者会議は、1884年のブリュッセルの会議で現在でも著作権の国際的保護、研究団体として残っている国際文芸協会、ALAI（「国際著作権学会」とも訳されている）を組織し、美術家も参加する会議とし、その活動範囲を美術作品にも拡大した。

第1回の公式会議は、1884年9月8日にベルンで開催され、ヨーロッパの主要国を中心に14ヵ国の代表が参加した。スイス政府は、1883年の草案を基礎とした18ヵ条からなる草案を提出した。ドイツ代表は14の論点を指摘し、議論が行われ、その結果、これについて何らかの合意に達した点については草案に盛り込むことになった。保護期間について内国民待遇の例外とすること、条約と矛盾しない限り従来の条約の効力を維持することなどを含む21ヵ条の草案が採択された。

第2回の公式会議は、1885年9月7日にベルンで前回代表を送らなかった米国、イタリアやスペインを含め20ヵ国からの代表を集めて開催された。

1884年の草案では、同盟の加盟国が少なくなる可能性があったので、より現実的な視点から検討が行われ、規定の一部が改正された。この条約草案は、1885年9月18日、フランス、ドイツ、イギリス、ハイチ、ホンジュラス、イタリア、オランダ、スペイン、スウェーデン、ノルウェーの12ヵ国により署名された。

　1886年9月6日、条約発効に向けての最終会議がベルンで行われ、日本も米国とともに代表を送ったが、傍聴者としてであった。この会議では、許諾のない翻訳を違法な複製とみるかどうか、翻訳権の問題を国内法に委ねるべきではないかなどについての議論が行われたが、いずれも否決され、前回の会議で条文を変えることができないように拘束されていたこともあって、条約、追加条文、最終議定書の署名が行われただけであった。同年9月9日に、ベルギー、フランス、ドイツ、イギリス、ハイチ、イタリア、スペイン、スイス、チュニジアの10ヵ国が署名した。イタリアとスペインは植民地すべてを含むことを宣言し、イギリスは、後に廃棄できるという理解のもとですべての植民地と保護国を含むものとした。1887年9月5日に批准書を交換して、条約20条の定めにより3ヵ月後の同年12月5日に条約が発効した。

3　1886年のベルヌ条約の内容

　ベルヌ条約の基本原則は、内国民待遇の原則であり、条約上の利益を受けることができる者が他の同盟国でこの国の国民に現在与えられ、将来与えられる利益を享有することができるとするものであった。これはこの条約制定前の状況と比較するときわめて大きな意義があったことが分かる。条約上の利益を受けることができるのは、同盟国の著作者又はその法律上の代理人（3条1項）、および同盟国のいずれかで著作物を発行した者である（3条）。これらの権利は本源国法の定める条件と方式に従うので、それ以外の国の方式を要求されてはならないが、保護期間については本源国で規定された期間を上回ることができないという例外が定められている（2条2項）。文学的、美術的著作物の定義が定められた（4条）。翻訳の保護期間についてその著作物発行から10年間とし、許諾を受けた翻訳は原著作物として保護される（5条、6条）。新聞および定期刊行物の記事の複製は、著作者又は編集者が厳しく複製を禁止しない場合には、複製又は翻訳してよいものとする（7条）。教育もしくは科学的目的の出版物お

よび明文集における著作権のある著作物からの複製については、各国法又は関連国間の取極による（8条）。演劇又は音楽演劇の著作物の公演に関する権利については、そのような著作物が発行されたかどうかにかかわらず、2条の規定が適用され、内国民待遇を受ける（9条）。翻案や音楽の編曲などのような文学上又は美術上の著作物の間接的修正は、新しい原著作物とならない限りは複製になる（10条）。そのほかに、条約上保護される原作者の推定（11条）、海賊行為による著作物の同盟国への流入（12条）、著作物の流通、展示等の制御のためにとられている措置（13、14条）が著作権に関する実質法規定として定められている。以上のほか、条約の適用（19条）、締約国間の特別な取極（15条）、改正（17条）、加入・批准方法（18条、21条）、国際事務局（16条）などに関する規定がある。

4　ベルヌ条約のその後の発展

(1)　第一次世界大戦までの改正会議

第1回の改正会議は、1896年4月15日から5月4日までフランスのパリで開催された。この間で、ルクセンブルク、ノルウェーなど4ヵ国が加盟し、同盟国は14ヵ国になっていた。

この会議において最も重要な改正は、2条、3条および5条であった。2条については、最初の規定を趣旨がより明確になるように再起草した。また、死後に発行された著作物も保護される旨の明文を置いた。3条については、著作者が同盟国民でなくとも同盟国で最初に発行されれば発行者が保護されることになっていた。「発行者」を著作者とすることによって、同盟国民でない著作者は、同盟国で最初にその著作物を発行すれば、ベルヌ条約上の保護を受けることができるようになった。もっとも、発行というのは、複製物を出すことと解され、演劇や音楽的演劇等の著作物の公演や実演はこれにあてはまらないので、公演や実演等を同盟国で最初に行っても、ベルヌ条約上の保護を受けることができるようになったわけではなかった。5条については、10年間に限って翻訳権を認めていた。イギリス代表が原著作物の保護期間全体につき翻訳権を承認すべきと主張した。フランス代表は、著作物の翻訳は複製物と同様に扱うことを提案した。結局、妥協的な解決がとられ、著作者やその法定代理人は、原著作物の著作権の保護期間全体につき排他的翻訳権を持つが、保護国で原著

作物の発行をする権利を10年間使用しない場合には、排他的翻訳権は停止するものとした。これが今日いわゆる10年間条項とよばれるものである（ベルヌ条約パリ改正条約30条2項、同条約付属書5条参照）。そのほかに、新聞および定期刊行物の記事に関する7条、海賊的複製物の把握に関する12条、廃棄通告に関する20条などが改正された。

　第2回の改正会議は、1908年10月14日から11月14日までドイツのベルリンで開催された。この会議には、新たに加盟した日本を含む4ヵ国の代表が参加した。この会議では、条約全体が書き直され、21ヵ条から30ヵ条になった。また、以前のほとんどの主要な条文が改正された（2条から7条、9条から12条、14条および18条、最終議定書1、2、3、4）。これによって以前の条約に規定されていたさまざまな制約や条件を撤廃し、著作権の国際的保護が促進された。

　特に重要なのは、まず、旧条約2条2項に規定されていた方式に関する規定を改正して、無方式とした点であった（Ladas, Artistic Property, p.91ff.）。従来の規定によると、著作者は、その著作物が本源国法によって保護されていることを証明することが必要であった。しかし、この証明は必ずしも常に容易ではなかった。そこで、ドイツ代表は、同盟国のどこでも方式要件を不要とし、各国で取得された著作権が独立性を持つことを宣言するよう提案した。議論の末、4条2項にそのような権利の享有および行使はいかなる方式にも服さないとして無方式主義を採ることを明らかにするとともに、そのような権利の享有および行使は著作物の本源国における保護の存在と独立であることを明文で定めた。従前の条約4条にあった文学的、美術的著作物の定義規定を2条に移し、より完全なものとし、締約国がこれらすべての著作物につき保護を与えなければならないことを明確にし、特に従来争いのあった写真の著作物を認めた点が注目される。

　また、著作権の保護期間を原則として著作者の生存中および死後50年と規定したが（7条1項）、これはすべての同盟国で統一するものではなく、保護期間は保護国法による（同条2項）。翻訳権について前回の改正会議で付けられた制限条件を削除した（8条）。ある同盟国で新聞や定期刊行物に掲載された小説その他の文学的、科学的、美術的著作物は、著作者の許諾なしには他の国で掲載することができない等の規定が設けられ、新聞、定期刊行物で発行された著作物の保護を強化した（9条）。音楽の著作者にその著作物の公演ばかりではな

く、機械的再生による翻案についても音楽著作権者の排他的権利を明文で認めた（13条）。また、映画による著作物の複製および公演を許諾する排他的権利を著作者に認めた（14条）。

　1914年3月20日、同盟の18ヵ国は、ベルンで1908年の改正条約の追加議定書に署名した。この追加議定書は、非同盟国が同盟国の領域内の著作者の著作物を十分な方法で保護しない場合には、1908年の改正条約の規定が著作物の最初の発行時において非同盟のそのような国に所属し、かつ、同盟のいずれか一国に現実に居住していない著作者の著作物の保護を制限する締約国の権利をどのような方法であれ害するものとすることはできない、とし、保護制限の手続等を規定した。このような追加議定書が問題になったのは、次の事情による。1908年の改正条約は、非同盟国の著作者が同盟国のいずれかで著作物の最初の発行を行えば同盟国で内国民待遇を受けることができることになり、イギリスとその植民地では、その領域内で発行された米国の著作者の著作物を保護しなければならなくなるが、米国における外国人著作者の著作物の保護が十分でなかったのである。米国では、1891年のチェイス法（the Chase Act）によって米国に居住しない外国人の著者に著作権保護を拡張していたが、米国内で製作されるという厄介な条件が付けられていた。1909年3月4日法で一般に外国人の著作者をこの条項の効果から解放したが、英語で書かれた著作物については以前のままであった。イギリスにおける1908年改正条約の批准に関する議論の中で、条約上の保護を受ける者を同盟国民および同盟国に善意で居住する者に限ることを条件とすべきとする意見が強まり、イギリス政府からの提案によって追加議定書がつくられたのである。

(2)　第一次世界大戦から第二次世界大戦までの改正会議
　第3回の改正会議は、1928年5月7日から6月1日までローマで開催された。この時までに同盟国は、19ヵ国増えて、36ヵ国に倍増していた。この改正会議の主要な成果は次のとおりである。①ラジオ等の普及を考慮して口頭の著作物保護「講演、演説、説教その他これと同性質の著作物」という文言を挿入することによって規定された（2条1項）。また、政治的演説および裁判手続においてされた陳述に関する同盟国の国内立法への留保が規定された（2条の2）。②著作者人格権に関する規定が置かれたが、この権利の行使条件については国

内立法に委ねられた。また、著作者の死亡後の権利の存続について明確にしていなかった（6条の2）。③ラジオによる公衆への伝達に関する著作者の排他的許諾権を規定したが、この権利の行使条件については各加盟国の国内法によるものとした（11条の2）。④そのほか、共同著作物の最小限の保護期間を最後まで生きていた著作者の死亡後から計算するものとした（7条の2）。また、映画化についての著作者の権利をより適切なものにした（14条）。

　第一次世界大戦が起こり、ベルヌ同盟国の多くの国が戦争に参加し、中立的であったのは、ノルウェー、オランダ、スイスなど6ヵ国のみであった。しかし、大戦中に条約廃棄の通告をした国はなく、逆にイタリア、モロッコが条約を批准し、加入を申し出た。条約は直接に国家の利益に関するものではなく、私人の利益に関するものであるから大戦中も有効と考えられていた。ドイツでは、パリ条約の効力が争われることがあったが、1914年10月26日の帝国裁判所（Reichsgericht）の判決によって、その条約がドイツ法の一部となっており、外国人の権利を護り続けると判決された。

(3) 第二次世界大戦後の改正会議

　第4回の改正会議は、1948年6月5日から26日までブリュッセルで開催された。この会議までに同盟国は、タイやユーゴスラビアなどが加わって40ヵ国になっていた。アジア、アフリカ、中南米諸国からは代表を派遣する国が少なかった。同盟国の36ヵ国から代表が送られたが、日本、タイ、ルーマニアからは代表が送られなかった。

　この会議で改正された主な点は次のとおりである。①条約の保護対象となる著作物について、応用美術の著作物、例えば、地理学、地形学、建築学もしくはその他の科学に関する地図、図解、略図又は模型が著作物に入れられた（2条1項）。②著作者人格権は著作者の死後も少なくとも経済的権利が消滅するまで存続するものとするが、行使の条件については各同盟国の国内立法に委ねた（6条の2、2項）。③著作権の保護期間を第2回改正会議のものをさらに強化して著作者の生存中および死後50年とすることを同盟国に義務づけた（7条1項）。④時事問題の報道に関する技術的発展によって生じる新たな問題について、新たに条文を定め、写真、映画又は放送による時事問題の報道のためになされる文学的美術的著作物からの複製が認められる条件については、同盟国の国内立

法によることにした（10 条の 2）。⑤ラジオ等による公衆への伝達の許諾は、別段の定めがない場合には、著作物を音又は映像で固定する器具を用いて記録することの許諾を含まない（11 条の 2、3 項）。著作物の公の朗読について許諾する著作者の排他的権利を規定した（11 条の 3）。⑥そのほか、条約の解釈適用に関する締約国間の紛争について国際司法裁判所の管轄権が規定された（27 条の 2）。条約の公式条文がフランス語とともに対等なものとして英語で作られることが定められた（31 条）。

　第 5 回の改正会議は、1967 年 6 月 11 日から 7 月 14 日までストックホルムで開催された。この会議の開催当時同盟国は 58 ヵ国になっていたが、ブリュッセル改正条約を批准しているのは 42 ヵ国に限られ、同盟国の 3 分の 1 が開発途上国であった。この会議は、すでにパリ条約改正会議のところで述べたように、これら 2 つの条約の改正会議を兼ねたものである。したがって、ここではベルヌ条約の改正について主要な点に触れるにとどめたい。①著作権者の同盟国の国籍が、条約上の保護の一般的基準であることを明らかにし、著作物が発行されたかどうか、いつ発行されたかを問わないことを明らかにした（3 条 1 項）。同盟国に常居所を有する者も条約の適用上同盟国民と同様に扱うことにした（3 条 2 項）。②保護される著作物は、演劇の振り付けや無言劇に関し物への固定を要さないことにし、物への固定を保護要件とするには同盟国の国内立法によることを要するものとした（2 条 2 項）。③9 条に複製権を定め、11 条に演奏権を定めたので、レコードについての著作者の排他的権利を定めた旧 13 条 1 項は不必要になったので削除された。レコードに関する強制使用許諾を定めることを国家立法の範囲とする規定が 13 条 1 項として残された。④著作者人格権を従前に付けられていた制限なしに、著作者の死後も保障されることを規定した（6 条の 2、2 項）。⑤著作権の最低限の保護期間について、映画の著作物に関しては公表から 50 年、応用美術および写真に関しては作成のときから 25 年とした（7 条 1 項、4 項）。⑥映画の著作物の保護に関する著作者の権利について規定を置き（14 条）、映画の著作物自体の権利とその権利の利用につき規定した（14 条の 2）。⑦そのほかに、開発途上国に関する議定書と管理機関に関する規定が改正された。

　しかし、この改正条約には 39 ヵ国が署名したが、その実体規定（1 条から 21 条）と途上国のための議定書は批准する国が少なく、発効しないまま閉鎖され

てしまった。ストックホルム改正条約の管理規定と最終規定に関する 22 条から 38 条が発効したに過ぎなかった。

　第 6 回の改正会議は、1971 年 7 月 5 日から 24 日まで 75 ヵ国の代表が参加してパリで開催された。この改正会議は、万国著作権条約の改正会議と時と場所を同じくして開催されることになったものである。この改正会議では、未発効のまま閉鎖されたストックホルム改正条約の実体法規定 1 条から 20 条と同盟の組織に関する 20 条から 26 条までをそのまま内容的変更を加えることなく発効させることと、ストックホルム改正条約で付け加えられた「開発途上国のための議定書」を修正して、この議定書によって著作物が利用される可能性のある同盟国の受諾を得られるようにすることに目標が絞られていた。とりわけ、後者については、新興の開発途上国のために特別な制度を設けることを要求する見解が 1963 年ブラザヴィルで開かれたアフリカ著作権会議で取り上げられ、ストックホルム改正会議でストックホルム議定書が採択されたが、この議定書の規定によって利用される可能性のある著作物の権利者が所属する同盟国の受諾が困難な状況になった。そこで、教育および学術研究の目的で他国の著作物を翻訳し、複製できる条件が改めて見直されることになった。国連総会の確立された慣行により開発途上にあるとされる国が改正条約を批准し、これに加入しようとする際に、その経済状態および社会的又は文化的必要にかんがみて WIPO 事務局長に寄託する通告によって付属書に定める強制実施許諾を利用することができるものとした（付属書 1 条 1 項）。このような同盟国は、印刷その他類似する複製方式で発行された著作物に対して、権限ある機関が付属書 2 条（翻訳権）、3 条（複製権）の定める条件を満たす場合に付属書 4 条の定める許可を求める手続に従って、その国の国民に著作権者に通常の使用料に合致した公正な補償金を支払う義務を伴う非排他的、かつ、譲渡不能の許可の制度をもって翻訳権又は複製権の代わりとすることを認めることとした。このような許可の実体的な条件となるのは、翻訳権については、その著作物の発行の時から 3 年の期間又はその同盟国の定める一層長い期間が満了した後も、翻訳権を有する者又はその許諾を受けた者によりその国で一般に使用されている言語で発行されていないか、そのような翻訳が絶版になっていることである（付属書 2 条 2 項）。複製権については、ある特定の版の著作物がその版の最初の発行の日から原則として 5 年間（著作物の種類による例外的な取り扱いについては、付属書 3

条3項参照)、同種の著作物に通常付される価格と同程度の価格でその同盟国において一般公衆に又は教育活動のために頒布されていないことである(付属書3条2項)。また、開発途上国は、この改正条約の批准又は加入の際に、翻訳に関しては付属書2条に定める複雑な強制利用許諾の制度の代わりに、1896年の改正会議で認められたより単純な「10年間制度」を選択することを宣言することができる(付属書5条1項)。この制度によると、著作物の最初の発行のときから10年以内にこの制度を選択した同盟国で一般に使用されている言語による翻訳物が発行されていない場合に、著作権者は、その言語による当該国での翻訳権を失うことになる。

5 ベルヌ条約パリ改正条約と万国著作権条約パリ改正条約との関係

まず、万国著作権条約について簡略に歴史を見たうえで、次に、万国著作権条約とベルヌ条約の最新の改正条約の内容を簡単に比較し、両条約の関係をみておきたい。

万国著作権条約の歴史は、1928年のベルヌ条約のローマ改正会議におけるフランスとブラジルの代表によって提案され、採択された最終決議における要請に遡ることができる。この決議によると、ベルヌ同盟諸国とブエノス・アイレス条約の加盟国間の調整によって著作者の権利の世界的統一を求めるものであった。ブエノス・アイレス条約は、1910年の第4回汎米会議で作られた条約であり、南北アメリカ大陸の20ヵ国が署名し、そのうち米国、ブラジルなどを含む14ヵ国が批准していた条約である。その後1928年のハバナにおける第6回汎米会議によって成立したハバナ条約があるが、批准したのは中米の4ヵ国にとどまった。ベルヌ同盟とは別に、これらの汎米条約との間を架橋するための第三の条約が検討され、1935年にベルヌ同盟の国際事務局は、「著作者の権利(Droit d'Auteur)」でそのような条約の概略を公表し、国際連盟の専門家委員会によって23ヵ条からなるパリ草案が作られた。この草案は、1938年のブリュッセルにおける専門家委員会で多くの点について修正された。このような第三の条約の構想は、1939年までに強く支持されたが、第二次世界大戦の勃発で作業が中断した。この作業は、第二次世界大戦後に新たに組織された国連の機関であるUNESCO(国連教育科学文化機関)に引き継がれ、米国からも強い政治的な支持があった。UNESCOの主催のもとで1947年から1951年

まで一連の準備委員会が開催され、1952年8月18日から9月6日にかけて行われた外交会議で万国著作権条約が採択され、36ヵ国がこれに署名した。

　万国著作権条約の内容を1971年のパリ改正条文でベルヌ条約と比較しておきたい。

①保護要件　内国民待遇を与える要件として、著作者が締約国の国籍を持つか、その著作物がいずれかの締約国で最初に発行されたことを要求としている（2条1項、2項）。締約国は法令により自国に住所を有する者を自国民とみなすことができるが、ベルヌ条約のように締約国に常居所を有する者が条約上締約国の国民とみなされるわけではない（ベルヌ条約3条2項参照）。

②保護対象　文書、音楽の著作物、演劇用の著作物、映画の著作物、絵画、版画および彫刻を含む文学的、学術的および美術的著作物を挙げている（1条）。この点は、ベルヌ条約が細かく具体的に規定しているのと対照的である（ベルヌ条約2条参照）。この点では、著作物に当たるかどうかの条約の解釈の範囲が広くなっている。方式要件を要求することができるものとされているが、自国外で最初に発行された自国民以外の者の著作物については、著作物の保護が要求されていることが明らかになるような適当な方法で適当な場所に最初の発行の時から著作者の名および最初の発行の年とともに©の記号を表示している限り、その要求が満たされているものと認めることにしている（3条1項）。ベルヌ条約が無方式主義を採っているのとは異なる（ベルヌ条約5条2項1文参照）。

③著作権の帰属と保護期間　ベルヌ条約には著作者推定の規定があるが（15条）、万国著作権条約にはそのような著作権の帰属に関する規定がない。条約上の最小限の保護期間については、著作者の生存中およびその死後25年を原則としている（4条2項(a)）。写真および応用美術については、10年より短くてはいけないものとする（同条3項）。この点は、最小限の保護期間を著作者の生存中およびその死後50年を原則とするベルヌ条約より短いことになる（ベルヌ条約7条1項参照）。写真および応用美術についても、製作の時より25年より短くてはならないとするベルヌ条約より短いことになる（ベルヌ条約7条4項参照）。

④条約上認められている諸権利　著作者の財産的利益を確保する基本的権利として、特に複製、公の上演、演奏、放送を許諾する排他的権利を含むことを明らかにしている（4条の2）。しかし、締約国は条約の精神又は規定に反しない限り例外的に国内立法で除外することができる。また、翻訳および翻訳の発行

を許諾する排他的権利も認めている（5条1項）。これについても自国の法令によって翻訳権を制限することができるものとされている。国連の確立された慣行により開発途上国とされ、かつ、UNESCOの事務局長に通告を寄託している国は、条約上定められた一定の要件のもとで著作物の複製および翻訳に関する強制許諾の非排他的な許可をその締約国の国民に与えることができる（5条の4）。これは、途上国の要求を考慮した規定である。

このようにみてくると、万国著作権条約は、ベルヌ条約と比較して最低限の保護基準が低く、かつ、途上国に配慮した規定を持つことが分かる。そこで、このような条約の成立によって従来ベルヌ条約に加盟していた国がベルヌ条約を脱退して、万国著作権条約に加入することが生じ得る。この点に関連してベルヌ・セーフ・ガード条項（17条）とよばれる条項がおかれ、ベルヌ条約およびその条約により創設された同盟の構成国の地位に影響を及ぼすものではないとしているとともに、付属宣言がされている。この付属宣言(a)において、国連の確立された慣行により開発途上国とされ、かつ、UNESCOの事務局長に通告を寄託した国以外で、1951年1月1日以降にベルヌ条約を脱退した国を本源国とする著作物は、ベルヌ条約の同盟国において万国著作権条約上の保護を受けないと宣言されている。

6　伝統的著作権条約の停滞と今後の展望

ベルヌ条約は、パリ改正条約以来、45年以上改正されていない。これは、今日における経済のグローバル化の進行のみならず、コンピュータ、ケーブルテレビ等の新しい機器の普及発展、デジタル技術の進歩などを考慮すると、異常ともいえる停滞状態である。その原因は、工業所有権の場合と同様に、加盟国の増加に伴う途上国と先進国の主張の対立が根底にある。著作権については、付属議定書等によって途上国に適用される特別の規定を定めるなど一定の調整が行われてはいるが、なお十分成功しているとはいえないのである。そこで、WIPOがこれまで採ってきた方法は、合意することができる同盟国間でのみ定める特別の取極としての条約や協定を締結する方向での働きかけである（ベルヌ条約パリ改正条約20条）。

後に述べるTRIPsの発効によって少なくともTRIPsの定める最低限の保護基準と権利の実効的行使に関する限り一定の前進がみられることは事実である

と思われる。2002年に発効した「著作権に関する世界知的所有権機関条約（WIPO Copyright Treaty, WCT）」と「WIPO実演・レコード条約（WIPO Performances and Phonograms Treaty, WPPT）」もそのようなことと関連するものと思われる。さらに、最近ではTRIPs自体の改正が進まないこともあって、EU、NAFTAなどの地域的協定における知的財産条項のほか、二国間の経済連携協定（EPA）や自由貿易協定（FTA）においても知的財産条項を挿入してTRIPsプラスが目指されている。WIPOには、これら全体を把握して、可能な特別の取極を積極的に研究し、提案していくことが求められるであろう。

［第5章］

TRIPs（知的所有権の貿易関連の側面に関する協定）の成立とその後の問題点

1 ウルグアイ・ラウンド交渉の開始とその後の展開

　1986年9月20日のGATTウルグアイ・ラウンドの閣僚宣言で知的財産権含む交渉予定が採択された。これは、第2章で述べたような知的財産摩擦を契機とした米国のプロ・パテント政策を国際的に推進しようとする米国の代表からの積極的な働きかけによるものである。米国から強力な二国間交渉を受けた諸国から、むしろ多国間交渉による方が良い結果が得られるのではないかという期待が高まっていた。交渉の最高機関として通商交渉委員会（Trade Negotiation Committee, 以下、「TNC」と略す）が設置された。当初不正商品問題を検討し、知的財産権問題の交渉として展開されるようになった。

　1990年の初めにGATT事務局により用意されたチェックリストは複雑であり、全部で161の概念上および実質上の解決されるべき問題点を列挙していた。1990年春までは、あたかも他人の意見を聞かない者同士の議論（dialogue des sourds）にしばしば見えるような方法で議論が続けられた。このような状態の転換点となったのは1990年3月のECの草案の提出であったといわれている（Abbott, Cottier, Gurry, Intellectual Property System, p.687）。その後、追加的な分かりやすい提案が米国、スイス、日本から提出された。途上国14ヵ国のグループからは、商標偽造品および海賊版著作物に対する知的財産権の実効的行使に焦点を合わせた詳細な提案が出された。国連のもとでの伝統的なブロックによる集団化から離れて、交渉者間の個人的な対話が促進されたと指摘されている。

　1990年12月3日のブリュッセル閣僚会議に提出された最終案は、TNCの議長であった当時のGATTのダンケル（Arthur Dunkel）事務局長が15の交渉

項目についてまとめたものであり、グリーン・ペーパーとよばれる文書に収められていた。TRIPsについては、最初にこれまでの経過や今後決定すべき論点に関する注釈が置かれた後に、7部、75ヵ条の草案とANEXとして紛争解決に関する3つの草案と知的財産権侵害製品に関する草案が付けられていた。一般規定に関する総論的規定のほか、著作権、特許、商標、トレード・シークレット、意匠、地理的表示および集積回路の保護に関する各論的規定を含んでいたが、未解決の論点については、スキュア・ブランケットに入れられているか、A案とB案が併記されていた。しかし、多くの規定についてはすでに実質的に合意に達したとみることができる状況が作られていた。交渉合意は農業問題の解決如何に関わっていた。

1991年6月にTRIPs交渉グループの会議が開催され、1990年12月のブリュッセル草案が交渉の基礎とされるべきことが確認された。その後交渉グループは、技術移転に関する紛争予防制度の設立等のいくつかの提案を検討した。1991年11月、ダンケルは、TNCの議長として「交渉グループにおける作業の進展」と題する新しい文書を配布した。ここでは、合意の必要な論点を3つに分けて概観していた。①知的財産権の保護水準およびその性質については、12の論点が挙げられていた。例えば、特許については、保護期間を決定しなければならないとし、また、発明の場所、技術分野、特許製品の生産地に関する差別なく特許権を行使できるようにしなければならないとした。著作権については、コンピュータ・プログラムと貸与権に関する保護の性質の意見の相違が解決されなければならないとされた。②開発途上国や後進工業国がTRIPsの要件を満たすために経過期間が決定されなければならないとし、③TRIPs交渉の結果の国際的実行のための制度枠組みに関する論点を解決すべきことが強調されていた。

1991年中には、公式な交渉のほか、小グループによる非公式の交渉が頻繁に行われた。とりわけ、もっとも大きな貿易的利益を有する米国、ヨーロッパ共同体、日本およびカナダは、その中であった多くの相違を縮小し、なくするための努力が行われた。特に関心を集めたのは、包括利用許諾と貸与権に関する問題であった。まず、包括利用許諾は、著作物の著作者に対する補償としての利用料の分配に関する問題であった。フランスでは、家庭用ビデオのダビングによって生じる損害に対する著作権者への補償のためにビデオ税を貸し、小

額の利用料の支払いを義務づけているが、この利用料は、フランスにおける芸術保護の援助、および著作者、実演家、フランスのビデオ製造業者への補償の4つに分けて、配分されていた。フランス法によると、外国会社は著作者の基金からのみ補償が得られるに過ぎなかった。そこで、米国の映画協会などの団体から内国民待遇の観点から強い反対があったのである。次に、貸与権の問題については、日本における多くのCDレンタル店があることに関連して問題になった。貸与権とは、著作物又はその複製品を商業的に貸与することを禁止又は許諾する著作者の権限をいう。1992年1月1日施行の日本の著作権法の改正規定によると、CD発売から1年間貸与権が認められ、そのレンタルを禁止できるが、その期間を過ぎるとたんに報酬請求権を有するに過ぎなくなる。米国は、日本のレンタル店が実際上無断でCDを複製させることになるとして、貸与権をそのような制限のない絶対権として認めることを求めた。

　1991年12月20日、GATT事務局長ダンケルは、ウルグアイ・ラウンドの結論を具体化する最終草案を配布した。この中に含まれているTRIPs草案は、これまでの交渉で解決されていない論点について折衷的解決を提示していた。この草案では、内国民待遇（3条）と最恵国待遇（4条）に関する規定が維持されている。ベルヌ条約6条の2の著作者人格権とこれから派生する権利については、この協定に基づく権利又は義務に属しないものとした（9条1項ただし書）。これは、米国の国内では、映画産業、レコード産業、出版産業などの力が強く、著作者人格権に消極的であるところから、著作者人格権の除外を強く主張したことを考慮したものである。コンピュータ・プログラムをベルヌ条約パリ改正条約上の著作物として保護することを定めていた（10条1項）。貸与権については、米国と日本の双方の主張を折衷する解決が示された（11条）。地理的表示については、ワインおよび蒸留酒について追加的保護が認められている（23条）。この保護は、特にシャンペン、ボルドー、コニャックのような原産地名称について重要として主張されたものである。これによると、ボルドー（Bordeax）という表示は、ボルドー風とか、ボルドータイプなどの表示を含めて、ボルドー地方の原産品についてのみ使用できることになる。特許については、保護期間を出願日より20年以上とする規定が置かれている（33条）。途上国と先進国の間で激しい対立のあった特許性の例外に関し、「微生物以外の動植物ならびに非生物学的方法および微生物学的方法以外の動植物生産のための本質的に生物

学的方法」(27条3項)が挙げられた。開発途上国との関係で、途上国、とりわけ、後発途上国については広い猶予期間を認める規定が挿入された (65条)。

　1991年12月の最終草案は、ひとつのパッケージとして一括してそのまま受け入れるかどうかを決定すべきものとして提示された。ほとんどの諸国は、1992年1月中頃には、そのようなパッケージに前向きな姿勢を表明し、交渉の残された部分の解決に努める態度をとった。

　1993年12月14日、農業交渉等の残された交渉の決着に伴い、GATT事務局長による最終包括協定案 (サザーランド・ペーパー) が提示された。この中に収録されているTRIPs案については、起草グループの検討の結果を踏まえて主として文言上の修正を加えているが、実質的には1991年12月20日の草案と同じものであった。1993年12月15日のTNCの会議では、これを31条(c) (特許権者の許諾のないその他の使用) および64条2項、3項 (紛争解決) の2ヵ所の字句の修正だけで採択された。

　1994年4月15日、GATTウルグアイ・ラウンドの閣僚会議がモロッコのマラケッシュで開催され、WTO設立協定とその付属協定の調印が行われた。その後、第二次世界大戦後の国際貿易機関 (ITO) の設立失敗の苦い経験からも、米国の議会の動向が注目された。しかし、ウルグアイ・ラウンド合意実施法案が1994年11月29日に下院において可決され、ついで同年12月1日に上院でも賛成76対反対24の大差で可決された。これによって各国のWTO設立協定の締結の承認が促進された。日本においても、WTO設立協定の締結承認案と関連法案が同年12月2日に衆議院で、12月8日に参議院でも可決された。また、同年12月8日にWTO実施会議がジュネーブで開催され、1995年1月1日よりWTO設立協定がその付属協定とともに発効することになり、WTOが正式に発足することが決定された。

2　知的所有権の貿易関連の側面に関する協定 (TRIPs) の特徴と問題点

　TRIPsは、一般規定および基本原則 (第1部)、知的財産権の取得可能性、範囲および使用に関する基準 (第2部)、知的財産権の行使 (第3部)、知的財産権の取得および維持ならびにこれらに関連する当事者間手続 (第4部)、紛争の防止および解決 (第5部)、経過規定 (第6部)、制度上の措置および最終規定 (第7部) の、73ヵ条から構成されている。以下、簡単に内容を紹介したうえで、

第5章　TRIPs（知的所有権の貿易関連の側面に関する協定）の成立とその後の問題点　63

特徴と問題点に触れることにする。

(1)　一般規定および基本原則

　GATT で従来物の取引について採られてきた基本原則である内国民待遇の原則（3条）と最恵国待遇の原則（4条）が規定されている。内国民待遇の原則は、従来の伝統的な知的財産権条約でも基本原則とされてきたことはこれまでみてきた。最恵国待遇は、外国の国民間で差別してはならないとする原則で、従来の知的財産権条約にはみられない原則である。

　また、従来の知的財産権条約との関係に関する規定を置き、パリ条約ストックホルム改正条約とベルヌ条約パリ改正規定の実体法規定およびベルヌ条約の附属書の加盟国の遵守義務を規定する（2条1項、9条1項本文）。この点は、これらの条約が同盟国に最新の改正条約を批准する義務を課していなかったことから TRIPs 発効時でみると旧条約にとどまる同盟国がかなりあった状態を改善しようとしたものである。ベルヌ条約の著作者人格権に関する6条の2については、米国議会における反対が予想されたところから遵守義務からはずしている。また、TRIPs は、パリ条約、ベルヌ条約、ローマ条約、集積回路についての知的財産権に関する条約に基づく既存の義務であって、加盟国が相互に負うものから免れさせるものではないとし（2条2項）、私人がこれらの知的財産権条約によって取得した権利等に影響を及ぼすものではないことを明らかにしている。

　この協定により加盟国が負う義務の性質、範囲については、加盟国が協定の定めるより広範な保護を定めることができることを規定する（1条1項1文）。この協定が直接統一法を志向したものではなく、知的財産権に関する最低限の保護基準を定めたものであることを明らかにした。また、加盟国は、この協定を実施する適当な方法を決定できるものとしている（1条1項2文）。これは、この協定の規定が直接適用性を持つものではなく、加盟国を義務づけるに過ぎないとする見解に有力な根拠を与える。

　さらに、開発途上国の主張を考慮して、目的、原則に関する規定が置かれている。目的については、前文でも触れられているが、「技術的知見の創作者及び使用者の相互の利益」「技術革新の促進」という先進国側の主張と「社会的及び経済的福祉の向上に役立つ方法」「技術の移転及び普及」「権利と義務との

間の均衡」という途上国側の主張を均衡させる規定を置く（7条）。原則については、公衆の健康等のきわめて重要な分野における公共の福祉を促進するために必要な措置（8条1項）と知的財産権の濫用防止等のために必要とされる措置（同条2項）を加盟国が採り得るものとするが、「これらの措置がこの協定に適合する限りにおいて」という制約条件を置くことにより、均衡を保とうとしている。

(2) 著作権および関連する権利

ベルヌ条約上明確ではなかったコンピュータ・プログラムを、ソース・コードのものであるかオブジェクト・コードのものであるかを問わず、文学的著作物として認めた（19条1項）。しかし、その保護は、思想、手続、運用方法又は数学的概念自体には及ばない（9条2項）。データ・ベースは、内容の選択又は配列により知的創作物となることができるものであれば、機械で読み取り可能か、他の形式のものかを問わず、保護される（10条2項）。これらは、ベルヌ条約の解釈上疑問のあったところを明確にしている。

著作権の保護期間については、ベルヌ条約と同様著作者の生存中および死後50年を基本とし、著作者の生存期間で計算しない場合には、許諾を得て公表した年の終わりから少なくとも50年、許諾を得た公表が行われない場合には、製作の年の終わりから少なくとも50年とする（12条）。コンピュータ・プログラムおよび映画の著作物には貸与権が認められ（11条1項）、この規定は、レコード製作者および加盟国の国内法令で定める他の権利者にこれを準用する（14条4項1文）。この点は、映画、レコードについてもコンピュータ・プログラムと同じように制限のない貸与権を与えるべきと主張したが、日本および他の若干の諸国の主張により、貸レコード、貸ビデオ業との関連で調整された。レコードについては、協定の署名時である1994年4月15日当時レコードの貸与に関し公平な報酬の制度を有している場合には、著しい侵害を発生させていないことを条件にその制度を維持できることになった（14条4項2文）。映画の著作物についても、その貸与が自国で排他的複製権を著しく侵害するような著作物の広範な複製をもたらすものでない場合に、加盟国は貸与権を与える義務を負わない（11条2文）。「著しい（material）」であるかどうかについては、解釈が分かれる可能性がある。

そのほかに加盟国が規定できる制限又は例外に関する規定（13条）、実演家、レコード製作者および放送機関の保護に関する規定（14条）がある。

(3) 特許

特許については、27条から38条まで12ヵ条規定されている。まず、方法特許であると物質特許であると、また、発明地、技術分野、輸入品か国内生産品かを問わず、「新規性、進歩性および産業上の利用可能性のあるすべての技術分野の発明」に特許が認められるようにすることを加盟国に義務づけている（27条1項）。なお、同条1項の注においては、「進歩性」および「産業上の利用可能性」の語をそれぞれ「自明のものでないこと」および「有用性」と同一の意義を有するものとみなすことができるものとされている。これは米国特許法上の特許要件に配慮したものである。

もっとも、これについて例外が認められるのは、公序良俗を守る目的での制限（同条2項）、人又は動物の治療のための診断方法、治療方法および外科的方法（同条3項(a)）、微生物以外の動植物、遺伝子工学のような非生物学的方法および微生物学的方法以外の動植物生産のための本質的に生物学的方法に限られている。どのような例外を認めるかは、途上国と先進国間のみではなく、先進国間でも、例えば、米国や日本とECで動植物発明を除外するかどうかにつき意見の対立があった。最終的には、一致してバイオ・テクノロジーの特許性を広く認める方向で動くよう調整されたが、途上国の食糧生産に結びつく動植物発明まで認めることは社会経済的に問題であるとする強い反対があり、このような例外条項が置かれることになった。ただし、植物の品種保護の義務が加盟国に課されており、特許法、品種保護法等の効果的な特別の制度又はこれらの組み合わせによってよいことになっている。この点は、TRIPs発効の日から4年後に「検討される（review）」とされているが（27条3項(b)）、1999年のTRIPs理事会では「検討する」の意義について合意を得られないままになっている。

米国には、特許性の基準時について、国内の発明には先発明主義がとられ、発明の完成時を基準にしていたが、外国の発明には発明時への遡及を認めず米国特許庁への出願時を基準としてきた（米国特許法旧104条）。日本やEC等の強力な主張により、このような発明地による差別をなくすことを明文で定め

ることになった。米国においても2013年3月16日に施行された改正法によって先願主義に移行されている。もっとも、米国の先願主義は、発明者が発明内容を発表した場合でもその発表日から1年以内に出願すれば、猶予期間（グレースピリオド）が認められ、他人の先願があっても特許を受けることができるとする独特なものであり、先発明者先願主義ないし先発表主義とよばれることがある。

　医薬品、化学物質について方法特許のみならず、物質特許を認めることを加盟国に義務づけることになった。この点も先進国と途上国で激しい対立があった点であった。その妥協として、開発途上国には5年間（65条2項）、後発途上国には11年間の猶予期間が認められ、さらに後発途上国については、正当な理由のある要請に基づいてTRIPs理事会がこれを認めれば、この期間を延長することができる（65条4項）。先進国の化学工業とりわけ製薬業界から猶予期間が長すぎるとの批判があった。化学薬品の開発には多くの時間と費用を要することが多い。化学物質として完成してからも販売することができるまでには所轄官庁の許認可を取るためにいろいろな実験データが要求される。しかも、開発された薬品が容易に模倣されることもある。そこで、米国を中心とする先進国の製薬業界は、猶予期間を考慮して特許期間の延長を認めるパイプライン保護を求めていた。しかし、インドを中心とする途上国は、猶予期間が認められれば、必要な薬品の価格が高くなり、多数の死者が出る危険性すらあると主張した。パイプライン保護は認められなかった。いずれにしても、この点は、先進国の途上国への技術的、資金的協力の促進（66条2項、67条）とTRIPs理事会のきめ細かな観察と見直しが期待されるところである。

　特許権の効力について物質特許と方法特許に分けて規定している。物質特許については、その物の生産、使用、販売の申出もしくは販売又はこれらを目的とする輸入を防止する権利を与えることを（28条1項(a)）、方法特許については、その方法の使用を防止しおよびその方法により少なくとも直接的に得られた物の使用、販売の申出もしくは販売又はこれらを目的とする輸入を防止する権利を与えることを加盟国に義務づけている（同条2項(b)）。「販売の申出」が入れられているのは、最近多くなってきたカタログ販売やインターネットなどによる販売を念頭に置いたものである。

　加盟国の出願人に対して、当業者が実施できる程度に明確かつ十分に発明の

開示を求め、また、出願日又は優先日における最良の態様の表示を要件とすることを示すように求めることができる（29条）。これは、当初米国が求めたように最良の態様の表示を加盟国の義務的な要件としたのではなく、加盟国の裁量に委ねたことに注意すべきである。

強制実施許諾の設定および移転の要件その他30条によって例外的に許されている使用以外の無許諾使用、例えば、英米法でみられる政府使用の要件を厳格に規定し、定められた条件を尊重されるべきものとする（31条）。実施許諾の決定は、原則として、申立人が合理的条件で権利者から許諾を受ける努力をし、そのような努力が成功しなかった場合に個々の事例ごとに認められるものとしている（同条(a)(b)）。このような条件の必要のない場合が国家非常事態その他極度の緊急事態の場合又は公的な非商業的使用の場合であり、それらの場合にも、権利者に対するできる限り迅速な通告等の要件が定められている（同条(b)）。半導体技術については、非商業的公共使用又は裁判手続や行政手続によって反競争的と認定された取引の是正のためにのみ実施権を設定することができる（同条(c)）。このようにして認められた使用権は、非排他的なものとし（同条(d)）、事業又は営業の一部とともにのみ譲渡することができる（同条(e)）。使用の主な目的はその加盟国の国内市場の需要の充足にあるべきものとする（同条(f)）。許諾をもたらした事情がなくなり、反復の可能性のない場合に許諾の取消しができる（同条(g)）。特許権者は、個々の状況に応じた適当な報酬を受け（同条(h)）、その決定は強制許諾の決定の有効性とともに司法上の審査又は他の独立の審査に服する（同条(j)(i)）。司法上又は行政上の手続で反競争的とされた行為を是正するために強制許諾が決定される場合には、(b)および(f)の条件を適用する義務を負わず、報酬額の決定にも是正の必要性を考慮できる（同条(k)）。強制許諾される発明が他人の特許発明等を利用することにより成立する、利用発明である場合には、利用された発明と比較して重要な技術的進歩を含む相当な経済的重要性を持つことなど3つの追加的条件が必要である（同条(l)）。途上国は、特に医薬特許などについて特許権者が一定期間その国で排他的な権利を享受した後は、内国企業に保証金と引き換えに許諾を与えなければならないというような強制実施の規定を持つことが多かった。さらに、3年という短期間に特許が付与国で利用されることを要求し、その要件を満たさない場合には強制実施に服するとする国もあった。31条は、これまでのパリ条約改正会議で決着をみな

かった問題を「尊重する」という法的効力としては曖昧で、弱い形ではあるが、これまでよりも厳格に規定したものである。

なお、強制実施に関する以上の条件のうち31条(f)については、「知的所有権の貿易的側面に関する協定を改正する議定書」(以下、「TRIPs改正議定書」と略す)により修正、緩和されている。つまり、開発途上国における公衆衛生の促進のためにエイズ、結核、マラリアなどの感染症に関する医薬品をそのような医薬品の生産能力がないか、不十分な加盟国に輸出することを可能とするように強制実施の制度を利用することを認めている。この議定書は、2017年1月23日に加盟国の3分の2（110ヵ国）以上の受諾により、発効している。わが国も2007年8月31日にこの議定書を受諾している。この改正議定書に関する議論は、2001年のWTO第4回閣僚会議で採択された「TRIPsと公衆衛生に関する宣言」（ドーハ宣言）を受けて開始され、2005年12月6日のWTO一般理事会において本議定書が採択された。その後、WTO協定10条の3項により受諾国が加盟国の3分の2を超えたときにTRIPs改正議定書が受諾国に効力を生じている。この議定書の内容は、TRIPs31条の2として新たに追加されている。つまり、ドーハ宣言の理念を実現し、公衆の健康問題に対処するために、一定の条件に従い、医薬品を生産し、およびそれを輸入する資格を有する加盟国に輸出するために必要な範囲において輸出加盟国が与える強制実施許諾に関しては、TRIPs31条(f)の規定に基づく当該輸出加盟国の義務を適用しないものとしている。これにより、公衆の健康問題に開発途上国である加盟国が対処する場合における医薬品の生産、輸出に関する安定性の確保が期待されている。

そのほか、特許の無効又は取消しに関する司法審査の機会を保障し（32条）、保護期間を出願日から20年以下としてはならないとした（33条）。保護期間については、途上国で短期間の保護期間のみを認めるところがあり、先進国においても必ずしも一致していなかったことを考慮して規定された。方法特許の挙証責任に関する規定が置かれた（34条）。

(4) 商標権

商標保護の対象を商品標だけではなくサービス・マークに拡張し（15条1項1文、16条以下）、単語、文字、数字、図形のほか、色の組み合わせとこれらの標識の組み合わせを商標として登録できる標識とする（15条1項2文）。立体商

標や単一の色彩は挙げられていない。しかし、「特に（in particular）」という文言からみれば、例示的なものであるので、これらの標識を排除する趣旨を含むものではない。また、使用を商標登録の要件とすることができるが、しかし、実際の使用を登録要件としてはならず、意図された使用が出願日から3年経過前に行われなかったことのみを理由として拒絶されないとする（15条3項）。また、登録維持の要件として使用を規定する場合にも、少なくとも3年間継続して使用しなかった後にのみ取り消すことができる（19条1項1文）。いかなる場合にも、商品およびサービスの性質が商標登録の妨げとなってはならない（15条4項）。これは、パリ条約7条と同様な規定であるが、サービス・マークに広げているところに意義がある。

　登録された商標の権利者は、第三者が許諾なく同一又は類似の標識を商業上同一又は類似の商品やサービスに使用して混同を生じさせるおそれがある場合に、これを防止する排他的権利を有する（16条1項1文）。コモン・ロー上の商標のように登録のない商標の権利者にはこのような権利を保障する必要がない。周知商標の保護に関するパリ条約6条の2の規定をサービス・マークに準用し、周知性の認定にあたっては、商標の普及の結果として獲得された知識を含む「公衆の有する当該商標についての知識」を考慮するものとする（16条2項）。WIPOは、この周知商標をより具体化するガイドラインを作成し、「周知商標の保護に関する共同勧告」（1999年9月WIPO総会採択）を発している。パリ条約の周知商標に関する6条の2の規定は、登録された商標に関わるときは類似していない商品やサービスについても一定の条件の下で準用する（16条3項）。

　加盟国は、商標権者および第三者の正当な利益を考慮することを条件として、用語の公正な使用等限定的な商標保護の例外を定めることができる（17条）。もっとも、商標の強制使用許諾はこのような例外として認められないと解することができる（21条）。登録商標の保護期間は少なくとも7年とし、その登録は何回でも更新することができる（18条）。他の商標との併用、国内公用語への翻訳を義務づける等の特別な使用要件を課することにより商標の商業上の使用を妨げてはならないものとする（20条）。医薬品をはじめとした一部の商品について途上国でみられる制限を禁止したものである。登録された商標の権利者は、事業の移転と独立にその商標を移転できるものと解される（21条）。

(5) 意匠権

　意匠については、比較法的にみれば、パテント・アプローチを採る国とコピーライト・アプローチを採る国がある。しかし、保護要件に関する規定と保護内容に関する規定の2ヵ条が置かれているにとどまる。

　保護要件については、加盟国は、独自に創作された新規性又は独創性のある意匠を保護すべきものと定める（25条1項1文）。これは、パテント・アプローチを採り新規性を要件としても、コピーライト・アプローチを採り独創性を要件としてもよいようになっている。自動車の防御製品のような機能的意匠の保護については、米国は保護を要求しなかったが、日本およびECは保護を要求した。技術的、機能的考慮により特定されるような意匠については、加盟国は、意匠保護の対象としないことを定めることができると規定するにとどまった（25条1項3文）。繊維意匠が不当に保護の機会を害されることがないように保護要件、とりわけ、費用、審査又は広告に関する要件を配慮する加盟国の義務が規定されている（25条2項1文）。これは、繊維関係の意匠が流行等により短期間で変化するために、従来の登録制度の下では十分な保護が期待できなかったことを配慮したものである。この義務は、意匠法又は著作権法により履行できるが（25条2項2文）、保護方法としては、米国のように著作権による保護の可能性を与えている国とイギリスのように一定期間無登録で意匠法上の保護を与えている国がある。

　保護内容に関して、意匠権者の排他的権利と加盟国の保護についての限定的例外を定め得ることが規定されている（26条1項、2項）。意匠保護の例外となるのは、私的使用や強制許諾の場合などであるが、その場合でも、意匠の通常の実施が不当に妨げられず、かつ、権利者の正当な利益を不当に害さないことが条件とされている（26条2項ただし書）。保護期間は少なくとも10年としている（26条3項）。EC意匠規則23条のように無登録の意匠保護を3年とすることはこの規定に反しないか問題になる。登録による保護が保護期間適用の前提とされているから、26条3項の違反とならないとみることができる。

(6) その他の知的財産権

　その他の知的財産権として、地理的表示（22～24条）、集積回路の回路配置（35～38条）、開示されていない情報の保護（39条）が定められ、保護対象が拡張

されている。

　地理的表示の保護の一般的規定（22条）のほか、ぶどう酒および蒸留酒の地理的表示についての追加的保護の規定を置く（23条）。これは、ボルドー、シャンペン、コニャックなどのような原産地名称となっている地理的表示を特に強く保護しようとしたものである。22条と比べると次の点で保護が強いといえよう。①公衆を誤認させるような方法で表示し又は示唆する手段の使用というような限定的要件が必要のないものとされている。②真実の原産地を表示している場合、その地理的表示を翻訳して使用される場合のほか、「＊　種」「＊　型」「＊　スタイル」「＊　類似品」「＊　風」などの表現を使う場合でも防止のための法的手段が確保される。③地理的表示を含むか、それによって構成されている商標の登録を拒絶し、無効とする場合にも、真正の原産地について公衆を誤認させるという要件（22条3項ただし書）が必要とされていない。これは、原産地名称に関するEC裁判所判決を基礎とした考えを明文化したものといえよう。この点は、追加的保護の対象が必ずしも明確でないこともあり、その後の閣僚会議等でも途上国と先進国との間で現在も激しい議論の存在するところである。途上国は、このような追加的保護を農産物やその他の産品にも拡張することを求めている。

　以上のように最低限の保護水準の引き上げとともに、第2部の最後に反競争行為の規制について規定している。つまり、知的財産権の実施許諾等において反競争的慣行が技術移転の障害になり得ることを認め、このような慣行の防止し又は規制するために、当該加盟国法により適切な措置を講じることができるようにすることを義務づけている。加盟国は、その国民および居住者である知的財産権者が他の加盟国の法令に違反しているとして訴えられている場合には、一定の条件のもとで協議をし、又は協議をする機会が与えられる（40条3項、4項）。

(7)　その他の関連規定

　第3部では、第2部の最低の保護基準に関する規定とともに、TRIPs交渉の中心問題のひとつとなった「権利行使」いわゆるエンフォースメントについて規定する（41〜60条）。知的財産権の実効的行使のための適正な手続の保障に関するかなり詳細な規定が置かれている。

第5部には、加盟国間の紛争の防止および解決に関する規定が置かれている（63条、64条）。特に、GATTで従来とられてきたパネルによる紛争解決手続がWTOのもとでさらに整備され、知的財産紛争に準用されることになっている（64条1項）。

(8) まとめ

　TRIPsは、以上みたように、知的財産権の最低限の保護水準や実効的行使についてこれまでの問題状況を打開して、大きく前進させた面がある。GATTにおける従来の交渉は、特定の国だけが大きな利益を得て、他の特定の国が一方的自由化義務を負うことがないように、交渉当事者が相互に譲り合い、利益の均衡を保ちながら進められるのが原則である。TRIPs交渉においても、基本的にこの方法が採られ、先進国、後発工業国、開発途上国、後発途上国の知的財産に関する利益・不利益を他の公証分野における貿易上の利益・不利益と関連させながら、できる限り均衡をとる方法が採られ、全体として包括して交渉を成立させてきた。それだけに、従来の知的財産権条約と比べると、詳しく規定される部分とそうでない部分が並存している。例えば、最低限の保護水準の部分については、従来の課題をかなり前進させたところが多く見られるが、それでも規定をみれば特許や商標のようにかなり詳しいところと意匠のようにそうでないところが見られる。さらに、権利侵害に対する救済の部分については、ほとんど手続的な基本原則を定めるに過ぎず、国内法の相違を実質的に調整する実体的規定はほとんど存在していない。これらは知的財産権の取引的側面からみた重要性に起因するのであろう。

　また、そのような性質の交渉の結果であるだけに、解釈の余地が広くある、曖昧な規定が少なくない。例えば、7条の目的や8条の原則に関する規定がどのように、どの範囲で適用されるのかについても議論の余地がある。これらの問題については、WTOのもとでの紛争解決方法が採られ、最終的には、パネルによる裁定が出され、それがこの協定の解釈として実際上加盟国を拘束していく可能性がある。また、裁定に従わない加盟国については、一定の制裁措置が行使できるようになっている。この点は、従来の伝統的知的財産権条約と異なるところである。しかし、パネルに持ち込まれたとしても、例えば、人間の遺伝子情報についての特許保護が公の秩序、善良の風俗に反するかどうか（27

条2項）が問題になった場合には、国家慣行や協定の交渉史をみることになるであろうが、国際知的財産法の発展の現段階との関連でみれば、この点の判断に関する基準としての公序と特許に関する一般的規則が調査でき、確定できるかは疑わしいであろう。このように最低限の保護水準の部分でも適切に判断することがきわめて難しい問題が含まれていることも指摘されている（Abbott, Cottier, Gurry, Intellectual Property System, p.730f.）。さらに、実効的行使の部分については、基本枠組みを示すにとどまるところが多く加盟国の裁量の幅が大きいためTRIPs違反の裁定が出しにくい点が残されている。

　他方では、知的財産問題が政治問題化し、これまでのWTOの3回の閣僚会議でも重要な決定ができないままに終わっている。現在のところ、2001年11月のWTO閣僚会議で採択されたドーハ宣言に基づき新たな貿易交渉が進められている。①医薬品の特許保護が途上国の国民に必要な医薬品取得の道を閉ざすことを理由として、強制実施許諾の拡大を認める改正議定書が発効している。②現在ワインや蒸留酒について認められている地理的表示の追加的保護（TRIPs23条）を他の農業産品などを含めより広く認められるべきという主張である。自国産品の差別というだけなら22条の地理的表示の一般的保護で十分ではないかとする意見と対立する。③生物多様性条約の観点から、TRIPs27条3項(b)の規定を見直しが求められている。特許出願に使われている遺伝子資源や伝統的知識の原産地国を表示し、「公正かつ衡平な利益分割（"fair and equitable" benefit sharing）」が求められている。④ドーハ宣言以降、さまざまな国際機関における宣言や決議において人権、公衆衛生、環境保全などと知的財産権保護との関連性が問題とされている。このような要請と知的財産権保護の強化をどのように調整しながら進めるかが課題になっている（木棚・実践知的財産法第15章192頁以下［菱沼剛担当］参照）。

[第 6 章]

その他の知的財産権条約および今後の可能性

1　世界知的所有権機関(WIPO)所管の条約と世界貿易機関(WTO)所管の条約の併存

　パリ条約やベルヌ条約のような伝統的な条約は、もともと万国博覧会の折の商工業者を中心とした会議（後の AIPPI の母体となったもの）やその他の機会を捉えた文学者や美術家の会議（ALAI）が基になって別々に、しかし、相互的関連性が意識されながら、形成され、発展してきたものである。1967年のパリ条約とベルヌ条約の合同改正会議において成立した WIPO は、知的財産権に関する国連の専門機関として位置づけられ、とりわけ、両条約の規定中に存在する同盟国間の「特別の取極」を生かしながら、知的財産権に関する国際法源の発達に貢献し、同盟国を増やしてきた。しかし、それに伴って、国連の中での先進資本主義国、社会主義国、開発途上国というグループ化が WIPO の主催する会議にも生じてきて、改正会議による時代の要請に応じた改正が不可能になって、停滞状況が生じてきた。WIPO という国際機関自体、それをどのように打開するかというきわめて大きな、困難な課題を背負ってきた。

　この状況を打開し、市場のグローバル化や科学技術の進歩・普及に対応した知的財産権条約を新しくつくったのが TRIPs である。ウルグアイ・ラウンドで試みられた GATT から WTO という新しい国際経済の法的枠組みを形成する場合に、知的財産権の適正な保護と実効的行使、その濫用的行使の防止を確保する必要がある点について、他にいろいろな要因があるにせよ、公正で衡平な貿易の実現という法的枠組み形成の観点からも不可欠であると広く認められたことが TRIPs 成立の重要な契機となった。TRIPs にもいろいろと今後克服しなければならない問題点があり、決して楽観できる状態にはないが、しかし、従来の伝統的知的財産権条約で実現できなかった時代に即応した知的財産権の

保護水準の引き上げや権利の実効的行使の確保にある程度成功したといえよう。

ウルグアイ・ラウンド開始時にはGATTで知的財産権問題を扱うことの利点とそれによって生じ得る新たな問題点、とりわけ、これが政治問題化し100年以上の間で形成されてきた国際的な共通規則自体が危機に陥るおそれが議論された。TRIPs成立時には、今後知的財産問題を主に扱う国際機関がWIPOなのか、WTOなのかが問題とされた。そのような議論の影響やWTOに知的財産権の専門家が多くないこともあって少なくとも現在のところそれぞれが協力関係を維持し、役割を分担しているように見える。

TRIPsの最低限の保護水準に関する規定は、①その協定によって新しく規定された実質規定のほか、②この協定により一体化された従来の知的財産権条約の規定や、③それらの混成規定が存在する。②は、パリ条約ストックホルム改正条約1条から12条やベルヌ条約パリ改正条約1条から21条などの実質規定の遵守を規定する（2条1項と9条1項、後者については、ただし書による除外規定がある）ことに関連する。③は、10条1項、16条2項のようにTRIPsにより新しく設定された保護水準の中に伝統的知的財産権条約の規定を援用する場合である。②③のような規定は、それぞれWIPOとWTOで解釈適用される可能性がある。WIPOとWTOはそれぞれ独立した国際機関であり、加盟国の意見を反映させながらそれぞれ異なる観点から行動する場合が想定される。現在のところむしろ異なった観点からそれぞれ知的財産問題を扱って現代的問題を解決し、相互に協力関係を保って知的財産の適正な保護を実現する方向で役割分担して、動いているように見える。例えば、著作権に関する世界知的所有権機関条約（WCT）やWIPO実演・レコード条約（WPPT）のような現代に対応した新しい著作権条約や著作隣接権条約が成立し、発効したのも、WIPOの種々の努力によるものではあるが、TRIPsの成立、発効の波及効果としての面があることも否定することができない。これらの条約は、新しい情報技術の発展、とりわけ、デジタル化、ネットワーク化に対応しようとするものである。これらをみるとTRIPsの成立に刺激されて可能になった側面を持つだけではなく、TRIPsの成果をWIPO管理下の知的財産権条約に取り込んでいる面があると思われる。

WCTは、情報・通信技術の発展や実務上の変化の中で必要となる規定を新たに追加的に規定したベルヌ同盟国間の「特別の取極」（ベルヌ条約20条）であ

る。この条約は、ベルヌ条約の改正会議では現実に進めることができなかった課題を達成しようとするものであり、TRIPsの作業の実質的終了や1989年3月1日に米国がベルヌ条約に加盟したこともあって、1991年11月から専門委員会で検討され、起草されたものである。保護対象としてコンピュータ・プログラムや創作性のあるデータ・ベースを挙げるなど（4条、5条）、TRIPsの最低限の保護水準に関する規定を反復しているだけではなく、保護範囲を拡張している面がある。従来映画の著作権のみに認めてきた頒布権を、有体物として流通に置くことができる他の複製物に及ぼし、排他的譲渡権を保障しなければならないものとする（6条）。さらに、デジタル化に対応するために、締約国は、公衆伝達権（8条）、著作者が権利保護のために使用する技術手段の回避に対する効果的な法的保護（11条）、権利管理情報を改竄する者に対する適切な救済（12条）を規定しなければならないものとする。

　WPPTは、1993年6月米国の要請を受けて設置された専門会議でまとめられたものであり、WCTとともに1996年12月の外交会議で採択された。1961年にローマで成立した「実演家、レコード製作者及び放送機関の保護に関する国際条約」（以下、「ローマ条約」と略す）は、米国の立場に配慮して、ローマ条約と独立の条約とされ、米国の主張を入れて視聴覚的実演を除外したうえで、実演家等の定義規定を含めて改めて規定をしている。無方式主義で（20条）、実演家とレコード製作者の権利を保護し、実演家人格権（5条）を認めている。実演家には、生の実演についての放送権・公衆伝達権と固定化権（6条）が認められ、レコードに固定化された実演については、複製権（7条）、譲渡権（8条）、貸与権（9条）、利用可能化権（10条）、レコードの二次使用料請求権（15条）が認められている。レコード製作者にもレコードに固定化された実演についての実演家の権利に対応する権利が認められている（11条～15条）。

　WCTは、2002年3月6日に、WPPTは、同年10月9日にそれぞれ発効している。今後も、WIPOは、TRIPsのその後の定着具合等を丁寧に観察分析して、パリ同盟又はベルヌ同盟の必要性を認める諸国間の特別の取極に取り込むことによって知的財産権条約を豊富化していく可能性を追求すべきであろう。例えば、工業所有権の分野でも、TRIPsの発効による特許保護の最低限の保護水準の確保を受けて、審査基準の平準化や審査資料の相互利用などをさらに進めて、できる限り安価な費用で迅速に必要とする国の特許が取得できる法体

制を求める声が強まっている。これまでの特許調和条約案の経験等も生かしながら世界特許実現に必要とされる要素を抽出して、これらを分析し、その可能性を探ろうとする研究も試みられている。実務的には、PCT の改正会議等での検討が行われている。

　他方、WTO という枠組みでの TRIPs の改正交渉が必ずしも進んでいないこともあって、EU、NAFTA などにおける地域的協定や二国間の経済連携協定（EPA）・自由貿易協定（FTA）の中に知的財産権条項を挿入し、TRIPs プラスを目指そうとする動きも強まっている。知的財産に関する国際法源には、これまで検討してきた TRIPs や伝統的知的財産権条約とその特別の取極としての条約や協定ばかりではなく、このような地域的協定や二国間協定の中に挿入されている知的財産権条項も含まれている。

　TRIPs における最恵国待遇原則との関連でみれば、これらの条項によって実現された TRIPs プラスの利益は原則として他の WTO 加盟国にも及ぶことになる。しかし、このような地域的、あるいは、二国間の協定は、あくまで暫定的、補足的な意義を有するに過ぎないのであって、基本的には WTO/TRIPs の多国間交渉の中で解決していくべき問題であるように思われる。これらの協定によって、WTO/TRIPs の枠組みで行き詰まっている知的財産権の保護が促進されることが期待できる面はあるけれども、他面で、地域的ないし二国間の協定に全面的に委ねるとなると、相互に矛盾したり、抵触したりするおそれが生じ、いずれ多国間の枠組みで解決する必要が起こり得るからである。

2　基本的知的財産権条約とその他の知的財産権に関する国際法源

　知的財産権に関する基本条約とその他国際法源との関係を述べることにしたい。ここでは、主として日本が加盟しているものに着目して、工業所有権に関する国際法源、著作権・著作隣接権に関する国際法源、その他の知的財産権に関する国際法源に分けて論述することにしたい。

(1)　工業所有権に関する国際法源

　まず、特許からみていくと、①特許協力条約（Patent Cooperation Treaty, 以下、「PCT」と略す）がある。この条約は、発明の保護のための出願とその出願に係

る調査および審査の協力のための特別の同盟を組織するものであり（1条1項）、パリ条約19条に基づく特別の取極のひとつである。1970年6月19日のワシントンでの外交会議で採択され、1978年1月24日に発効した。日本では、1978年10月1日より発効し、日本の特許庁は、次に述べる国際調査機関、国際予備審査機関に指定されている。

　締約国の国民又は締約国に住所又は真正かつ現実の営業所を持つ者がその締約国にこの条約に基づく国際出願をすれば、受理官庁が出願の方式要件を審査し、それが満たされていれば、国際調査機関にその出願を送付し調査を求める。出願人は当該出願に係る発明に関連する先行技術を調査した国際調査報告を受け取り、審査手続を継続するかどうかを決定する。国際調査報告は、国際事務局にも送られ、国際出願とともに国際出願日から18ヵ月後にジュネーブの国際事務局の出版する出版物で公開される。その場合に、発明の名称、発明の概要、国際調査報告については英文による翻訳が付けられる。出願人が予備審査請求をすれば、国際予備審査機関が新規性、進歩性、産業上の利用可能性などに関する特許要件の予備審査を行い、国際予備審査報告が出願人、出願人が出願のときに指定した国の官庁にも送られる。出願人は、国際出願日より30ヵ月以内に指定国官庁に国際出願をし、これから2ヵ月以内に指定国の認めている言語による翻訳を提出すればよい。指定国官庁は、国際予備審査報告に拘束されることはないが、事実上これを尊重にして審査することが多いであろう。出願人が国際予備審査請求をしない場合には、国際出願日より20ヵ月以内に指定国へ国際出願をすればよい。出願日は、すべての指定国を含めて最初に受理官庁に国際出願した日（国際出願日という）になる。パリ条約の優先権制度をさらに進めたものと評価できる。パリ条約の採択以来、最も重要な進歩であるといわれることがしばしばある（WIPO, Handbook, p.277）。

　出願人からみれば、次のような利点がある。自分の本国又は住所地国でPCTに基づく国際出願をし、特許を取得したい国を指定国にしておけば、それぞれの国で、それぞれの言語で、それぞれの国の法律要件を満たした出願をする必要がなく、出願日を確保することができる。この点はパリ条約ルートを使って出願すれば、1年以内に特許を取得したいすべての国で優先権を主張してその国の国内出願をしなければならないのと比べれば、時間的、労力的に余裕ができる。国際調査報告を見て出願を継続するかどうかを決定することがで

きるので、場合によっては、無駄な金銭や労力を省くことができる。翻訳に時間をかけることができるので、翻訳ミスによる手続の混乱などを防止できる。

　経済学的にみても、PCT による国際出願は、より迅速で適切な審査が期待でき、技術移転や投資の健全な基礎を提供するといわれている。多くの発明が PCT ルートを通じて開発途上国で国際出願され、取得された特許が開発途上国における投資や技術移転の対象となる可能性がある。また、国際出願と国際調査報告の国際事務局による出版によって開発途上国等への技術の伝播が促進されるともいわれる。もっとも、この点は、出願人からすれば、指定国としなかった開発途上国で自分の特許発明が勝手に利用され、場合によっては他の諸国に流通する危険があるので、慎重にしなければならない点でもある。2017 年 8 月 1 日現在で PCT の加盟国は、152 ヵ国にのぼり、PCT ルートによる出願が圧倒的に多くなっているといわれている。

　PCT の改正会議における新たな審査制度、特許要件、保護範囲などの調和を通じて、より安く、より迅速に世界各国で特許が取得できるような世界特許を目指して PCT を改正すべきとの主張や企業からの要請が生じている。

　②特許手続上の微生物の寄託の国際的承認に関するブタペスト条約がある。微生物に関する発明や微生物の使用に関する発明は、書面による説明だけでは十分でなく、当該微生物の寄託が必要とされることがある。この条約は、微生物の寄託の国際的承認に関する同盟を形成することにより、微生物の寄託、承認、分譲の統一的制度を確立するものである。このような特許の出願人は、国際寄託当局として認められた寄託機関に微生物を寄託することにより各締約国の特許手続上の寄託として承認を受けることができる。この条約に日本は 1980 年に加入している。特許手続上必要な微生物の寄託をより安い費用で、安全、確実にすることができるようになっている。

　③特許の国際分類（IPC）に関するストラスブール条約がある。これは、特許庁における手続上の分類を国際的に統一しようとするものである。PCT のような国際出願を認める場合に分類の基準が異なり不都合を生じることになるばかりでなく、通常の国内出願においての優先権を主張して出願する場合、分類が国際的に一致しているのが望ましい。この条約は、1975 年 10 月 7 日に発効しており、日本は 1976 年に加入している。先に述べた PCT や EPC（欧州特許条約）でも採用されている国際的基準となっている。

次に、商標に関する条約を見ておこう。

①標章の国際登録に関するマドリッド協定と1989年マドリッドで採択された議定書がある。これは、1890年のパリ条約マドリッド改正会議で採択された同盟国間の特別の取極であり、1891年以来運用され改正が加えられてきたが、1967年のストックホルム改正会議で現在の名称に変えられたものである。締約国に国籍又は住所もしくは真正かつ効果的な営業所を有する者が、その本国でした商標登録に基づきジュネーブの国際事務局に登録すれば、締約国で特許したのと原則的に同じ効力を持つようにしたものである。しかし、日本、イギリス、米国など重要な国が加盟していなかった。それは、使用言語をフランス語に限り、本国での登録を基礎としてのみ国際登録ができるが、国際登録は5年間本国の登録に従属し、拒絶通知期間も1年以内に限っていたなどの問題点があったからである。1995年12月1日に発効した同協定の議定書は、使用言語に英語を加え、出願人の選択で国内の登録だけではなく出願を基礎にして国際出願をしてもよく、拒絶通知期間を18ヵ月とする宣言を締約国ができることとし、基礎登録が抹消されても国際出願として優先日を確保できるようにするなどの改正が加えられている。日本はこの議定書に加入し、2000年3月1日より発効している。

②商標法条約は、商標に関する国内出願および保持における行政手続を単純化し、調和することを目標とするものであって、実体的側面を扱うものではない。ここでいう標章には商品に関するもののほかサービスに関するものを含んでいる。登録出願、登録後の変更、登録存続期間の更新などに手続を簡素化し、分割や誤りの訂正を認めるなど安全性にも配慮している。1994年10月27日のジュネーブの外交会議で採択し、1996年4月1日から発効しており、日本では1997年4月1日から発効している。

③標章の国際登録のための商品およびサービスの国際分類に関するニース協定がある。この協定は、1957年6月15日に署名され、1961年4月8日より発効しており、1967年のストックホルム、1997年のジュネーブの2回の改正がされている。公式条文は英語およびフランス語のものであるが、日本語、中国語を含めて16ヵ国語の公式翻訳がある。主分類と従分類に分けられている。専門家委員会が設置され、分類の変更、統一分類の促進等を検討している。現在では、100ヵ国以上がニース協定の分類を使用している（WIPO, Handbook, p.309）。

④標章の図形的要素の国際分類に関するウィーン協定は、1973年6月12日のウィーンの外交会議で採択され、1985年8月9日から発効している。多くの商標に図形的要素が含まれているので、これを類似するかどうかを判断しやすく国際的に分類しようとするものである。

また、WIPOが推進してきた特許法条約（PLT）と商標法に関するシンガポール条約（STLT）に2015年3月16日に加入し、同年6月11日より日本で発効している。これは、近年わが国からの出願の多い欧州諸国の両条約への加入が進んでおり、2013年12月に米国もPLTに加入しているなど国際的な制度調和が行われていることから、わが国においても出願人の負担の軽減を図り、利便性を向上するために加入することにしたものである。おそらく将来のTPPをにらんだ条約加入といえよう。条約に定める制度を国内で行うように国内法の改正が行われている。

PLTは、この条約の定める出願書類の不備、欠落又は期間の徒過などがあった場合には、締約国の官庁が出願人に対する注意喚起のための通知をし、出願人に救済又は手続補完の機会を与え、そのような救済又は補完の効果を定めている。これに対応する国内法の規定を整備している（特許法5条3項、36条の2、3項、4項、5項、38条の4等）。また、パリ条約上の優先権主張（特許法43条の6、7項、38条の2等）、在外者の特許管理人の届出（特許法184条の11、3項、4項）についても通知や手続補完制度を設け、特許法5条3項の期間延長を請求した場合に納付すべき料金に関する規定などを定めている。

STLTは、標章登録出願に関して締約国において要求することができる要件や書類に使用する言語などについて許容できるものと禁止するものを明らかにし、登録に関する誤りの訂正手続を定め、期間を遵守しなかった場合にも一定の要件を満たせば救済される措置を認めることを締約国に要求する。この条約との関係で、商標法9条に定める出願時の特例に関し、同条2項所定の30日以内に証明書を特許庁長官に提出することができない場合に関する救済規定を定め（同条3項、4項）、優先権を主張した者に対する優先権証明書類の提出に関する特許法の規定を準用することを規定した（商標法13条1項）。登録料の納付期限に関する救済規定を定め（商標法41条3項、4項）、分割納付を認め、追納期間を徒過した場合の救済などの規定を置いた（商標法41条の2、2項以下、41条の3）。STLTと商標法条約の双方に加入している国との関係では、STLT

が適用される（27条1項）。

　最後に、意匠に関する国際法源を見てみよう。

　①意匠の国際寄託に関するハーグ協定は、主としてコピーライト・アプローチを採る国における意匠保護を統一しようとしたものであった。1925年のパリ条約ヘーグ改正会議のときにつくられたパリ条約上の特別の取極のひとつであり、日本はこの条約に加盟していなかった。意匠については、ヨーロッパ大陸諸国を中心とするコピーライト・アプローチを採る国とイギリス、米国、日本などを中心とするパテント・アプローチを採る国がある。この条約によると、締約国の国民であるか、締約国に住所又は真正かつ効果的な工業的又は商業的施設を有する者がその本源国の官庁（その国が認めている必要がある）か、WIPO国際事務局へ直接寄託すれば、締約国における寄託の効果が生じるようにしたものである。1999年の意匠の国際登録に関するハーグ協定のジュネーブ改正協定があり、パテント・アプローチを採る国も加盟しやすくするよう工夫されている。2015年に日本もこの改正協定に加盟した。これは、保護の拒絶の通知期間を宣言により12ヵ月に延長でき、出願人の請求による公表延期も30ヵ月まで認められるようするなどの改正が加えられている。直接WIPO事務局に出願する方法のほか、自国の官庁を経由して間接的に行う国際出願が認められている。

　②意匠の国際分類に関するロカルノ協定は、他の工業所有権の国際分類に関する協定と性質が類似するが、1968年10月8日に署名され、1971年4月27日に発効している。意匠を31クラス、211サブクラスに分け番号を付したもので、意匠と結合した物についてアルファベット順にリスト化し、必要な場合には、説明文を付している。

　以上のほか、虚偽の又は誤認を生じさせる原産地表示の防止に関するマドリッド協定がある。これは、1890年のパリ条約マドリッド改正会議でパリ条約上の不正競争に関する規定では十分でないので、特別の取極としてつくられた協定である。この協定はその後のパリ条約改正会議の折に改正されてきており、1911年のワシントン、1925年のヘーグ、1934年のロンドン、1958年のリスボン、1967年のストックホルムの会議でそれぞれ改正され、また、追加協定がつくられている。日本は1950年に加入して、同年4月24日に発効している。

(2) 著作権および著作隣接権に関する国際法源

　まず、著作権に関する条約についてであるが、すでにベルヌ条約、万国著作権条約、TRIPs のところで述べ、また新しい技術的進歩に対応した著作権法である WIPO 著作権条約（WCT）についても関連する場所で述べてきた。ここでは、著作隣接権条約などを中心に述べることにしたい。

　まず、著作隣接権条約について見てみよう。

　①「実演家、レコード製作者及び放送機関の保護に関する国際条約」（以下、「ローマ条約」と略す）は、著作隣接権に関する基本的な条約であり、1961年10月26日のローマの外交会議で成立したものである。日本では、1989年10月26日から発効している。この条約は、実演家、レコード製作者、放送機関の保護についてそれぞれ、締約国が内国民待遇を与えるべき条件と内容を規定するとともに、それぞれについて実演家については一定の行為の防止権、レコード製作者と放送機関については、禁止・許諾権を認めている。実演家については、実演が締約国で行われているか、保護されるレコードに固定されているか、固定されていない場合に保護される放送によって送られるか、のいずれかがあれば内国民待遇を与えるものとする。また、放送もしくは公衆への伝達又は実演の固定について最小限の権利を定めている（7条）。もっとも、いったん実演家が映像又は映像および音声を固定することを許諾した場合には、7条の権利は保障されない（19条）。レコード製作者については、その国籍、最初の固定地、最初の発行地のいずれかが締約国にあれば内国民待遇が与えられる（5条1項）。また、レコードの複製についての許諾・禁止権を有する（10条）。レコード又はその複製の放送又は公衆への伝達に使用された場合には、実演家もしくはレコード製作者又はその双方に使用者から単一の衡平な報酬が支払われることを保障している（12条）。放送機関については、主たる事務所か、送信機の所在地が締約国内にあれば、内国民待遇を保障する（6条1項）。また、放送に関し許諾又は禁止する権利を保障する（13条）。さらに、これらに共通する内国民待遇の内容については2条に規定し、保護期間については、20年とし起算時期についての規定を置く（14条）。また、締約国が国内法令によって定めることができる私的使用等に関する例外について規定されている（15条）。

　②1960年代を通じてローマ条約の加盟国は12ヵ国に過ぎず、また、ローマ条約が許諾を得ないレコードの輸入又は販売を調査し、阻止することを容易に

するための最小限の権利を定めていなかったので、レコード製作者の保護が十分ではなかった。レコード業界からの圧力もあって、WIPOとUNESCOは、不法なレコードを規制するための国際条約を作るために、1971年3月に政府専門家委員会を招集した。この委員会は、外交会議のための草案を起草し、1971年10月29日署名のため開放され、1973年4月18日から発効した。これが、「許諾を得ないレコードの複製からのレコード製作者の保護に関する条約」（以下、「ジュネーブ条約」と略す）であり、日本では1978年10月14日から発効している。この条約は、レコード製作者が締約国の国民である場合に、許諾を得ていない複製物の輸入、公衆への頒布から保護することを定めるが、この条約の署名時に最初の固定場所のみを基礎として保護を与えている締約国は、WIPO事務局長に寄託する通告により最初の固定場所を基準とすることができる（7条4項）。保護の際に方式を要求することができるが、レコード又はその容器に最初の発行年、レコード製作者等の名と℗の記号が保護の求められていることが明らかな方法で表示されていれば、その要件を満たすものとする（5条）。強制許諾は原則として認められず、例外的に強制許諾が認められるのは、6条に定める3つの要件のすべてが満たされた場合に限られる。保護期間は、最初の固定又は発行がなされた年の終わりから20年より短くてはいけないものとする（4条）。

　これらの著作隣接権条約は、著作権条約との関係について著作権の保護に変更を加えるものではないことを規定する（ローマ条約1条、ジュネーブ条約7条1項、WIPO実演・レコード条約（WPPT）1条2項）。しかし、同じ著作物の使用者が支払うべきものになるので、著作者と実演家等の取り分をどうするかの問題が生じ、「ケーキ理論」つまりひとつのケーキをいろいろな種類の権利者で分け合うことになることが指摘されることがある（Ricketson, Berne Convention, p.877）。著作隣接権を認めることによって著作者の取り分が減少した事実はないとも指摘されるが、この問題は今後に残された課題であるように思われる。

　③実演およびレコードに関するWPPTは、デジタルネットワーク時代に対応した実演家等の保護を目指した条約であり、1996年12月20日の外交会議でWCTとともに署名された条約である。日本では2002年10月9日より発効している。ローマ条約に加盟していない米国に配慮してそれと独立の条約としたので、ローマ条約の実体法上の規定は、一般的には締約国の義務ではない。

この条約は他の条約に基づくいかなる権利および義務にも影響を及ぼすものではないとされている（1条）。無線又は有線の方法により、実演とレコードにつき公衆が選択する場所と時期において利用することができる状態に置く権利を利用可能化権として特別に保護し（10条、14条）、この条約に基づく権利の行使に関連して実演家やレコード製作者が利用する技術的手段の回避を防ぐための適当な法的保護や効果的な救済を定める義務（18条）および権利管理情報を権限なく改変し、除去し、これを知りながら公衆に伝達し、公衆の利用が可能な状態に置くことについて適当かつ効果的な法的救済を定める義務（19条）を締約国に課している。実演家については人格権が規定されているほか（5条）、実演に関する財産権が規定されている（6条）。保護期間については、実演家についてはレコードに実演が固定された年の終わりから少なくとも50年、レコード製作者については、原則としてレコードが発行された年の終わりから少なくとも50年としている（17条）。

(3) その他の知的財産権に関する国際法源

①植物の新品種の保護に関する国際条約（UPOV条約）は、国際的な独立した政府間組織を設置するものであるが、WIPOと密接に関連した国連の特別機関によって運用されてきている。UPOVの事務局長は、WIPOの事務総長であり、その本部をWIPOの建物の中に置いている。当初はヨーロッパ諸国のグループが植物に新品種に関する条約を1961年12月2日に成立させたが、後に1972年、1978年、1991年に改正され、現在では1991年改正条約が1998年8月24日より発効しており、従来の条約はそれまでに加入した国を除き加入への途が閉じられている。2018年1月現在の加盟国は75ヵ国となっている。日本では、1982年12月24日より発効している。この条約は、締約国の国民および締約国に住所又は居所を持つ自然人および締約国に営業所を持つ法人に内国民待遇によって新品種の育成者権を与え、保護しようとする同盟を結成しようとするものである。保護の要件として、新規性、区別性、均一性、安定性の4つの要件が挙げられており、これ以外の条件を追加してはいけないことを原則とする（5条）。いずれかの締約国で正規に品種保護の出願をした者は、12ヵ月間、その期間内に生じた事由によって拒絶されることがなく、第三者のいかなる権利も生じさせない効力を有する優先権を認められる（11条）。保護さ

れる品種の種苗に関する生産又は再生産、増殖のための調整、販売の申出、販売その他商業目的の譲渡、輸出、輸入、これらの行為を目的とする保管につき許諾する権利を有し、私的かつ非商業的目的で行われる行為、試験目的で行われる行為等条約の定めた例外を除き、育成権者の許諾を要するものとする（14条、15条）。育成権が一定の場合に消尽することを定める（16条）。育成者権の保護期間は、育成者検付与の日から20年未満であってはならないとされている（19条）。また、育成者権が新規性、区別性等の保護要件を満たしていないか、育成者権がこれを有すべきでない者に与えれている場合には無効になり（21条）、又は、一定の原因がある場合には取り消されること（22条）を規定する。

②集積回路についての知的所有権に関する条約は、1989年ワシントンの外交会議で採択されたものである。この条約は、その実体的規定（2条から7条まで、ただし6条3項を除く、12条および16条3項）がTRIPsに組み込まれており（TRIPs35条）、この条約の加盟国でなくともWTO加盟国はその限りでこの条約に従う義務を負っている。1984年に米国が半導体チップ法（SCPA）を制定して以来、WIPOで議論され、1989年の外交会議が開かれたが、余りに広く強制許諾を容認する点と侵害半導体回路を含む製品に善意取得を認める点を不満として、米国と日本はこの条約に署名しなかったが、WTOの発効によってその中に組み込まれている範囲でこの条約が適用されることになる。保護要件については、製作者の知的努力の結果であるという意味で創造的であることが要求されている（3条2項a号）。米国およびEC規則の創造性という要件と知的努力の概念を結合させている。伝統的な工業所有権か、著作権というような知的財産権のいずれかに属させるのではなく、独自の権利（sui generis right）として位置づけている。つまり、工業所有権ほど厳密な保護要件を要求せず、著作権ほど長い保護期間を規定していないのである。もっとも、パリ条約やベルヌ条約による保護義務に影響を与えるものではない（12条）とすることによって、二重の保護もあり得ることを認めている。真正かつ効果的な製造のための施設を加盟国国内に持つ者に内国民待遇を与え保護している（5条）。単なる商業的施設を持つに過ぎない者は内国民待遇を受けることができない。代理人選任およびサービスのためのアドレスを指示する義務および内国の訴訟手続で外国人に適用される規則については内国民待遇を求めないことを選び得る（5条2項）。全体的部分的複製の輸入、販売、商業的目的のための譲渡を許諾する排他的権利を

権利者に認めている。TRIPs36条は、保護されている回路配置を組み込んだ集積回路のほか、当該集積回路を組み込んだ製品についても保護を拡張している。この点は、1989年の条約につき日本および米国が選択的に提案し、ヨーロッパ諸国や開発途上国の反対で通らなかった点を部分的に採り入れている。もっとも、その際に問題になった違法につくられた集積回路を善意で買った者の保護に関する規定がこの条約上置かれている（6条4項）。私的使用のほか、研究、教育等に使用することを認めている（6条2項a号）。また、半導体産業においては一般的に行われてきたリバース・エンジニアリング、つまり、独立にもともとの製品と類似又は同一の競争製品を開発するための現存する集積回路を分析、評価することは許容されている（6条2項b号）。強制許諾については、反競争的実務を理由にして又は政府による非商業的な使用についてのみ許容され、その場合にはその国内市場でのみ使用することができるとしている（6条3項）。この点は、余りに広い強制許諾を認めることになるとして反対の強かったところであったので、TRIPs35条では適用しないことを宣言している。したがって、日本や米国などTRIPsの発効によってこの条約の規定が適用されるようになった国には、この強制許諾に関する条項の適用はないことになる。保護の要件として日本や米国のように登録を要件とするかどうかは加盟国が自由に定めることができるが、世界ではじめて商業的に利用されてから2年間は登録を要求してはいけないものとしている（7条2項b号）。この条約は、保護期間について起算日については明確でないが、8年間と定めている。TRIPs38条は、登録出願の日（登録を要求する場合のみ）又は世界における最初の商業的利用の日から10年の期間の満了する前に終了してはならないものとする（同条1項、2項）。しかし、加盟国は回路配置創作後15年で保護が消滅することを定めることができるとしている（38条3項）。

3　基本的知的財産権条約との関係

　以上みてきた条約を基本的知的財産権条約との関係で成立すると、①パリ条約19条又はベルヌ条約20条の特別の取極に当たる条約、協定、② TRIPsに組み込まれた条約、協定、③それらと独立の条約、協定の3種類に分けることができるように思われる。①については、さらに、(ⅰ) WIPOの国際事務局によって準備、管理されている条約、協定と(ⅱ)それ以外の国際機関により準備、

管理されている条約、協定に分けることができるであろう。それによって、基本的知的財産の基本原則との関係がどのようにみられるか、条約との解釈につき締約国間で紛争が生じた場合にどの機関で、どのように解決されるのかなどに相違が生じる可能性があるからである。

①でかつ(i)に当たる条約協定として、PCT、ブダペスト条約、ストラスブール条約、PLT、マドリッド協定（標章の国際登録）、TLT、ニース協定、ヘーグ協定、ロカルノ協定、WCT、ローマ条約、マドリッド協定（虚偽原産地表示）がある。①で(ii)に当たる条約、協定としては、OAPI（アフリカ工業所有権機構、1977年3月中央アフリカのバンギで採択されたアフリカのフランス語圏により創設された政府間機関、2013年3月25日のコモロ連合の批准によりカメルーン、ベナン、中央アフリカ、チャド、コンゴ等17ヵ国が加盟）、EPC（欧州特許条約）などがある。②でかつ(i)に該当する条約、協定としては、パリ条約、ベルヌ条約、ローマ条約があり、②で(ii)に当たるものとして集積回路についての知的所有権に関する条約がある。③に当たる条約、協定としては、UPOV、WPPT、ブエノス・アイレス条約がある。WPPTは、ローマ条約に加盟していない米国に配慮して独立の条約としているが、WIPOにより準備されかつ管理されている条約である。UPOVは、WIPO管理の条約ではないが、事務局長をWIPO事務総長が兼ね、かつ、本部はWIPOの建物の中に置かれてあり、WIPOと密接に関連して運用されている。①かどうかは、基本条約であるパリ条約やベルヌ条約の同盟国でなければ加盟することができないかどうかに関連する。ブエノス・アイレス条約等は、汎米会議で作成され、管理運営もWIPOと関係なく行われている。

解釈や適用に関する加盟国間の紛争解決との関係で特に問題となるのは、②の条約の場合である。このような条約は、TRIPsに組み込まれた範囲内で（パリ条約1条〜12条、19条）WTOの紛争解決機関で組み込んだ条約の規定を解釈することが生じ得る。また、パリ条約28条は、加入の際に拘束されないことを宣言しない限り、28条1項の規定により紛争が生じた場合の国際司法裁判所への付託についての包括的な合意をしているものとみなされるから、国際司法裁判所でパリ条約の解釈や適用について判断を求めることもできるはずである（ベルヌ条約33条、パリ条約28条参照）。国際司法裁判所にこれまでのところ1件も係属したことがないとしても、今後GATTの紛争処理機関と国際司法裁判所では、異なった判断が出てくる可能性があり、しかもその判断の効力

も異なるとすれば、放置することができないのではあるまいか。
　TRIPsは、WTOが管理運用し、パリ条約、ベルヌ条約等はWIPOが管理運用している。この両機関はそれぞれ独立の国際機関であり、それぞれ加盟国の意見を反映させながら行動する可能性がある。現在は、WIPOとWTOは、1996年1月1日に協力協定を締結し、協力し合って行動しているように見える。しかし、この点を十分に配慮して慎重に行動しないと、場合によっては、GATTウルグアイ・ラウンド開始時に学者によって心配されたように結果的に知的財産権の国際的保護が弱体化される危険性も否定できないように思われる（この点については、木棚・研究355頁以下参照）。
　21世紀に入り国連総会をはじめ各種の国際機関で公衆衛生などの人権問題や生物多様性などに関わる環境問題についての多くの宣言や決議がみられる。これらの課題と知的財産権保護の関連性が深まっているように思われる。WIPOやWTOも、今後これらの課題の達成との均衡を図りつつ、知的財産権保護をめぐる課題と取り組まなければならないようになっている（木棚・実践知的財産法198頁以下［菱沼剛担当］参照）。

[第7章]

国際法源における基本原則とその相互間の関係

1　基本的国際法源に共通する原則としての内国民待遇の原則

　内国民待遇の原則は、伝統的知的財産権条約であるパリ条約2条、3条、ベルヌ条約5条、万国著作権条約2条ばかりではなく、TRIPs3条、ローマ条約2条でも規定されており、これらの知的財産に関する国際法源に共通する原則ということができる。これら知的財産権に関する国際法源における内国民待遇の原則をきわめて一般的にいえば、相互性の要件なしで、他の締約国の国民に自国の国民に与えていると同様の保護を与えるべきとする原則であり、無差別原則と言い換えられることがある。この点では一致するのであるが、しかし、各条約上のこの原則の意義は、厳密にみると、微妙な相違を有している。

　パリ条約上の内国民待遇は、この条約の成立当時反特許運動の影響があってオランダやスイスのような国が特許法（広くいえば、工業所有権法）を持っていなかったが、寛容な立場からこれらの諸国も将来この条約に加盟して特許法を持つようになることを期待して、これらの国が加盟すれば、そのような国の国民も他の加盟国でその国の内国民が享有すると同様の保護を受け、権利侵害につき内国民と同様の法律上の救済を受けることができるものとしたのである（2条参照）。1925年のハーグで行われた第3回改正会議のとき「この条約で特に定める権利を害されることなく」という文言を挿入して、同盟国の国内法上の保護ばかりでなく、この条約上保護される権利についての差別も禁止されることを明らかにした。同盟国の国籍を有していなくても、同盟国の領域内に住所、又は現実かつ真正の工業上又は商業上の営業所を有する者についても、同盟国民とみなしているので（3条）、この原則が適用される。

　同盟国民であるかどうかの基準は、自然人については明確で同盟国の国籍を

有するかどうかで決定される。国籍を複数持つ重国籍者については、そのいずれかひとつが同盟国の国籍であれば足りる。法人にこの原則を適用する場合には疑問が生じる。法人国籍論をとり法人につき自然人と同じように国籍を認め法人のあらゆる問題をその国籍を基準として決定することが妥当であるかどうかについては議論がある。この点についてパリ条約上明確に定めていない。自然人の国籍の決定と同様な方法で、領土法説つまりその同盟国の国内法（設立準拠法所属国法か、本拠地国法のいずれかを採るか）によってその国の法人であるかを決定すべきと考えられる。

内国民待遇によって保護を受け得る者が保護を請求する国で住所又は営業所を要求されてはいけない（2条2項）。つまり、その同盟国で内国民について国内に住所又は営業所を有する場合にのみ特定の工業所有権についての保護を主張することができると規定していたとしても、その規定を他の同盟国の国民に適用して住所や営業所の要件を課すことが禁止されているのである。

ベルヌ条約上の内国民待遇の原則は、当時二国間条約で存在した実質的相互主義による著作者の著作権保護の不安定さを克服するために定められたものであり、著作者がその本国以外の他の同盟国でその国の法令が現在与えており、又は将来与えることがある権利およびこの条約が特に与える権利を享有することを定めている（5条1項）。内国民待遇を受ける主体は、いずれかの同盟国の国民である著作者であるが（3条1項(a)）、そうでない場合にもいずれかの同盟国で最初に発行された著作物等については、同盟国の国民でない著作者も内国民待遇を受け得る（3条1項(b)）。また、いずれの同盟国の国民でもない著作者であっても、いずれかの同盟国に常居所を有する者は、この条約の適用上、その同盟国の国民である著作者とみなされ（3条2項）、内国民待遇を受ける。したがって、著作者が同盟国に国籍も常居所も有していない場合でも、いずれかの同盟国で最初に発行された場合のように、同盟国が著作物の本源国になるときは（5条4項(a)(b)(c)参照）、その本源国の著作者と同一の権利を有する（5条3項）。著作権に関するベルヌ条約上の内国民待遇の原則は、パリ条約の場合と異なって著作物の本源国をも基準として条約上の保護を行っている。

ベルヌ条約上の内国民待遇の原則には、明文上3つの例外が定められている。①著作権の保護期間については、保護が要求される同盟国の法律によるが、その国に法律に別段の定めがない限り、著作物の本源国において定められた保護

期間を超えることができない（7条8項）。②本源国においてもっぱら意匠として保護されている著作物については、他の同盟国において、その国において意匠に与えられる特別の保護しか要求することができない（2条7項2文）。ただし、その国において意匠としての特別な保護が得られない場合には、美術的著作物としての保護を受け得る。これは、著作権による保護と意匠による保護の重複を回避するための規定であるが、著作権の内国民待遇をその限りで排除した規定である。③美術著作物の原作品や作家、作曲家の原稿が最初に譲渡された後にその原作品や原稿の再販売の利益にあずかる譲渡不能の権利（droit de suite）については、同盟国は、著作者の国民である国がこの保護を認める限りで、かつ、保護が要求される国の法令が認める範囲内で認めればよいものとされている。

そのほかに、解釈問題として、例えば、音楽レコードのようにある創作的な著作物が条約上の著作物の定義規定（2条）の外にあるけれども、その同盟国の著作権法がその著作物を保護している場合に、内国民待遇を主張することができるかどうかが問題になる。米国の著作権法のようにその同盟国の法が明文で反対の定めをしていない限り、内国民待遇を拡大すべきとする見解がある（Goldstein, International Copyright, p.75f.）。つまり、自国民に対してそれを著作物として保護することを決定したのだから、立法者が明確にそれを排除していない以上、その領域内を本源国とする著作物に同じ扱いを与えることが要求されるというのである。

TRIPs上の内国民待遇原則は、知的財産権の保護に関し、自国民に与えるよりも不利でない待遇を他の加盟国の国民に与えることを加盟国に義務づけている（3条1項本文）。ここでいう知的財産権の保護というのは、知的財産権の取得可能性、取得、範囲、維持および行使に関する事項ならびにこの協定で特に取り扱われる知的財産権の使用に関する事項を含むとの注が付けられている。したがって、例えば、契約による実施許諾等における反競争的行為の規制（40条）の適用についても内国民待遇が適用されるので、従来の伝統的な知的財産権条約よりも適用範囲が広いことになる。また、「不利でない待遇」を義務づけているので、少なくとも文言上は内国民よりも有利な待遇をしてもこの要件を満たすことになる。ところが、TRIPsは、それらの条約等ですでに定めている例外を除いて（3条1項ただし書）、パリ条約2条、3条およびベルヌ条約の5条

を遵守すべきことを加盟国に要求しているので（2条1項、9条1項本文）、パリ条約やベルヌ条約上の内国民待遇の原則を守ることを加盟国に義務づけていることになる。パリ条約やベルヌ条約が適用される範囲内の問題につき内国民より有利な保護を他の加盟国の国民に与えることは3条に違反しないとしても、2条1項、9条1項本文との関係からみれば、望ましくないように見える。もっとも、パリ条約やベルヌ条約のもとでは内国民より優遇することまでは想定しなかっただけで、例えば、パリ条約2条2項の適用との関係で例外的に他の同盟国の国民に有利になることはあり得るので、これらの条約は、内国民より他の同盟国の国民を優遇することを禁止する義務まで同盟国に課しているわけではないとみることもできる。このようにみれば、TRIPs 3条が伝統的知的財産権条約の規定と矛盾することがないことになる（UNCTAD-ICTSD, Resource Book, p.74）。

いずれにせよ、このような相違が生じるのは、TRIPsがGATTの通商交渉の場を通じてつくられたものであることと深く関連していると思われる。WTO加盟国が、他の加盟国の国民に自国民より有利な取り扱いをすることは、通商政策上の問題としては考えられないわけではないが、最恵国待遇の原則によりそのような特別の待遇が他の外国に均霑されることを考えると、そのような待遇を与えるインセンティブはきわめて稀にしか生じないのであろうから、TRIPsとパリ条約やベルヌ条約との矛盾が生じることがあるとみたとしても例外的な場合に生じるに過ぎない（UNCTAD-ICTSD, Resource Book, p.74）。

GATTのこれまでの内国民待遇の原則の解釈からすれば、あくまで物に着目した原則ではあるが、単に法的な差別がある場合にとどまらず、法的に差別はないが事実上の差別（de facto discrimination）が生じる場合にも内国民待遇違反とみてきた。TRIPsの内国民待遇の原則は、法的な差別と事実的差別の双方を含めて禁止するものとみるべきであり、ウルグアイ・ラウンドの交渉中も事実上の差別につき十分に意識されていたといわれている（UNCTAD-ICTSD, Resource Book, pp.63,76）。例えば、米国の1930年の関税法337条は、米国の特許所有者が米国にすでに所在する物について侵害を主張するよりも容易に特許侵害を主張して輸入を差し止めることができるものとしていた。この法律は、形式的にみれば、すべての輸入品を平等に扱っており、米国の国民と外国人を差別していなかった。しかしながら、GATTのパネルは、米国が1947年

GATT3条の内国民待遇原則に事実上の意味において違反しているとした。米国に輸入するのはほとんど外国人によってなされており、米国の国民がそれによって影響を受けるのは稀であるとみたからである。そうみるとすれば、パリ条約やベルヌ条約のような伝統的な知的財産権条約上の内国民待遇原則よりも、事実上の差別をも問題にしている点でも異なる可能性があることになる。

　それでは、特許のような登録を要する知的財産権と著作権のような登録を要しない知的財産権の内国民待遇の原則の現れ方がどのように異なるであろうか。工業所有権に関するパリ条約は、内国民待遇を受けるための要件として「内国民に課せられる条件及び手続に従う限り」という要件を定めている。条件というのは、特許を例にとれば新規性、進歩性、産業上の利用可能性などの特許要件や手数料の支払いなど実体的要件を意味し、手続というのは、出願、審査請求、審査、登録、異議申立てなどのような権利取得等に関わる行政的、司法的手続行為を指すように読める。しかし、それ等を厳密に区別する趣旨ではないので、内国民と同一の手続的、実体的要件を満たせば内国民と同様の保護を与える趣旨とみることができる。

　内国民待遇の原則は、あくまで外国人法上の問題に関する原則であって、同盟国の国内で他の同盟国の国民である外国人がどのような権利を享有することができ、どのような義務を負うかに関する渉外実質法規範であり、外国人を内国人と差別してはいけないとする差別禁止規範である。例えば、在外者には特許管理人の選任が義務づけられることが多いが（日本特許法8条参照）、これは外国人や外国法人に限った規定ではなく、内国人や内国会社にも同様の義務が課せられているのであるから、外国人法上の問題ではなく、この原則が関わるところではない。

　理論上は、例えば、権利適格者の決定につき外国人か内国人かにかかわらず適用される抵触法規定を介入させ、適用すべき法（準拠法）を決定することは不可能ではない。しかし、権利の取得や維持に関してはパリ条約の暗黙に前提とする属地主義の原則からみて、現実には出願し、権利保護を求めるその国の法によることになる。したがって、「内国民と同一の保護」を内国法による保護と読むことができるのである。それに対して、権利侵害の準拠法については必ずしも同一の結論にはならないのである。つまり、権利侵害についても、「内国民と同一の法律上の救済を与えられる」とされているが、この場合にも、外

国人法上の問題に関しては、条約上の原則が直接適用されるか加盟国の内国立法によるかに関し国によって同一ではないにしても、それらのいずれかにより、内国民と同一の救済が与えられるべきことはいうまでもない。しかし、各国の実質法が異なる侵害の要件や効果などについては、権利侵害に関する内国実質法の適用が当然には前提とされていないのである。それは、むしろその国の国際私法に委ねられた問題というべきである。

　次に、登録を要さない著作権のような知的財産権について内国民待遇の原則の現実的意義を見てみよう。特に、1908年のベルヌ条約ベルリン改正条約において無方式主義が採られたこととも関連して、より具体的に説明する必要が生じる。その部分が5条2項（ベルリン改正条約4条2項、以下、パリ改正条約の条文で示す）である。この改正前までは、条約上の保護を受けるためにはその著作物の本源国法の定める条件および方式に従うことが必要とされたが（原条約2条2項）、いかなる方式の履行も要しないことになり、著作物の本源国における保護の存在に係わらないものとされた（5条2項1文、2文）。したがって、保護の範囲および著作者に保障される救済方法は、本源国法の制約を受けることなくもっぱら保護が要求された国の法による（5条2項3文）。それまでの条文からみると、保護の範囲や救済方法も本源国法の条件のひとつと考えられ、保護国法ばかりではなく著作物の本源国法が重畳的に適用され、保護期間についてはその最も重要なものとして明文で他の加盟国が本源国法の認める期間を超えることができないことを明らかにしていた（原条約2条2項）。しかし、このような規定によると、著作者はその著作物が本源国で保護され、救済されることを証明しなければならないが、それは常に容易にできるとは限らない。著作者の権利の国際的保護がこれでは十分とはいえない。そこで、著作権の国際的保護に登録、寄託等の方式的要件とそれに関連する条件を一切必要としないものとしたのである。そうすると、著作権の国際的保護の基準となるのは、実際上その国において保護が求められている国の法（つまり、法廷地法）のみによるほかないのでその点を明確にするとともに（5条2項3文）、この原則の例外を規定することになる。つまり、方式要件を不要としただけではなく、著作物の本源国法のその他の関連する条件にも原則として拘束されないとすることにより、本源国法で享受する保護よりも広い保護を受けることを可能にしたのである。

ドイツのマックス・プランク研究所の所長であったウルマー（Eugen Ulmar）教授は、1975年に公表した「EC加盟国の国際私法に関する条約中の無体財産権に関する規定のための草案」においてパリ条約5条2項の文言とも絡めながら、外国人法上の原則である内国民待遇の原則が同時に無体財産権（知的財産権）を原則として「保護国法」によるという抵触法上の原則を含むことを意味するとされている（木棚・研究144頁以下参照）。これは、従来知的財産法の分野でいわれてきた属地主義という曖昧で一方的な原則を明確な抵触規定として双方化して再構成し、その根拠をパリ条約に求めることにより説得力をもたせた点で大きな影響力をもった見解である。確かに、ウルマー教授の見解は、その後世界に広がって、知的財産権をめぐる問題が基本的には保護国法によるべきものであることは、広く認められるようになった。しかし、ベルヌ条約5条2項に保護国法原則の根拠のひとつを求めたために、保護国法の概念の理解について混乱が生じている。ベルヌ条約5条2項は、以上述べたこの条文ができた経緯からみても、法廷地法と解せざるを得ないであろう。また、この条文がつくられた1908年の改正会議当時は、外国の知的財産権に関する侵害訴訟が内国の裁判所に係属することはほとんど想定されていないので、ウルマー教授は、保護国法概念をベルヌ条約5条2項から抽出したというよりも、独自に考えた保護国法概念を説得のための方法（Rechtsdogmatic）としてその規定を援用したのである。ウルマー教授は、保護国法をその国の領域につき保護が求められている国の法を意味するものとして使っており、法廷地法を意味するものとしては使っていない。

2　TRIPsの基本原則としての最恵国待遇の原則

最恵国待遇の原則は、知的財産権に関する多国間条約においては、TRIPsの4条で新たに規定された原則である。それによれば、知的財産権の保護に関し、加盟国が他の国の国民に与える利益、特典、特権又は免除は、他のすべての加盟国の国民に対して即時かつ無条件に与えられることになる。内国民待遇の原則が加盟国の国民を内国の国民より不利でない待遇を保障するよう加盟国に求める原則であるのに対し、最恵国待遇の原則は、ある加盟国の国民を他の加盟国の国民より不利でない待遇を与えることを各加盟国に要求する。つまり、最恵国待遇原則は、知的財産権の保護に関して他の加盟国の国民を相互に不利

にならないようにし、他の加盟国の国民である外国人間で差別することを禁止したものである。これは、もともと 1947 年の GATT にあった関税障壁に関する基本原則であった。第二次世界大戦後それぞれの国が相互に交渉して自国に有利な関税率を獲得しようとしたために、GATT 加盟国間で関税に関する差別が存在した。そこで、国際経済制度を構築するにあたり脱政治化をはかり、崩壊の危機を減少させて GATT における外交交渉に基礎を置いた制度にするために導入されたものであった。この原則は、1994 年の GATT 1 条にも採り入れられている。

　従来、伝統的知的財産権条約、例えば、パリ条約やベルヌ条約では、最恵国待遇は重要でないものとみられてきた。これらの条約では、内国民待遇の原則があり、すべての外国の知的財産権者を内国民と同じように待遇するとすれば、外国の知的財産権の権利者間で差別が生じることはないと考えられてきた。しかしながら、1980 年代から 1990 年代にかけて、米国政府は、二国間や地域間の交渉を強力に進めて、とりわけ、医薬品や化学物質の特許や半導体回路配置権について二国間条約や地域間条約で内国の水準を超える知的財産権の保護を求め、米国の国民のみを特に優遇する条項を含む条約や協定等を締結してきた。ウルグアイ・ラウンドではこのような米国の動きに対してこれを規律する原則として最恵国待遇の原則が導入されたのである。例外が付けられたこともあり、反対する国もあったが、多くの諸国は、ある加盟国に認めた権限や特権が即時にかつ無条件で他のすべての WTO 加盟国に与えられるべきことを限定的な例外を除いて認めることに賛成した。

　この条文自体は、1947 年および 1994 年の GATT 1 条がモデルとされている。しかし、1994 年 GATT 24 条や GATS 5 条のように地域的関税同盟や自由貿易地域に明示的に触れられていないことである。ここでいう利益、特典、特権、免除は、知的財産権の保護に関するものでなければならないが、知的財産権が何を意味するかについては、1 条 2 項の規定によると、第 2 部第 1 節から第 7 節までの規定の対象となるすべての権利をいうことになる。この定義によると、かなり広い範囲の知的財産権が含まれることになるので、最恵国待遇のように WTO 加盟国全域での取り扱いを平等にする条項の適用をそのまま適用するとすれば、新しい型の知的財産権保護を二国間で又は地域的に進めることが困難になるのではないかが問題となる。例えば、1996 年 3 月 11 日の EC データ・

ベース指令（96/9/EC）に従うために、EC に所属するある国が公衆にアクセス可能な独創性のないデータ・ベースを保護すること（sui generic data protection right）について他の EC 加盟国と協議し、WTO 加盟国のすべてにデータ・ベースの保護を拡大することなく、EC の域内で EC 加盟国の国民とその領域に常居所を有する者のみ保護することができるであろうか。この点について、まず、独創性のないデータ・ベースが TRIPs 10 条 2 項のデータ・ベースに含まれるかどうかが問題になる。この指令では、EC 域外の諸国に最恵国待遇が拒否されることを前提に二国間ベースで保護を広めること権限を EC 委員会に与えている（同指令 11 条 3 項）。おそらく、EC は、このようなデータ・ベースの保護が TRIPs 1 条 2 項の知的財産権を構成するものではないという見解に立ったものであろう（UNCTAD-ICTSD, Resource Book, p.88）。つまり、このような情報に関する保護は厳格にみれば TRIPs 上の知的財産権に当たらず、最恵国待遇等の基本原則に触れることがないという意見に基づくものであろう。TRIPs10 条 2 項で確かにデータ・ベースを扱っているが、それはあくまで知的創作物として保護されるものを前提とするだけではなく、9 条 2 項でも著作権の保護が「思想、手法、運用方法又は数学的概念自体に及んではならない」としているところからも、独創性のないデータ・ベースは TRIPs で保護される知的財産から除かれているとみることができる。さらに、このようなデータ・ベースが TRIPs 39 条（第 7 節）の秘密情報に当たるように見えるが、「当該情報を管理する者により当該情報を秘密として保護するための、状況に応じた合理的な措置がとられていること」（39 条 2 項(c)）が要求されているので、ここからも除かれる。さらに、TRIPs2 条 1 項は、パリ条約 10 条の 2（不正競争からの保護）を組み込んでいるが、1 条 2 項に規定する知的財産概念にまでそれを取り込んでいるとは考えられない（Goldstein, International Copyright, p.86）。

　この原則には 4 つの例外が定められている（4 条(a)(b)(c)(d)）。①一般的な性質を有し、かつ、知的財産権の保護に特に限定されない司法共助又は法の執行に関する国際協定に基づくものである。このような性質を持つ多国間協定や二国間協定は少なくない。例えば、証拠収集、犯人引渡し、反競争的事業体の調査、判決の承認執行に関するものである。これらのほとんどは知的財産権に関する領域でも適用できるものであり、ある国の国民がこのような協定により利益、特典等を受けることは生じ得る。しかし、これは本来 TRIPs の範囲を超えた

問題であるから、例外としたのである。②内国民待遇ではなく他の国において与えられた待遇に基づいて待遇を与えることを認めるベルヌ条約パリ改正条約又はローマ条約に従って与えられる利益、特典、特権、免除である。この規定は、内国民待遇の例外とされる美術家の原画又は作家や音楽家の原稿の再販売の利益から分配を受ける譲渡不可能な権利（droit de suite、ベルヌ条約14条の3参照）を、本源国における権利の承認を条件に実質的相互主義によって認められるような場合である。これは、この権利を認めていないスイスの国民がフランスの国民にドイツがこの権利を認めることを挙げてドイツでこの権利を主張することを認めるべきではないことを意味する。また、保護期間については本源国法の認める以上の期間を認めていないが、著作者の死後50年の期間しか認めていない国の国民が死後70年の期間を認めるスイスの国民に対して70年の期間をドイツが認めたからといって、70年の保護期間をドイツで要求することができない。③この協定に規定していない実演家、レコード製作者および放送機関の権利に関する利益、特典等である。これは、TRIPs 3条2文でこれらの者への条約の適用を TRIPs に特に規定する場合に限定していることに対応する。WTO 加盟国におけるこれらの保護に関する法の顕著な相違を考慮したものである。④世界貿易機関協定の効力発生前に効力を生じた知的財産権の保護に関する国際協定に基づいて生じたものについては、当該国際協定が、貿易関連知的財産権理事会に通報されることおよび他の加盟国の国民に対し恣意的又は不当な差別とならないことを条件に除外する。このような国際協定の典型的なものとしてどのようなものがあるのであろうか。ローマ条約を典型的なものとしてあげ、さらに、1892年のドイツと米国間の著作権に関する二国間条約をあげるものがある（Katzenberger, P., TRIPs and Copyright Law, Beier and Schricker (Eds.), IIC Studies, Vol.18 (1996) p.71）。それに対して、ローマ条約は、WTO 設立協定に先立って効力を有した知的財産権条約であるけれども、TRIPs で規定されていない権利保障を含む著作隣接権に関する条約であるから、4条c号で明示的に言及されている範囲に入り、その規定により除外されているから、4条d号の国際協定にはその限りで入らないとする見解がある（Goldstein, International Copyright, p.88）。

3 パリ条約における基本原則としての優先権制度と工業所有権独立の原則

(1) 優先権制度

(a) 優先権制度の意義

　工業所有権に関するパリ条約の基本原則としての優先権制度は、同盟の夢が大きな困難に直面したとき、これを克服して同盟の形成を可能とする法技術を提供した点で画期的なものであった。著作権については、そのような権利は知られていない。著作物の発行又は公衆への提供などによって同盟国の法令で権利を認めるという著作権の特徴からすれば、優先権というような法技術を持ち出すことなく権利の国際的保護が可能になったのである。

　優先権制度は、同盟内で緩やかな最小限の保護に関する実体法規定しか存在しないにもかかわらず、工業所有権の国際的保護を可能にし、促進するためにきわめて重要な機能を果たしてきた。パリ条約は、その後の改正会議における優先権制度の改正を通じて、同盟国における出願に関する可能な限りの最大限の統一を追求してきたということができる。もっとも、現在では、20世紀の後半に締結された国際出願手続に関する諸条約、たとえば特許についてみれば特許協力条約（Patent Cooperation Treaty, PCT）やヨーロッパ諸国への出願についてはヨーロッパ特許条約（European Patent Convention, EPC）に基づく出願がむしろ主流になり、パリ条約上の優先権を主張した国際出願はむしろその比重を減少させているともいわれている。しかし、これらの条約も少なくとも同盟国間ではパリ条約上の特別の取極として位置づけられるものであり、パリ条約上の優先権を主張することができるものとしている。ただ、優先書類や翻訳の提出期間がパリ条約と比較して長く設定され、いわば猶予が認められている点があるだけである。その意味ではパリ条約プラスの効果を持つものということができる。つまり、これらの条約による新たな国際出願のルートの設定はパリ条約上の優先権の意義を失わせるものではなく、むしろその制度の上に乗せることによって国際的な出願手続等を統一し、簡素化しているに過ぎないのである。

(b) 優先権の成立要件

　観念的にみれば優先権自体の成立要件と優先権主張の要件を区別して、それぞれについて述べることができる。ここでは、現実的に捉えてこれらを一括し

て優先権の成立要件としてみておくことにする。次の4つの要件に分けることができる。

　①いずれかの同盟国で最初に正規の出願があったこと。正規の出願とは、その同盟国の法令又はその国と他の同盟国との間で締結された条約に従った出願日を確定するのに十分な出願をいう（4条A、2項、3項）。ここでいう出願は、特許出願、実用新案、意匠、商標の登録出願であるが、社会主義国で認められていた発明者証の出願が特許と同一の条件で優先権を生じさせることがあるので（4条I）、これに含まれることがある。発明者証の出願を基礎とする場合には、出願者が自己の選択によって特許出願もできる可能性がその同盟国で保障されていることが必要になる。なお、サービス・マークはパリ条約上商標と別のものとされているので（1条2項）、サービス・マークの出願をパリ条約上は優先権の基礎とすることができないことになる。しかし、商標法協定加盟国は、パリ条約の商標に関する規定をサービス・マークに適用する義務を負っているので（同協定16条）、サービス・マーク出願も優先権の基礎とすることができることになる。

　出願の結果によって優先権が損なわれることはないので、その出願が取り下げられ、放棄され、又は、拒絶された場合であってもこの要件は満たされる（4条A、3項）。その同盟国の国内法令によって、方式上の要件を満たしているか、そうでなくとも出願日を確定することができる出願であれば、たとえ、特許を受けることができない発明に関する出願であっても、正規の出願に当たることになる。いずれかの同盟国で出願されればよいので、必ずしも出願人の本国で出願される必要はない。

　最初の出願というのは、時間的に最も先になされた出願をいう。しかし、同一の対象に関する時間的に先になされた出願があっても、次のような4つの要件をいずれも満たしている場合には、最初の出願とみなされる。つまり、その出願がなされる前に先の出願が取り下げられるか、放棄されるか、拒絶処分を受けていること、先の出願が公衆の閲覧に付されていないこと、先の出願がいかなる権利も生じさせていないこと、先の出願が優先権主張の基礎と未だされていないことの4つの要件である（4条C、4項）。このような要件を満たす出願を第一国出願といい、後の優先権主張を伴う出願を第二国出願という。

　ここで同盟国というのは、パリ条約の同盟国であるが、TRIPs 2条1項、商

標法条約15条等によりこれらの協定の加盟国も優先権制度を遵守する義務を負うので、パリ同盟国でなくともそのいずれかの加盟国であれば、同盟国と同様な扱いをすることになる（4条A、2項）。

②第二国出願の出願人が第一国出願の出願人と同一であるか、又は、その承継人であること。これは、いわゆる主体の同一性の要件である（4条A、1項）。出願人のほかに承継人が入れられているのは、1925年のワシントン改正会議のときである。米国は発明者出願主義を採っており、発明者が雇主である会社に特許を帰属させたい場合には、自分の名義で出願して特許権を取ってそれを会社に譲渡しなければならないのが原則になっている。このような場合に、会社が出願人になって第一国出願をしている場合に、米国での第二国出願の際に優先権を会社から譲渡されたという構成をとらないと優先権主張ができなくなる。そこで、優先権の基礎となった最初の出願を譲渡したかどうかと無関係に優先権を譲渡できるものとして出願人のほかに、承継人という文言が加えられたのである。

優先権は、パリ条約上の権利であるから、出願人が同盟国の国民か（2条）、同盟国の国民とみなされる者でなければならない（3条）。同盟国の国民とみなされるためには、同盟国の領域内で住所を有するか、現実かつ真正の工業上又は商業上の営業所を有することが必要である。その国に住所があるかどうかは、その同盟国の国内法による。ここでも、①で述べたように同盟国の国民という場合に、TRIPs、商標法協定等の加盟国の国民を含むと解すべきである。

③第一国出願を第二国出願の対象、例えば特許であれば発明が同一であること。意匠や商標は、視覚で捉えることができるから同一性の判断が比較的容易である。最も困難なのは、特許についてである。特許は、発明という高度な技術思想などを対象とした権利である。特許の対象である発明の構成要素は、通常クレーム（特許請求の範囲）とその解釈によって特定される。このような対象の特定方法自体は、基本的に特許侵害の場合と類似する。しかし、各国におけるクレームの記載内容・方法および解釈が異なるので、各国の法制度の相違から優先権が否認されるとすれば望ましくない。優先権出願の基礎となる第一国出願の発明の構成部分がその出願のクレームに記載されていないことを理由に優先権を否認することができないとされている（4条H）。

第一国における最初の特許出願後に優先期間中に発明者がその発明を改良し、

追加発明や改良発明として特許出願をすることがある。その場合に、特許出願人が第一国における複数の出願をひとつの出願にまとめて出願し、複数の出願を基礎として複数の優先権を主張することが許されるかは、1911年のワシントン改正会議のときから議論されている。国際事務局は、第一国出願で複数の出願となっていたとしても、その発明の性質が基本的に変わらず、たんに改良されたものに過ぎず、変更され修正されたものでもないとすれば、第二国出願でこれらをひとつの出願にまとめ、複数の優先権を主張することを認めるのは自然のことである、として複数優先の制度を提案した。その提案は小委員会のほとんどのメンバーの賛成を得たが、しかし、イギリスの代表は、異なるクレームに記載されている先行出願に対応する出願かどうかを確定することが実務上複雑になり、困難をもたらすとして反対した。1925年のハーグ改正会議が議論されたが、イギリス等の反対があり、取り入れられず、単に複数の優先権主張があり又は審査の結果複合的であることが明白になった場合には、特許出願の分割をすることができ、それによって関連する優先権に影響を及ぼさないとする趣旨の規定を入れるにとどまった（4条現在のG）。これは発明の単一性や個数の基準が国ごとに異なることにより優先権を否定されることがないようにする趣旨で、以前の不便がある程度解消された。複合優先が認められたのは、1934年のロンドン改正会議のときであった。いずれの同盟国も、その国の法令上発明の単一性が認められる限り、複数の優先権主張を含むことを理由として優先権を否認してはいけないとされることになった（4条F）。これは、発明者が発明を直ちに完成することができず、改良発明や追加発明がなされ、それらを他の特許出願とする場合に、後の出願でこれらをまとめて、複数の出願に基づく複数の優先権をそれぞれの部分について主張することを認めたものである。これがさらに、1958年のリスボン改正会議で、異なった部分についての最初の出願が異なった国でなされた場合にも複合優先が認められることを条文上明らかにした。また、最初の出願に含まれていない要素を含む第二国出願が行われる場合に、その出願の一部についてのみ優先権を主張することを認めるようにした。このような部分優先も認める趣旨を明確にするよう4条Fが改正された。

　④優先期間内に適法な優先権主張の申立てがあること。優先期間は、特許、実用新案については、12ヵ月、意匠および商標については6ヵ月である（4条C、

1項)。第一国出願が発明者証である場合には、特許と同じ12ヵ月である(4条C、1項)。国によって特許、実用新案、意匠の概念が同じでないので、特許出願を実用新案に出願変更し(4条E、2項)、実用新案登録出願を意匠登録出願に出願変更をすることがあり、このような出願変更の場合でも優先権が認められなければならない。第一国出願である実用新案登録出願に基づく優先権を主張して第二国で意匠に出願変更をする場合には、意匠に関する優先期間である6ヵ月とされる(4条E、1項)。逆の場合については条約上規定されていないが、優先権が第一国出願に基礎を置く以上、6ヵ月と解釈するのが妥当であろう。この期間は最初の出願の日より開始し、初日は算入しない(4条C、2項)。後の出願が最初の出願とみなされる場合には、優先期間は後の出願日より開始する(4条C、4項)。

　優先権主張の申立てが適法であるかどうかは、パリ条約に強行的に定めている以外は第二国出願がなされた国の法令による。優先権主張をしようとする者は、最初の出願の日付と出願された国名を明示して申し立てなければならない(4条D、1項)。後の出願が最初の出願とみなされる場合には(4条C、4項)、その後の出願がこれに当たることになる。この日付および国名は特許公報等の権限のある官庁が発行する刊行物に掲載しなければならない(4条D、2項)。同盟国が優先権主張者に対して提出を要求することができるのは、最初の出願に関する明細書、図面などを含む出願書類の謄本、出願の日付を証明する書面、第二国の公用語への訳文である。最初の出願を受理した権限を有する官庁が認証した謄本はいかなる公証も要せず、第二国出願日から3ヵ月以内であればいつでも無料で提出できなければならない(4条D、3項)。出願の際に優先権主張をする際には、ここで述べた以外の手続を要求されない(4条D、4項)。出願の後に、優先権を裏付ける資料を要求することができる(4条D、5項)。

(c)　優先権主張の効果

　優先権主張が先に述べた基準を満たさず、不適法であるときにいかなる効果が生じるか。この点については、パリ条約上優先権の喪失を限度とするとされている(4条D、4項ただし書)。優先権主張が不適法である場合に、それ以上の効果、例えば、特許権の失効まで認めると、場合によってはわずかな過失で大きな危険が生じることになり、優先権制度の意義を減少させることになるからである。もっとも、優先権が喪失する結果として、新規性を有しないことにな

り、特許権を取得することができなくなる場合は生じ得る。

　適法な優先権主張があり、優先権が認められると、最初の出願の後に優先期間内に行われた行為、例えば、他の出願、当該発明等の公表又は実施、当該商標の使用や当該意匠に係る物品の販売などによって不利な取り扱いを受けることがなく、第三者のいかなる権利又は使用の権限も生じさせないものとされる（4条B）。例えば、特許要件としての新規性や先後願関係が優先権主張日（第一国出願日）を基準として判断されることは当然であろうが、進歩性についてもその後に生じた行為によって低下されるものではないと解すべきであろう。

　第三者の先使用権のような権利や使用の権能についても優先権主張日以降優先期間内に生じた事項によって影響を受けないものと解される。パリ条約には、1934年のロンドン改正条約以前には、「第三者の権利を留保して」という文言が入っていたため、優先期間内に第三者が先使用を行った場合に先使用権が生じるという解釈を採る同盟国が生じた。現在の規定によればこのような誤解が生じる余地はない。

(2) 工業所有権独立の原則

　工業所有権独立の原則は、同盟国の一国でいったん成立した工業所有権が相互に独立であり、同一の発明、考案、標章、意匠を対象とする外国の権利、例えば、最初の出願国における権利の運命に左右されるような規定を置いてはならないという実質法上の原則である。パリ条約上は、特許について4条の2に規定されているが、商標については後に疑問が生じ6条の3項に規定が挿入された。考案や意匠については規定がないが、特許に関する4条の2が権利の性質上当然に類推適用されるものと考えられている。ここでは、特許と商標に分けてみておくことにしたい。

　日本においては、清瀬一郎『特許法原理』（厳松堂、1922年）497頁以下およびその基礎とされたドイツのコーラー（Josef Kohler）の影響であろうが、工業所有権の属地主義の原則の根拠を独立の原則に求める見解が有力である。清瀬博士は、特許権独立の原則を一国一特許の原則と同視されている。つまり、一国の特許権はその国の領域内でのみ効力を有し、かつ、同一発明に関する各国の特許権は相互に独立したものとされる。それは、本来同一物であるが「発明」すなわち不完全発明権（発明の出願前の、未だ排他的効力を具備する以前の発明者の

権利を清瀬博士はそのようによんでいる。清瀬・前掲書134頁参照）を特許とする要件が各国で異なっているので、これによって生じる特許権の効力も各国で異なる。ことに、世界においては国家行政処分によって創設付与されるものとしているからである。この点は、コーラーの著書を基礎にされておられるように思われる。しかし、少なくともパリ条約上の独立の原則をそのように読むのは妥当ではない。同一発明につき異なる諸国で取得された権利は相互に独立であるという抽象的な意味では、1878年のパリ万博の際に開催されたパリ国際会議でもすでに一致に達していた点であった。しかし、この原則がパリ条約の規定の中に入れられたのは、1900年のブリュッセル改正会議のときであった。学説上は、特許独立の原則に理論上反対するものとしてピレー（Antoine Pillet）があり、外国で特許が取得された発明については、実は新たに特許が取得されるのではなく、以前に取得された特許の効力が他の国に及ぶのであるとするものであった。このような学説の影響もあってか、一般的に、外国の特許権者に付与した特許は、その本国の特許期間が終了すれば、保護が終了すると考える国があった。また、その当時は、外国ですでに出願され、新規性を失っている発明を輸入特許として自国での実施を期待して特許を付与する国が多かった。そのような諸国では、特許保護の期間をもととなった特許のうち一番短い国のものに従属させるか（ブラジル、フランス、米国）、それとも最も長い国のものに従属させるか（ベルギー、イタリア）のいずれかであった。さらに、優先権を主張して取得された特許は、第一国の特許が無効原因や失効原因があって効力を失えば、効力を失うだけではなく、第一国の特許権の保護期間が経過すれば、特許保護が終了すると考えられることが多かった。1886年のローマ改正会議、1890年のマドリッド改正会議では優先権との関連で独立の原則が議論されたが、1897年および1900年のブリュッセル改正会議では、このような制限を除いて、より一般的に、同盟国の国民が各同盟国に出願した特許は、同一発明について取得した他の国（同盟国であるかどうかを問わない）の特許から独立したものとする旨が4条bとして挿入されることになった（Ladas, Industrial Property, p.315）。この条項が発効した1902年までは、先に述べた状況が続いたのであった。例えば、1912年11月5日のフランス破棄院の判決は、同一発明に関する外国特許がパリ条約4条b（現在の4条の2、1項に対応する）の発効前に、納めるべき税の不払によって失効したから、フランスの特許も終了したと判決した。

しかし、このブリュッセル改正ですべての困難性が解決されたわけではなく、なお解釈上の疑義が出された。つまり、4条bが適用されるのは、条約により利益を受けるものが取得した特許すべてなのか、それとも優先期間中に出願して取得された特許のみか、また、特許の無効原因ないし失効原因についてのみで、存続期間には適用されないのか、であった。1911年のワシントン改正会議では、このような疑問が生じないように4条bに現在の4条の2の2項に当たる規定を挿入した。ここでは、輸入特許と通常の特許が区別されるべきことを前提として、通常の特許については、独立の原則は、絶対的な意味に、特に、優先期間中に出願された特許が、無効又は消滅の原因についても、また、通常の存続期間についても、独立のものであるという意味に解されなければならない、とする規定が挿入された。この規定の挿入によってはじめて特許権の独立の原則が明確になったといわれている。その後、優先権を主張して取得した特許の保護期間について、第一国出願時から計算する国が出てきたので、これを禁止することが1934年のロンドン改正会議で問題になり、優先の利益によって取得された特許の存続期間を優先権の利益なしで特許出願され、又は、特許が与えられた場合と同一の存続期間とする旨の規定が加えられた（4条の2、5項）。

特許独立の原則は、はじめは主として優先権を主張して優先期間内に出願された特許が第一国出願で取得された特許が、無効原因や消滅原因だけではなく、存続期間についても独立したものとして考えられなければならないという要請から規定された実質法上の原則である。しかし、優先権主張をして出願した特許であるかどうかにかかわらず、外国人の取得した特許について一般的に、無効・消滅原因だけではなく、存続期間についても外国特許に従属するとする国や学説が生じたので、これを克服して同盟による特許権の保障をより確実なものにしなければならなかった。そのため、優先権に基づく出願で取得された特許権であるかどうか、その国が同盟国であるかどうかにかかわらず、外国の特許の運命に従属させる規定を置くこと同盟国に禁止したのがパリ条約上の特許独立の原則であった。

商標独立の原則は、1934年のロンドン改正会議のときに8条Dとして入れられた。これは、当時の同盟国の中には本源国と独立の保護を認めない国もあったことを考慮して、あくまで同盟国間において商標の独立を認めるように新

たに規定したものであった。しかし、商標については、6条に本源国において正規に登録された商標はそのままその登録を認め保護される（6条、現6条の5A）といういわゆるテル・ケル条項がある。もともとの条文では、本源国で正規に出願された商標となっていたが、1911年のワシントン改正会議で登録に変えられている。パリ条約制定当時、各国で登録が認められる標章に相違があった。図形のみを標章として認め登録した国や文字標章を認めても自国の言葉で表現されるものに限る国があった。そこで、ある国で認められた文字商標をそのまま他の同盟国でも認め合うことによってこのような法の相違による商標の国際的保護が不十分にならないように本源国における登録をそのまま認めて登録しようとしたものであった。これはあくまで例外事例に条約上の保護を認めたものである。しかし、通常の登録の場合における商標独立の原則との関係が分かりにくくなっていたので、1958年のリスボン改正会議のときに商標独立の原則を6条3項に、テル・ケル条項を6条の5に規定するよう整理した。商標独立の原則は、正規に登録された商標の運命に関するものであることが文言上もより明白になった。

　工業所有権に関する属地主義は、工業所有権の成立、内容、効力、消滅等が属地法つまり権利付与法又は登録法によるという抵触法上の原則とその工業所有権の場所的効力が権利付与国又は登録国の領域内にのみ及ぶという実質法的原則が結合したものと考えられる。ところで、工業所有権独立の原則は、いったん成立し、取得された権利に関するものであるから、本源国で成立した権利をそのまま認めたとしても、その国で同一発明に関する特許権の運命をそれぞれ独立のものとすることができる限り、直ちに独立の原則に違反しているとはいえない。逆に、ある国が属地主義に従って特許権を付与しているとしても、その属地法上内国で取得された特許の運命を同一発明につき外国で取得された特許権の運命に従属させているとすれば、パリ条約上の特許独立の原則に違反することになる。したがって、属地主義の原則とパリ条約上の工業所有権独立の原則は、まったく別の意義を持つものであり、工業所有権の属地主義を独立の原則で根拠づけようとすることはできないことになる。

4　ベルヌ条約における自動的保護と保護の独立性

(1)　著作権の自動的保護の原則

　ベルヌ条約の基本原則として、先に述べた内国民待遇の原則のほか、自動的保護の原則とその保護の独立性が挙げられる（WIPO, Handbook, p.262ff.）。これら3つの原則は、相互に密接な関連を持っているが、ここでは一応分けて説明することにする。自動的承認の原則は、内国民待遇の原則のように1886年のベルヌ条約から存在した原則ではなく、1908年のベルリン改正会議のときに確立された原則である。そのような内国民待遇による著作権保護が著作物の本源国などの定める登録や寄託といったような方式に服すことなく自動的に認められることをいう。

　ベルヌ条約が成立した1886年においては、ほとんどの国の著作権法は、著作者が保護を受けるためには何らかの方式要件を満たすべきものとしていた。この要件の内容や性質についてはかなり異なっていた。ある国の法によると、著作物の複製を寄託することが要求され、他の国の法によると、著作物の登録、又は、宣言の作成が要求され、さらに、寄託と登録等の双方が要求された場合もあった。また、他の国ではこの要件が著作物の種類によって異なっていた。方式を欠く場合には、イギリス法のように公衆が自由に使えるものとする国もあったが、フランスのようにそのような方式を具備しなければ権利を行使することができないにとどまる国もあった。後者の考えは、著作権が自然法上の財産権とする見解を基礎として、方式を定めた国家法はすでに存在する権利を確認するだけであるとするフランスの見解に基づいていた。その見解を徹底して、ドイツ、ベルギー、オランダ、スイスのように、ペンネームで書かれた著作物や匿名の著作物のように発行が重要になる特段の事情がある場合を除いて方式を廃止した国もあった。いずれにしても、このような方式性を具備するためには、著作者は相当の費用と煩雑な手続を行わなければならなかった（Ricketson, Berne Convention, p.16f.）。

　このような著作権保護の要式性の要件が著作物の本源国法上の保護と絡んで、ベルヌ条約の規定も微妙に変化した。1884年に作成された草案によると、いずれかの同盟国の著作者の内国民待遇は、その著作物の本源国における権利の存在する間、本源国法より定められた方式と条件の履行に従う限り、認められ

るべきものとされていた。1885年の会議で権利の存在する間という文言は本源国の保護期間以上のものを含むように解釈される可能性があることが指摘され、本源国で認められた保護期間を超えることができないと修正された（原条約2条2項）。しかし、このような規定によると、著作権の侵害を訴える著作権者は、その著作物が本源国法によって全面的に保護されていることを証明しなければならなかった。外国法の証明というのは、特に制定法上の条文だけでなく判例などを含めて行わなければならない場合には、難しいことが多い。著作物の海賊行為が目に余るような場合でさえ、著作者はこの証明のために訴訟に長期間を要し、場合によっては敗訴の危険性を甘受しなければならなかった。これでは、同盟国の著作者に内国民待遇を与えることにより同盟内における著作権保護を達成しようとした条約の一般的目的とも適合しなかった（Ladas, Artistic Property, p.262ff.）。

　1908年のベルリン改正会議において、ドイツの代表は、これまでの状況を解決し、保護を促進するために、同盟における保護のための要件となる本源国法を完全に削除することを提案した。この提案は、保護には方式性が要求されないだけではなく、その著作物の保護の存在や保護期間のいかんに関わりなくしようと意図されたものであり、著作権の国際的保護を単純化するものであったが、受け入れられなかった。その当時の同盟国においては、著作権の保護期間に大きな相違があったのである。十分に長い保護期間を定める国からすれば、余りに短い保護期間しか認めない国によって不公平な不利益が維持されることが予想されたからであった。したがって、同盟国のいずれか一国にある著作者は、同盟のいずれかの国で最初に発行されたか否かを問わず、その著作物の本源国以外の同盟国でその国の法令が自国民に現在与えており又は将来与えることがある権利およびこの条約によって特に与えられる権利を享有するという規定（原条約2条1項の修正、ベルリン改正条約4条1項）とともに、そのような権利の享有および行使はどのような方式にも服さない、その享有および行使は著作物の本源国における保護の存在に関わらないとする規定（同改正条約4条2項1文、2文、現5条2項1文、2文）が入れられた。しかし、本源国において定められた保護期間を超えることができないとする規定が残された（同改正条約7条3項、現7条8項ただし書）。

　いずれにしても、このようにして、当時同盟国の国内法において要求されて

いた方式性の要件をベルヌ条約上明確に排除することによって、内国民待遇による著作権保護を方式条件に関わらせることなく自動的に与えることが規定されたのである。もっとも、現在でも各国の法律をみると、著作物の登録や寄託を定めている国は存在する。例えば、米国やスペインは著作物の登録を国内法上の著作権の保護要件としている。しかし、そのような国であっても、少なくともこれらの条約で保護されている者の著作物については。方式上の要件を要求することなく保護すべき条約上の義務を負っていることになる。

(2) 著作権保護の独立性

著作権保護の独立性とは、ベルヌ同盟国で付与された権利の享受および行使は著作物の本源国における保護の存在から独立しているものとする原則である。これも、1908年のベルリン改正条約で認められた原則である。すでに述べたように、1886年のベルヌ条約は、条約上の保護を受けるための条件として、「著作物の本源国の法令によって定められた条件および方式の履行」に従うことを定めていた（原条約2条2項）。そのため保護国法（ここでは、ウルマー教授の用語例とは異なり、その国において保護が要求される国の法、つまり法廷地法を意味するものとして使用する。もっとも、この時代には、外国の著作権侵害が内国の裁判所で問題になる場合に、国際裁判管轄権を否定する国がほとんどであったので、実際上区別する意義は必ずしもなかったといえよう）と本源国法の適用関係が問題となり、累積的に適用されると考えられた問題があったので、著作者の保護が十分でなくなるおそれが生じた。

ベルリン改正条約4条2項では、第1文で無方式性を定め、本源国における保護の存在と関わらないことを宣言した第2文に続けて、「したがって、保護の範囲および著作者の権利を保全するため著作者に保障される救済の方法は、この条約の規定によるほか、専ら、保護が要求される同盟国の法令の定めるところによる」と規定した。これは、著作物の本源国における最小限の承認が保護の範囲や救済方法についてなければ、著作物に関する権利は同盟で効力をもたないとする理論があったことを意識して挿入されたものである。つまり、著作物の本源国でそれが著作物として保護されていない場合でも、保護国で著作物として保護が認められていれば保護することを意味する。また、同盟国の著作者が利用することができる救済方法や保護の範囲についても、本源国におけ

る類似の救済方法の存在や類似の保護範囲の保障に関係なく、保護国法の定める規定によって定めることを明らかにしたのである（ベルリン改正条約4条2項3文、現5条2項3文）。各同盟国における著作物の保護の独立の原則は、国際法的観点から、内国民待遇の原則を徹底して、実務的に保護国法と本源国法の関係を整理したものに過ぎないともいえよう（Ladas, Artistic Property, p.266）。

この原則が適用される権利は、この条約が特に与える権利に広く適用されるべきものとして規定されているので、ベルリン改正条約上認められていた複製権や翻訳権等の著作者の経済的権利のみならず、その後の改正会議で認められた権利、例えば、1928年のローマ改正会議で認められた経済的権利と独立の性質を持つと考えられる著作者人格権（現6条の3）にも特別な規定がない限り適用されることになる。

著作権における独立の原則は、方式等の要件を必要とせず自動的に保護された権利の享受および行使に関わるものである。著作権については、その歴史的経緯からも明らかなように、著作物の本源国法との関係が残っている部分が存在する。この点については、例外が認められている。つまり、著作権の保護期間に関する「著作物の本源国において定められる保護期間を超えることができない」とする例外である（7条8項ただし書）。この例外が残った理由は先に述べたが、自動承認の原則とも絡み本源国法の適用が残った部分である。著作者人格権についても、著作者の死後少なくとも財産的権利が消滅するまで存続するとされていること（6条の2、2項）から、間接的であるが、同様の制限があることになる。本源国法と関連する部分については、内国民待遇の原則の例外のところですでに述べたが、著作権の独立の原則もあくまでいったん認められた権利に関する実質法上の原則であるので、ここではそれ以上触れないことにする。

[第8章]

知的財産権の保護を受けるための要件および手続

1 はじめに

　知的財産権の保護を受けるための要件および手続については、保護国法によるべきといわれている。保護国法というのはその領域について保護が求められる国の法をいう。これは、知的財産に関する属地主義の原則を基礎としてこれから保護国という連結概念を導き出し、これによって双方的な国際私法原則を明確化しようとして、ウルマー草案以来の理論的展開によって形成されてきた概念である。本章で扱う問題は、国際私法的にみれば、知的財産権自体の問題に含まれ、第10章の中で触れれば足りるものということもできる。
　しかし、この問題は、裁判によって紛争が解決される場合に生じるというよりは、特許権、商標権のような登録知的財産権に与えられる排他的な絶対的権利の性質上、所轄官庁における権利の付与・登録の場合に、出願人に課される要件や手続との関係で生じるものである。つまり、拒絶理由の有無の審査との関係でどのような発明、商標等について権利を請求する出願であるかを出願人に明らかにさせ、拒絶理由がないとして権利を付与・登録査定をする場合に、絶対的な権利が与えられる対象を特定し、それを公開することが必要になることから生じるものである。この問題は、従来各主権国家がその領域内における権利をその属地法により付与・登録することができるという意味での属地主義の原則との関係で論じられてきた。しかし、最近では国家間の合意による条約によって定められた方法における、とりわけパリ条約上の特別の取極によって国内出願手続と別に国際出願の手続が認められ、その範囲が広がっている。これは、登録知的財産権を取得しようとする者の便宜や審査・登録実務の国際的な効率化を配慮して認められたものである。その現状がどのようになっている

かを知っておくことは実際上重要である。

　他方で、著作権等は、思想又は感情の創作的表現を保護する排他的権利であるが、絶対権ではないといわれる。表現が同一又は類似していても他人の表現を模倣、複製していない場合には、侵害とならない性質の権利なのである。特許権等の登録知的財産権の保護対象が侵害されると、侵害者が独自にその知的財産を開発した場合であっても、侵害となる性質の権利であるという意味で絶対権といわれる。それに対し、著作権等は、他人の著作物等の模倣・複製がない限り権利の侵害とならないという意味で相対権といわれることがある。この意味における相対権については、敢えて登録やそれに基づく保護対象の公開を権利保護の必須要件とする必要が生じない。1886年のベルヌ条約は、当時著作権の保護を受けようとする場合に著作物を寄託し、登録を受けることを要件とする国が少なくなかったこともあり、本源国法の定める条件と手続に従うことを著作権の保護の要件とされていた。しかし、1908年のベルリン改正会議で改正された条約によれば、このような条件や手続に従う必要がないものとされた。したがって、著作権等についてはベルヌ条約上保護されるべき著作物等の完成とともにベルヌ条約の同盟国においていかなる方式も要求されることなく保護されることになる。もっとも、米国やスペインのように著作権の国内的保護のために登録を要求する国がある。これらの国もベルヌ条約の同盟国である限り、登録がなくても著作権を国際的に保護する義務を負っているので、登録を著作権等の国際的な保護要件とはしていない。しかし、実際上これらの国において著作権侵害訴訟を提起する必要が予想される場合には、模倣・複製等の侵害要件の証明が難しくなることなどもあって、登録しておく方がよいであろう。

2　連結点としての登録国と保護国

　知的財産権の属地主義の原則が知的財産に関する国際私法上の原則にどのような影響を与えるであろうか。従来、工業所有権であると著作権であるとを問わず、知的財産権の保護を受けるための要件および手続については、保護国法、つまり、その領域について保護が要求される国の法によるとする説が有力であり、最近の判例もこの考え方を採るものが多い。法適用通則法はこの点についてまったく規定していないのであるから、従来の議論がそのまま妥当する。も

っとも、保護国と解し、保護国を法廷地法と理解する見解もあるようであるが、少なくとも、ウルマー教授らのいう保護国法は、明確に法廷地法と区別されたものであり、むしろ知的財産権の侵害地や実施地・使用地と一致する概念なのである。日本においては、この点について明文の規定がないのであるから、準拠法を保護国法とする根拠について見解が分かれている。

　まず、条約上の規定に根拠を求める説がある。パリ条約2条、ベルヌ条約5条、万国著作権条約3条、TRIPs 3条などで認められている内国民待遇の原則から、保護国法の原則が理論的に当然に導かれるとする見解（桑田・国際消耗論55頁）である。この見解は、外国人法の実質法規定の場所的適用範囲に関する抵触規定と知的財産法の実質規定の場所的適用範囲を決定する国際私法規定が理論上当然に一致することを前提とし、外国人についても内国における保護が問題となる限り内国人と同様に内国法が適用されるという抵触規定が内国民待遇の原則に含まれており、したがって、この抵触規定が同時に知的財産に関する国際私法規定として妥当するとする見解である。これは、ドイツをはじめヨーロッパで有力な見解をそのまま日本に持ち込もうとするものである。この見解によると、TRIPs 2条1項、9条1項によってパリ条約やベルヌ条約の内国民待遇の原則はTRIPsに組み込まれ、WTO加盟国が遵守すべき規定になるから、保護国法主義を採らないWTO加盟国は、内国民待遇の原則に違反することになり、場合によってはWTOの紛争解決機関でこの点を追求されることになる。しかし、内国民待遇の原則の背後にあるのはあくまで初めから外国人の権利享有に向けられた実質法である外国人法に関する特殊な抵触規定であって、それが直ちに国内実質法の場所的抵触に関する国際私法原則として妥当するものということはできない。

　次に、工業所有権（最近では、「産業財産権」という用語が使われることが多い。本書もその用語例に従っているが、過去の条約や学説を引用する部分では、工業所有権という用語を使用する）については、パリ条約4条の2（特許）、および6条の3項（商標）で定められている工業所有権独立の原則に根拠を求めることができるとする見解である（清瀬一郎『特許法原理』（株式会社学術選書、1998年）615頁以下、紋谷暢男編『特許法50講〔第4版〕』（有斐閣、1997年）362頁［広部和也担当］）。これは、日本における工業所有権の実務界において有力な見解であった。清瀬博士は、特許独立の原則をコーラーと同様に一国一特許の原則と同視して、一

国における特許権はその法域においてのみ認められること、同一発明者が同一発明につき二国以上で特許を受けてもそれらの特許権は相互に何ら関係を有するものではないことを意味するものとみて、独立の原則から属地主義の原則を導こうとされる。この見解に対しては。清瀬博士の援用されるコーラーの教科書自体が1900年のブリュッセル改正会議で現在の4条の2が挿入され、また、1934年のロンドン改正会議で現在の6条3項が挿入される以前に書かれたものであり、現在の規定とそのいわゆる独立の原則の内容が同一でない点に注意すべきである。

条約そのものに根拠を求めることができないという立場からも学説はいくつかに分かれている。まず、物権の準拠法に関する法適用通則法13条に根拠を求める見解がある。これは、無体物を対象とする知的財産権について権利の性質が排他的支配権である点で類似するので、客体の所在地を擬制して、準拠法を定めようとするものであり、キューピー事件やダリ事件の控訴審判決にみられる見解である。物権との関連で所在地を擬制する見解はかつては国際私法の有力な学者たち、例えば、ドイツのヌスバウム（Arthur Nussbaum）やイギリスのヴォルフ（Martin Wolff）によって説かれたが、現在では支持者は少なく、客体の特性に着目した準拠法の決定が必要とみられている（木棚・研究75頁以下）。

次に、このような制定法上の根拠を求めることなく、利益衡量に根拠を求めて、ある知的財産の利用行為がその知的財産を侵害するかどうかにつき当該土地を統治する以外の国の法が適用されたのでは法律関係が錯綜し、判断に窮することになり、当該知的財産を十分に利用することができなくなるおそれがあるから、その地を統治する国の法によるとする見解がある（田村善之『機能的知的財産法の理論』（信山社、1996年）241頁）。法解釈の基礎には利益衡量があり、特に解釈が分かれる部分については、これを明示して判断の適否を検討することは重要である。

しかし、利益衡量だけで属地主義さらには保護国法の原則が説明できるかというとそうは思わないのである。パリ条約やベルヌ条約は、条約に規定がなく、かつ、同盟国がその法により明示的に他の国の法によることを定めていない限り、保護国法さらには属地主義によることを暗黙のうちに認めているとみるべきである。各国の主権論を基礎にした属地主義の原則からみれば、保護国法の内容は保護国が原則として自主的に決定することができるのであるが、条約上

の原則は保護国の自主的な実質法的決定を制約するものである。例えば、内国民待遇の原則は、同盟国の外国人法の内容を内外人平等になるように定めることを要求し、工業所有権独立の原則は、同盟国に自国の工業所有権を他国の工業所有権の運命に左右されることのないように規定することを同盟国に義務づけている。その意味では、これらの原則は属地主義を規定したというよりは、それを制限した規定とみるべきである。このような暗黙の前提を条約上の明文で基礎づけることは無理があるばかりではなく、時として妥当でない結論を導くことになる。WTO加盟国が国際私法上保護国法によらないことを定める場合に、これをパリ条約違反としてWTOの紛争解決機関に提訴できるという結論をとるとすれば、おそらく妥当性を欠くことになるであろう。

このように考えてくると、属地主義の原則は、そもそも国際私法上存在しないとする議論（例えば、出口耕自・判例紹介、コピーライト2003年1月30日号）にも言及しておかなければならないであろう。知的財産権に関する属地主義という用語は、曖昧な点を含み必ずしも明確ではない。これまでみてきたように、一方で、必ずしも実定法上明確に位置づけられていないこのような原則を知的財産権の特殊性を持ち出して過大に適用させようとするのは妥当ではない。他方で、発明等の無体物に排他的独占権を付与しようとするのであるから、その客体の特定が必要になるのであるが、これについては各国の産業上又は文化上の政策とも絡み利害が対立するだけに、これまでの国際的関係の現状からみて原則として、その国の領域につき知的財産の保護が問題となる国に客体を確認し、特定する権限を認めざるを得ないのであり、パリ条約やベルヌ条約等の知的財産権条約もこのことを暗黙の前提とせざるを得なかったのである。これまで前提としてきたこの原則に無批判に依存することは適切でないとしても、これを完全に捨て去ってそれに代わる安定的な原則を見出すことも困難である。現状では、属地主義の原則を現代的問題状況、例えばWTOのもとでの市場のグローバル化やデジタル技術の発展や公衆への伝達方法の多様化などを踏まえて批判的に見直すことにとどめておく必要があるであろう。

繰り返しになることをおそれず、もう一度整理しておきたい。まず、内国民待遇の原則は、あくまで外国人法上の原則に過ぎず、そこから導かれるのはせいぜい一方的抵触規定に過ぎず、そこから保護国法の原則のような双方的抵触規定を導くことは困難である。1878年のパリ会議でフランスの学者によって

本源国法によるという純粋に国際私法的な方法で世界特許を実現しようとする提案が否決された点から、おそらく沿革的に保護国法が条約上前提とされていたとして、内国民待遇の原則から保護国法の原則を導き出す説を擁護しようとする見解がある（Beier, GRUR Int.1983, Heft6/7, S.342）。しかし、この事実は、各同盟国の主権的決定を尊重するという現実的立場が採られ、保護国法の原則を暗黙の前提としたというにとどまり、内国民待遇の原則の中に保護国法の原則が含まれるとされる歴史的事実までを示すものではない。また、産業財産権独立の原則は、いったん成立した産業財産権が他国の産業財産権の運命によって影響を受けてはいけないとする実質法上の原則に過ぎず、保護国法の原則をそこに含むものではない。

　次に、国内法的に属地主義を基礎づけようとする見解についてみよう。確かに、沿革的にみれば知的財産権の問題を国際私法上物権の問題と位置づけられたことがあった。しかし、法例10条やそれを引き継いだ法適用通則法13条は、擬制的所在地を基礎とする動産不動産区別主義を克服して動産不動産統一主義を採るものであるから、有体物に関する物権をその現実的所在地法によろうとする規定とみるべきであって、無体物である知的財産にまで所在地を擬制して適用すべき規定と解釈されるべきではない。また、保護国法の原則は、伝統的知的財産権条約において沿革的に認められてきた知的財産の属地性を国際私法的に表現したものであるから、単に利益衡量のみでこれを基礎づけるのも妥当ではない。利益衡量はあくまで属地主義を合理的に解釈原理として採り入れるための方法のひとつに過ぎない。結局、伝統的知的財産権条約は、同盟国の自主的決定を尊重しながら、保護国法の原則、属地主義を同盟国がこれと異なる決定をしない限り認められる暗黙の前提として認めているとみるべきであろう。日本の国際私法の解釈としては、このような慣習的に認められてきた暗黙の前提を条理と認めて保護国法によるべきものとみるのが妥当であろう。

　このように解釈することによって、知的財産問題の一部について保護国法以外の法によるという規則を判例、学説、立法上発展させる理論的可能性を生じさせ、知的財産権に関する国際私法原則の調整・調和の試みにもより柔軟に対応することができると考える。国境を越えた知的財産権の成立をめぐる問題についても保護国法が適用されるとする見解が国際的にみても学説上有力であるといえる。ところが、最高裁平成14年9月26日の第一小法廷判決（民集56巻

7号1551頁）は、特許権侵害に関する事例であったこともあってか、「特許権の効力の準拠法に関しては、法例等に直接の定めがないから、条理に基づいて、当該特許権と最も密接な関係がある国である当該特許権が登録された国の法律によると解するのが相当である」とする。また、ALIの「知的財産：国境を越えた紛争における裁判管轄権、法選択および判決に適用される原則」301条（属地性）も、一定の例外的な場合を除き、「知的財産権の存立、有効性、保護期間、特性および侵害ならびにその侵害の救済を決定するために適用される法は、次のとおりである。(a)登録により生じる権利については、それぞれの登録国法(b)登録により生じないその他の権利については、その国について保護が求められるそれぞれの国の法」とし、特許のように登録により生じる権利については登録国法によるものとする。これは、保護国法の概念につき諸国で混乱や対立が生じることがあるので、より分かりやすい登録国という用語を使用したものと解される。

しかし、登録国という連結点は、登録があってはじめて確定されるものであり、登録があったかどうかは登録地法によって決定せざるを得ない性質のものである。つまり、領土法によって決定されるべき連結点であるから、現実的に生じる場合があるかどうかは検討を要すべきとしても、抽象的、理論的に考えれば、複数の登録国が生じる可能性が生じる性質を持つ。しかも、特許権のように登録によって生じる知的財産権については、登録前の出願に関する諸種の問題を含めて適用すべき法を決定する原則となる。そのような点を考えれば、登録国という連結点は、そのような国際私法原則においては適切なものではないように思われる。むしろ、その領域について保護が求められる国の法という意味における保護国法という概念を使った方が適切に原則を表現することができるように思われる。

3　保護国法が日本法になる場合

ところで、日本において先に述べた外国人法の適用により日本国民と同一の地位を認められた外国人が日本において特許その他の登録により生じる権利を取得しようとする場合に保護国法は日本法になる。逆に、日本人が外国で外国の特許権等登録により生じる権利を取得しようとする場合には、その外国の外国人法上の原則を適用してその外国での権利取得が認められる地位が与えられ

ているかどうかを調査し、そのような地位が与えられている場合には、保護国法としてのその国の法律に従っていかなる条件で、いかなる方法、手続により、どのような内容や効力を有する権利を取得するのかを確定する必要がある。

　まず、前者の場合、つまり、外国人が日本で登録により生じる権利を取得する場合について考えてみよう。この場合に適用される法は、保護国法としての日本法であることは明らかであるので、日本で産業財産権を取得するためには、日本の特許法、商標法等の産業財産権法に定める実体法的な要件を満たすとともに、日本法上定められた出願手続を行う必要がある。これらの問題に関するわが国の実質法については産業財産権法などの講義ですでに聞いているはずであるので、ここでは説明しない。日本の出願の前に例えば発明者の本国や居住地国に出願している場合にその国がパリ同盟国か、WTO加盟国か、又は、優先権を認めることを二国間で特約した国であれば、パリ条約上の優先権を主張することができる。わが国における優先権主張やその方式等については、特許法41条、42条、43条、43条の2、商標法9条の2、9条の3などに定めている。要するに、パリ同盟国又はWTO加盟国で正規の第一国出願をしたのと同一の発明等を対象とする産業財産権についてはパリ条約4条C、1項の定める優先期間内であれば、優先権を主張してわが国で出願することができ、それによって新規性等の判断の基準時を遡らせるなどの利益が生じるのである。その場合に、とりわけ、化学発明に関するときは、第一国出願の際の発明との実質的同一性を判断する際に、第二国の国内法上の要件を課すると優先権制度の利用が制限される場合が生じることになる。その例のひとつとして、ヘキスト事件・東京高裁昭和52年1月27日判決（昭43（行ケ）132号、審決取消事件、無体集9巻1号25頁）がある。

　東京高裁は、審決取消訴訟においてXの請求を棄却して次のように述べている。「第一出願の明細書には、実施例はもとより、実施例に代り得るもの、すなわち反応の実在を裏付け、作用効果を確認したと認められる記載を見出すことができない。」「産業上利用できる発明に対し独占的な権利を附与する法の性質上、特許附与の要件として発明が技術的見地からみて実施可能なこと、つまりは完成されていることを前提とすることはいうまでもない。」「優先権の基礎となる第一出願に対するわが国における審査としては、補正等の手段が許されようもないので、本件のように実施上の具体的な裏付けを欠き、少くとも発

明の開示が不十分であるか、それとも着想の段階にとどまつているか明かでない場合には、一括して未完成発明として取扱うことはあえて不当とはいえないと考える。」「したがつて第一出願の記載から発明が未完成であると認定した審決には何ら誤りはない。そうしてわが国における当該出願にかかる発明が完成された発明であり、優先権証明書添付の発明が未完成発明であれば両者は発明として同一性を有しないことは当事者間に争いがないから、審決が第一出願によつて完成された発明である第二出願に対して優先権の主張を認めなかつた判断に違法のかどはない。」

しかし、この判決のように、開示不十分と厳密に区別することなく、第一国出願の発明の完成、未完成を第二国の基準で判断するとすれば、出願人は、第一国出願における発明の明細書を後に出願が問題となるすべての国の開示要件を満たすように作成しなければならず、出願人に過度の負担を課し、場合によっては不可能を強いることになり兼ねない。その限りで優先権制度の意義を滅殺することになるおそれがある（木棚・研究62～63頁参照）。

4　特許出願におけるPCTルートとパリ・ルート

そのような国の出願が後に述べる特許協力条約（PCT）に基づく国際出願であると、その国で国際出願した日に原則として指定したPCTの全加盟国で出願したと同じ効果が得られるので、優先期間内に優先権主張をしてその国で出願する必要がなく、出願人が翻訳文を提出すべき期間がパリ条約上の優先期間より長く設定されている点で出願人に有利になっている。つまり、出願人は、日本の特許権を取得したい場合には、優先日から30ヵ月が経過するまでに日本の特許庁に出願書類の翻訳文を提出すれば足りる（PCT22条）。出願人は、その期間内に出願書類の翻訳文を提出し、必要な国内手数料を支払って日本の国内手続に移行しなければならない。出願人がこのような行為を期間内にしなかった場合には、国際出願の効果は、国内出願の取り下げと同一の効果を生じて、消滅する（PCT24条1項(iii)）。

次に、日本人が外国で特許その他の登録により生じる知的財産権を取得するために出願手続をする場合には、その外国が保護国になるから、その外国法の定める特許要件等の実体法的要件を満たし、その外国法の定める手続を行う必要がある。特許については、その外国がWTO加盟国であれば、TRIPs27条

以下である程度の調整が図られているので、特許要件はそう大きく異ならない。それでも、TRIPs自体が一定の幅を認める規定となっているので、例えば、特許の主観的要件については、通常日本法と同様に発明者又はその権利を承継した者がその要件を満たすものと認められるが、米国では真の発明者のみがその要件を満たすものとされ、発明者が死亡しているときは、遺言執行人又は遺産管理人が出願できる者になる。また、客観的要件については、通常日本法と同様、新規性、進歩性、産業上の利用可能性が要求されるが、米国では、進歩性に代えて非自明性、産業的利用可能性に代えて有用性が要求され、また、発明者が知っている当該発明を実施するための最良の形態を表示することを要求している。もっとも、同じ新規性、進歩性、産業上の利用可能性と規定したとしてもその国の立法、判例、先例などで日本法と異なって解釈されている可能性もあるので、その点の調査が必要になるであろう。さらに、特許の消極的要件として、わが国の特許法32条は、公の秩序、善良の風俗又は公衆の衛生を害するおそれのある発明を挙げているが、TRIPs27条3項は、人又は動物の治療のための診療方法、治療方法および外科的方法（a号）と微生物以外の動植物ならびに非生物学的方法および微生物学的方法以外の方法の動植物の生産のための本質的に生物学的方法（b号）を挙げているので、開発途上国ではa号、b号に従って特許方法から明示的に除外する国が多く、EU諸国ではb号に従って特許対象からの除外をしている。

　日本での出願が日本の国内出願であるか、PCTに基づく国際出願であるかによってその外国の手続に異なる点が生じることにも注意しなければならない。日本においてPCTによる国際出願をする際に他の外国での出願に基づく優先権主張をして出願することもできる（PCT8条）。しかし、日本での国際出願をした場合には、PCT加入国であるその外国においては優先権主張をしなくとも、住所又は国籍の理由で出願人が日本で国際出願する資格を明らかに欠いている者でないこと、国際出願が所定の言語で作成されていることなど一定の要件を満たす限り、日本における出願日にその外国で出願されたと同一の効果が生じることになる（PCT11条1項）。もっとも、その外国における国内手続への移行に必要な行為、とりわけ、出願書類の翻訳の提出等を優先日から30ヵ月以内に出願人がしなければ、国際出願の効果は消滅する（PCT24条1項）。日本の国際出願が他の外国の出願に基づく優先権主張による場合には、さらに、パ

リ条約の規定により新規性の判断基準時の遡及や先使用権の発生阻止などの優先日への遡及の利益が認められる。このように PCT に基づく国際出願をする方法は PCT ルートとよばれる。

それに対して、日本の出願が日本の国内出願であり、かつ、その外国がパリ同盟国、WTO 加盟国又はパリ条約上の優先権の特約国であれば、その国でパリ条約 4 条 C、1 項に定める優先期間内にパリ条約 4 条 D に定めるように優先権を主張して出願する必要がある。優先権主張の方式等パリ条約で定める条件の枠内でより詳細な規定がその外国の国内法上おかれていることがあるので注意が必要である。このようにパリ条約上の優先権を主張して各同盟国又はそれと同視される国の国内出願を行う方法はパリ・ルートとよばれる。

パリ・ルートによると、特許および実用新案については 12 ヵ月、意匠および商標については 6 ヵ月という優先期間内に各国に出願して優先権を主張する必要がある。PCT ルートによれば、そのような制約は緩和され、優先日から 30 ヵ月以内に出願書類の翻訳を提出するなどの当該国への国内移行手続をすれば、出願日は確保される。また、その外国の特許制度の運用体制が十分でない国である場合などには、国際調査機関（PCT 16 条）による調査を受けて、先行技術についての調査報告（PCT 18 条）を利用し、また、国際予備審査機関（PCT 32 条）による国際予備審査を請求し（PCT 32 条）、より迅速で的確な判断を促すこともできる点もあり、出願人に有利な点がある。近年 PCT ルートによる出願が増加しているのもそのような点と関連するであろう。しかし、他方では、PCT による国際出願については、WIPO の国際事務局は、PCT 29 条、30 条などの規定に従い、国際公開を行い、特許情報提供業務を行うので（PCT 50 条）、出願に係る技術情報が PCT 加盟国でも特許権の実効的行使が十分に保障されない国やみなし全加盟国指定制度があったとしても、現実に特許を取得しない国が生じるから、そのような国で権利者の許諾なく実施され、特許に係わる製品が国際市場に流出する危険性が潜むことが PCT ルートのデメリットとして指摘されている。

5　標章の国際登録に関するマドリッド協定の 1989 年の議定書による国際登録

パリ条約第 2 回改正会議でつくられた 1891 年のマドリッド協定は、本国で登録された標章をそのまま国際登録するものであり、主として無審査国を対象

にし、使用言語がフランス語に限られるなど、日本のような審査国からは加盟できない点を含み、これによる国際登録もそれほど多く行われてはいなかった。そこで、審査国も加盟しやすいように内容を改正して、従来の協定の欠点をできる限り修正してつくられたのが1989年の標章の国際登録に関するマドリッド協定議定書である。この議定書は、独立の条約としての性質を持ち、1995年12月1日から発効している。日本は1999年にこれに加盟することにし、施行法を公布し（平成11年法律第41号第7章の2、68条の2～68条の39）、2000年3月14日から日本でも発効している。日本はこの議定書で認められている3つの宣言をしている。①拒絶通知通報期間を18ヵ月以内とする。②指定国として個別手数料を徴収する。③国際登録簿への使用許諾の記載は日本にはその効力を及ぼさない。

　本議定書による日本における国際登録は次のように行われる。①国際出願は、締約国の出願又は登録を基礎として（このような基礎出願又は基礎登録をした国を「本国」という）、本国官庁を通じて議定書の定めに従って必要事項を英語で記載し、WIPOの国際事務局に行う（議定書2条2項）。②国際事務局は、その国際出願された標章を国際登録簿に登録し、領域指定が行われた国（以下、「指定国」という）に遅滞なく通報し、定期的に発行する公報に掲載する（同3条4項）。なお、この指定国は国際登録の後に追加的にすることもでき、この指定は国際登録簿に記載された日から効力を生じる（同3条の3、2項）。③指定国官庁は、パリ条約上援用可能であり、かつ、その国の法によって拒絶理由があると判断した場合には、②の通知の時から1年～18ヵ月以内（わが国は18ヵ月とする宣言をしているが、このような宣言をしていない国は1年）にその拒絶理由（以下、「暫定的拒絶理由」という）を国際事務局に通報する（同5条2項(a)(b)）。この期間内に通報しなかった場合には国際登録の日からその指定国で登録されていたと同一の効力を有する（同5条5項）。④国際事務局は、国際登録名義人に拒絶の通報の写しを遅滞なく送付し、暫定的拒絶理由を求めに応じすべての利害関係人に通報する（同5条3項、4項）。この拒絶理由が解消された場合には、暫定的拒絶理由が撤回されたものとみなされ、その指定国における保護が認められる。⑤国際登録の基礎となる本国の出願又は登録が、国際出願の登録日から5年以内に取下げ、放棄、拒絶、無効等により抹消等されたときは、国際登録は取り消される（同6条3項）。⑥国際登録が取り消された場合には、その登録の名義人は、

各指定国の国内登録に変更することができ、当該国際登録の名義人が優先権を有していたときは同一の優先権を有するものとする（同9条の5）。⑦国際登録の存続期間は、国際登録日より10年間である。10年ごとに国際事務局への更新申請により更新することができる（同6条1項）。割増手数料の支払いにより6ヵ月の猶予期間が存続期間の更新について認められる（同7条4項）。⑧国際出願の願書は、特許庁およびWIPOのホームページからダウンロードすることができる。⑨国際出願および国際登録更新については、議定書に定める手数料の額をスイスフランで国際事務局に送金する必要がある（議定書8条）。予め宣言をした締約国を指定する場合には、そのほかに個別手数料が必要であり、わが国を指定国とする場合には、国内出願の印紙代相当額を納付する必要がある。

　本国の官庁を通じてのひとつの国際出願で複数の締約国に登録の効力を生じさせることができる。国際登録の更新や商標権の移転、名称変更を国際事務局に直接することができる。

　そのために次のメリットがあるといわれている、①各国への国内出願をしなくてもよいため、各国の代理人を指定する必要がなくなり、費用が節約できる。②国際登録により権利の管理が簡素化される。③拒絶通報期間が1年ないし18ヵ月に制限されているので、迅速な審査が期待できる。④出願時に指定しなかった締約国を事後的に指定することができるので、保護地域の拡大が容易である。

　それに対して、次のようなデメリットがあるといわれている。①国際登録の5年以内であれば、第三者による本国の登録に対する無効審判や不使用取消審判などのいわゆるセントラルアタックが可能となる。本国の登録が消滅すると国際登録も抹消されるので、不安定な立場に置かれる。セントラルアタックが生じれば、それに対抗するための費用が必要になる。②指定国の暫定的拒絶理由通報に対抗するために、原則として各指定国における代理人の選任が必要となるので、そのための費用が必要になる。

　①のデメリットを克服するために、2014年10月のワーキンググループでは基礎出願、基礎登録を廃止することが検討している。しかし、この点については未だ結論を得ていない。

6 意匠の国際登録に関するハーグ協定ジュネーブ改正協定による国際登録

　1925年のパリ条約第5回改正会議の折に意匠の国際登録に関するハーグ条約がパリ条約上の締約国間の「特別の取極」として成立している。意匠についてはヨーロッパの多くの国はコピーライト・アプローチを採っているので、意匠の寄託により登録が認められる。それに対し、米国、日本、イギリスは、登録拒絶理由があるかどうかを審査したうえで登録を認める、パテント・アプローチを採っている。このハーグ条約は、コピーライト・アプローチを採るヨーロッパ大陸諸国において意匠のWIPO事務局への国際寄託を認めようとするものであった。その後、パテント・アプローチを採る国も参加しやすくなるようにWIPOで検討が重ねられ、1999年の意匠の国際登録に関するジュネーブ改正協定が成立した。この改正協定の締約国は、2017年11月30日現在53ヵ国である。

　わが国は2015年5月13日にこの改正協定の締約国となり、それに伴って意匠法第6章の2にジュネーブ改正協定に基づく特例を認めるよう改正した（60条の3～60条の23）。この協定においては、WIPO事務局への直接の国際登録出願のほか、締約国の官庁を通じての間接の国際登録出願も認められている（改正協定4条1項）。締約国である本国における出願を基礎として複数の国への一括した意匠出願が可能になった。この協定によって国際登録され、国際公表されたものについては国際登録日にわが国に意匠登録出願がされたものとみなされる。国際公表が保護の前提となるので、秘密意匠（意匠法14条）の規定は適用されない（意匠法60条の9）。しかし、国際事務局の発行する出版物に掲載される期間を30ヵ月まで延期することができるものとされている（改正協定規則16条1項、しかし、米国、ロシア、ポーランド、ハンガリーなど公表延期を認めないことを宣言している締約国がある）。指定国が意匠保護を拒絶する場合の通知期間は、宣言をしている国については、12ヵ月に延長されている（規則18条1項(b)、日本、米国、ロシア、韓国、スペインなどはこの宣告をしている）。国際登録出願された意匠が設定登録前に国際公表されることによって模倣被害を受けることを防止するために、国際意匠登録出願に関わる意匠を記載した書面により警告した場合又は国際意匠登録出願に係る意匠であることを知りながらその意匠を実施した者に対しては、補償金請求権が認められる（意匠法60条の12）。国際意匠出願は、

基礎とした国際出願が消滅したときは取り下げられたものとみなされ（意匠法60条の14、1項）、それを基礎とした意匠権も消滅したものとみなされる（同条2項）。

7　登録によらないで生じる権利

　それでは、登録によらないで生じる権利、例えば、著作権、著作隣接権、コモン・ロー上の商標権、パブリシティの権利などの成立についても、保護国法によって決定すべきことになる。各国の著作権法も19世紀までは方式主義を採るものが多かった。わが国の最初の著作権に関する法令である版権条例（明治20年勅令77号）等も、料金や見本を添付して内務省で登録を受け、「版権所有」の表示を必要なものとしていた。1908年のベルヌ条約のベルリン改正会議で無方式主義が採られて以来、無方式主義を採る国が多くなり、それが世界の立法の大勢となっている。問題となる保護国がベルヌ条約加盟国か、WTO加盟国又はWIPO著作権条約加入国であれば、無方式で一定の要件を具備した著作物を保護している。しかし、その外国がそのような国に該当せず、万国著作権条約のみに加入する国であれば、総論の該当箇所で述べたように、ⓒ最初の発行年月日、著作権者名を著作物に記載する必要がある。現在でも万国著作権条約にのみ加入する国が10ヵ国ほどあるといわれているので、このような国で著作権法上の保護を受けるためにこの簡易化された表示が著作物に付けられることが多いのである。

　しかし、いずれにせよ、これらの権利については、権利の成立には登録を要さないのであるから、たとえ国内的には著作権の登録制度があり、権利の証明や対抗要件その他の一定の効力を取得するためにそれらが利用されることがあったとしても、出願が権利の成立の要件にはならないのである。わが国にも著作者や著作物に関する登録制度が存在する。無名又は変名で公表された著作物の著作者の実名の登録（著作権法75条）、著作権者又は無名もしくは変名の著作物の発行者による第一発行年月日の登録（著作権法76条）、プログラム著作物の創作年月日の登録（著作権法76条の2）があり、これらは登録事項につき真実であるという推定の効果を持つ。そのほかに、著作権の移転又は処分の制限、著作権を目的とする質権の設定、移転、変更、消滅又は処分の制限の登録手続の必要があり（著作権法78条）、この場合の登録は第三者への対抗要件で

ある（著作権法 77 条）。

　外国人法により日本でその著作物を保護されるべき地位を有する外国人が、日本におけるこれらの権利を取得するためには、その著作物が著作物性を有するかどうか、その者が著作権者と認められるかどうかなどの日本法上の要件を満たす必要がある。逆に、日本の著作権者がある外国で著作権者として認められるかどうかについては、保護国法であるその外国の外国人法によって保護されるべき地位が与えられ、かつ、保護国法であるその外国の法律によってその者が著作権者として保護されるかどうかを調査する必要がある。その外国がどのような著作権に関する条約（TRIPs を含む）に加入しているか、それらの条約の国内法的効力をどのように考えているかなども重要な考慮要因になるであろう。例えば、米国では、その多数説によるとベルヌ条約について 36 条 1 項および 2 項で締約国が必要な措置をとることを予定していることなどを理由に、自己執行性を持つ条約と解されておらず（Goldstein, International Copyright, p.15, 特に notes19）、イギリスやカナダなどでは、二元説が採られ国内立法がない限り条約は国内法の効力を持たないと考えられているから、これらの国では日本で自己執行的と考えられているベルヌ条約等の規定を含めて国内法を調査する必要が生じる。また、そのような権利を行使する場合には、保護国法によれば、保護の対象となる著作物、例えば、レコードが著作権で保護されているのか、著作隣接権で保護されているのかなども確かめ、保護期間を確認しておくことも重要である。現地の弁護士等との連携を取り方針を決定する必要がある。

[第 9 章]

知的財産訴訟に関する国際裁判管轄権の原則

1　民事訴訟法における国際裁判管轄権の規定（第 1 編総則第 2 章裁判所第 1 節日本の裁判所の管轄権）の制定

　国際裁判管轄の規則は、従来民事訴訟法に規定されておらず、判例によって形成されてきた（木棚・国際知的財産法 214 〜 217 頁参照）。しかし、最近のグローバル化の進展や人の交流の拡大、通信機器の発展などを考慮すると、国際裁判管轄権に関する規定が民事訴訟法の中に明文上挿入されるのが望ましい。司法制度改革審議会は、平成 13 年度 6 月の意見書において「経済活動のグローバル化や国境を越えた電子商取引の急速な拡大に伴い、国際的な民事紛争を迅速に解決することが極めて重要になっている」と指摘し、国際裁判管轄に関する規定の整備を求めた。平成 20 年の法制審議会総会で「経済取引の国際化等に対処する観点から国際裁判管轄を規律するための法整備を行う必要があると思われるので、その要綱を示されたい」との諮問（諮問第 86 号）があった。この諮問に基づいて「国際裁判管轄法制部会」が設置され、財産上の訴えおよび保全命令事件の管轄権が審議された。この審議の結果が中間報告として公表され、これに寄せられたパブリックコメントを考慮して、法制審議会部会は平成 22 年 2 月に「国際裁判管轄法制の整備に関する要綱」を答申し、これに基づいて法律案が作成された。「民事訴訟法および民事保全法の一部を改正する法律案」が平成 22 年 2 月に国会に提出され、平成 23 年（2011 年）4 月 28 日に原案どおり可決され、国会を通過した。この法律は、同年 5 月 2 日に平成 23 年法律第 36 号として公布され、平成 24 年（2012 年）4 月 1 日より施行されている。これにより民事訴訟法第 1 編第 2 章第 1 節に新たに「日本の裁判所の管轄権」が設けられ、3 条の 2 から 3 条の 12 に国際裁判管轄権の規定が挿入された。

これらの規定は、合意管轄に関する3条の7の規定を除き、日本の裁判所の管轄権を定めた一方的な規定の形式を採っているので、外国判決の承認要件としての国際裁判管轄権についてどのように解するかは解釈に委ねられている。
　知的財産権に関する訴えも人に対する訴えについては被告の住所等による裁判管轄権が原則として認められる（3条の2）。つまり、日本の裁判所が裁判管轄権を持つのは、被告の住所が日本国内にあるとき、住所がない場合又は住所が知れない場合にはその居所が日本国内にあるとき、居所がない場合又は居所が知れない場合には訴えの提起前に日本国内に住所を有したとき（日本国内に最後の住所を有していた後に外国に住所を有していたときを除く）である。国内の裁判籍に関する4条2項と比較すると、括弧内に日本の最後の住所の後に外国で住所を有していたときを除くものとし、日本の裁判所の裁判管轄権を認める範囲を制限している点に特徴がある。これは、逆推知説によると、一度日本に住所を有すると、その後外国に住所を有し、日本とまったく関係ない生活をしている者にも裁判管轄権が生じてしまうという学説上の批判を考慮したのである。法人に対する訴えについては、主たる事務所又は営業所が日本国内にあるとき、事務所や営業所がない場合又はその事務所の所在地が知れない場合には代表者その他の主たる業務担当者の住所が日本にあるときに、日本の裁判所の裁判管轄権が認められる（3条の2第3項）。この点は国内裁判籍に関する4条4項、5項と内容的に変わっていない。
　しかし、知的財産権のうち設定の登録により発生するもの（以下、「登録知的財産権」と略す）の存否又は効力に関する訴えの管轄権は、その登録が日本においてされたものであるときは、日本の裁判所に専属する（3条の5第3項）。この場合には、被告の住所等による管轄権（3条の2）、併合請求における管轄権（3条の6）、管轄権の合意による管轄権（3条の7）、応訴による管轄権（3条の8）、特段の事情による訴えの却下（3条の9）等の規定は適用されない。つまり、日本における設定の登録によって発生する特許権、実用新案権、意匠権、商標権、育成者権等の登録知的財産権の「存否又は効力」についての訴えは日本の裁判所の専属管轄に服する。
　設定登録を必要としない著作権についてはこの規定が適用されない。米国やスペインのように著作権についても国内的には登録を権利の成立要件とする国がある。しかし、ベルヌ条約のベルリン改正条約によって自動承認の原則が採

用されているから（現条約5条2項1文、2文および本書第7章4(1)参照）、この条約の規定との関連で国際的には設定登録により発生する権利とは考えられないからである。また、知的財産権の「存否又は効力」に関する訴えが対象とされているので、特許を受ける権利の帰属に関する訴えはこれに含まれてはいないと解される。

2　被告が民事訴訟法3条の2の定める日本国内に住所等を有する場合における外国の登録知的財産権に関する侵害訴訟および実施・使用契約に関する訴訟の裁判管轄権

　登録知的財産権の侵害に関する訴訟および契約に関する訴訟についても「存否又は効力」に含まれないとすれば、3条の5、3項の日本の裁判所の専属的管轄権が認められないと解することになるであろう。外国の登録知的財産権の侵害訴訟および契約に関する訴訟についてわが国の裁判所が裁判管轄権を有するかどうかについても、この規定を素直に反対解釈するとすれば、外国の裁判所に専属的管轄権が認められないことになるので、被告の住所等が日本にある場合（民事訴訟法3条の2、1項および3項参照）には、日本の裁判所の裁判管轄権を肯定してよいことになるであろう。

　しかし、これと異なる見解も成り立ち得ることもあるので、以下より詳しく述べる。ところで、このような産業財産権自体の存否や効力を争う訴訟における国際裁判管轄権について登録国への専属的管轄の根拠とされるのは産業財産権の属地主義の原則である。この点については、日本の判例が当然の前提とされてきただけではなく、日本の学説においても支持されてきた。また、特許権、商標権等の産業財産権のうち登録を発生要件とする権利自体の成否や有効・無効をめぐる紛争を登録国の専属管轄とする見解は、民事および商事事件に関する裁判管轄権および裁判の承認に関するブリュッセル・ルガノ条約16条4項や1999年10月のハーグ国際私法会議特別委員会の民事および商事事件に関する裁判管轄および外国判決についての準備草案12条4項でも前提とされているところである。これは、不動産物権に関する専属管轄と類似した要請、すなわち、絶対的支配権に対する権利関係の明確化の要請に基づくものとみることができる。もっとも、それだけではなく知的財産権のユビキタス性にも関係して、無体物である発明や標章等に絶対的支配権を認めるためには、特別の条約がない限り、国家の機関による客体の特定が必要になり、その特定の効果は特

定した機関の所属する国家の領土内のみに及ぶこととも関連する。

　登録知的財産権のこの特徴を強調して、登録国にしか権利が及ばないのであるから、登録国外で侵害することはできず、侵害訴訟は必然的に登録国の専属管轄になるとする見解が生じる余地がある。このように知的財産権の侵害をその知的財産権の「効力」に絡むものとみると、登録知的財産権の侵害訴訟を常に登録国で提起しなければならないので、救済を受けることが難しい場合が生じ、登録知的財産権の保護を弱体化するおそれが生じる。

　わが国では外国の登録知的財産権の侵害訴訟等を登録国である外国の裁判所に専属すると解する見解はほとんど見られない。もっとも、これらの訴訟において差止請求権の存否が争われたカードリーダー事件（FM信号復調装置事件ともいう）において、最高裁平成14年9月26日第一小法廷判決（民集56巻7号1551頁）は、準拠法に関する部分においてであるが、差止請求権を特許権の効力と法性決定している。しかし、これは、外国の登録知的財産権の侵害訴訟の裁判管轄権が日本にあることを前提に準拠法について述べられたものであって、侵害訴訟の国際裁判管轄のところにこのような法性決定を持ち込むべきではない。サンゴ化石粉体事件に関する東京地裁平成15年10月16日判決（判タ1151号109頁）は、この差止請求権に関する判断が「訴訟当事者間においてのみ効力を有する者に過ぎな」いことを挙げて、「登録国以外の国の国際裁判管轄権を否定する理由となるものではな」い、としている。この判決は、登録知的財産権の差止請求権不存在確認訴訟に関する国際裁判管轄権が属地主義原則により影響されることがないように配慮したものとして注目される。

　このように被告の住所等が日本にあることによる裁判管轄権が肯定される場合にも、事案の性質、応訴による被告の負担の程度、証拠の所在地その他の事情を考慮して、日本の裁判所が審理および裁判をすることが当事者間の衡平を害し、又は適正かつ迅速な審理の実現を妨げることとなる特別の事情があると認めるときは、その訴えの全部又は一部を却下することができると規定されている（民事訴訟法3条の9）。これは、従来の判例上形成されてきた特段の事情論（最高裁昭和56年10月16日第二小法廷判決（民集35巻7号1224頁、マレーシア航空事件）、最高裁平成9年11月11日第三小法廷判決（民集51巻10号4055頁、ドイツ車買付預託金返還請求事件）等）をあくまで第二段階の判断基準であることを明示し、考慮すべき事情をできる限り具体的に明示して採り入れた規定で

ある。注意すべきは、外国の登録知的財産権に関する侵害や契約違反が争点となるであろうことのみを理由にして「特別の事情」があるとして訴えを却下してはならないことである。

とりわけ知的財産権に関する契約に関する契約との関係で問題となるのは、契約に専属的な国際裁判管轄合意を定める条項がある場合に関する。これに関連して最高裁昭和50年11月28日第三小法廷判決（民集29巻10号1554頁）がある。この事件は、船荷証券の裏面約款としての裁判管轄約款の効力が問題になった事例であるので、事例を離れてどこまでの射程距離が認められるかについては、議論の余地がある部分が含まれている。しかし、その「管轄合意がはなはだしく不合理で公序法に違反するとき等の場合は格別、原則として有効と認めるべき」ことになるであろう。この判例によれば、当事者の経済的地位や交渉力の極端な相違によって一方の当事者に不当な法廷地を押し付けるような、法が黙認すれば公序に反する結果となるような場合でなければ、一定の要件のもとで国際裁判管轄について管轄合意の効力を認めようとするものである。

当事者は一定の法律関係に基づく訴えに限り、かつ書面によっていずれかの国の裁判所に管轄権を専属することを合意できる（民事訴訟法3条の7、1項、2項）。このような合意は、少なくとも当事者の一方が作成した書面に特定国の裁判所が明示的に指定され、合意の存在と内容が明白であれば足り、申込と承諾が両当事者の署名のある書面による必要はない。合意には専属的な場合と付加的な場合がある。立法上そのいずれを原則とするかを規定することも検討された。しかし、それに関する規定は置かれておらず、合意に至る諸事情を考慮して当事者の意思解釈の問題として解決されている。外国の裁判所の専属的管轄合意があると解される場合には、被告の住所等が日本にあっても、その合意が公序に反するような内容を含んでいない限り、日本の裁判所の訴えは却下される（東京地裁平成27年3月27日判決（判タ1421号238頁）等参照）。

3　被告が民事訴訟法3条の2に定める日本国内に住所等を有しない場合における外国の登録知的財産権の侵害訴訟および実施・使用契約に関する訴訟の裁判管轄権

この場合には各事件類型に応じた特別の管轄基礎が必要になる。とりわけ、民事訴訟法3条の3に定める管轄基礎が日本の裁判所の裁判管轄権を認めるために必要になる。

まず、侵害訴訟については、同条8号の定める不法行為に関する管轄基礎が問題になる。この規定によると、「不法行為があった地が日本国内にあるとき」に日本の裁判所の裁判管轄権を認めるけれども、括弧書きで「外国で行われた加害行為の結果が日本国内で発生した場合において、日本国内におけるその結果の発生が通常予見することができないものであったときを除く」とする除外規定を入れている。これは、従来不法行為の原因である行為が行われた地の他にその結果が発生した地を含むとしてきた従来の通説、判例を前提として、除外条項を明文化したものである。この場合の結果発生地は直接的損害の発生地を意味し、弁護士費用の発生のような派生的な経済的損害の発生地を含むのもではないと解されている。

　もっとも、知的財産権の属地主義を厳格に解するとすれば、知的財産権の効力が及ぶのはその成立を認めた国の領域に限られるから、その国の領域内で知的財産侵害の原因となるあらゆる行為が行われなければ、侵害があったといえないことになり、不法行為の原因となった行為が行われた地とその結果発生地は実際上一致することになる。しかし、このような極端な見解はあまりに概念的であり、現実の社会的要請と乖離するので支持されてはいない。とはいえ、これまでの知的財産権侵害訴訟の国際裁判管轄権に関する判例を見ると、問題となる知的財産権の性質との関係があるから一概にいえないけれども、結果発生地のみに着眼したものは多くなく、不法行為の一部が日本国内で行われたか、そのような行為が日本に向けられていることを要件としているように思われる。

　そこで、不法行為地が日本にあるというためには、原告がどのような事実をどの程度証明すべきかが問題になる。かつての多数説や判例は、不法行為の要件事実の証明が必要であるが、一応の証明があれば足りるとしていた。ここでの一応の証明というのは、自由証明による心証形成によって得られた一応の確信とか、実体審理を必要とする程度の証明と説明されてきたが、その程度は曖昧であり、必ずしも明確ではなかった。最高裁平成13年6月8日第二小法廷判決（民集55巻4号727頁）は、いわゆるウルトラマン事件上告審判決において、「原則として、被告がわが国においてした行為により原告の法益について損害が生じたとの客観的事実関係が証明されれば足りると解するのが相当である。けだし、この事実関係が存在するなら、通常、被告を本案につき応訴させることに合理的理由があり、国際社会における裁判機能の分配の観点からみても、

わが国の裁判権の行使を正当とするに十分な法的関連があるということができるからである。」として、証明を必要とする事実を違法性阻却事由に当たる主観的事実を除き、客観的事実に絞ったうえで、「被告が本件警告書をわが国内において宛先各社に到達させたことにより原告の業務が妨害されたとの客観的事実は明らかである。」とした。これは、裁判管轄の基礎としての事実の証明について従来の一応の証明説によることなく、証明すべき事実を絞ったうえで、わが国に向けられた被告の行為があり、それによって何らかの業務上の損害の結果が発生したという客観的事実の証明があれば足りるとしたものである。要するに、原告の被侵害利益の存在、その利益に関する被告の行為、損害の発生、行為と損害の因果関係の証明があれば足り、被告の故意過失、行為の違法性、相当因果関係、損害額の特定などは必要がないものとされた。

　特許権の移転登録請求について、被告となった会社に従業員として勤務していたときにした発明に関する日本および米国の特許をその取消しを求める会社に侵害されたとして、その会社に対して特許の移転請求（返還請求）、謝罪広告を求める事案が問題になった。東京地裁平成15年8月26日判決（平15（ワ）14128号）は、この事案において、原告の米国特許権の移転登録請求に関し、「米国特許権の登録に係る訴えは、専ら同国における特許権の帰属の問題であって、我が国の裁判所の国際裁判管轄権を認める余地はない」とした。これは、特許権の移転登録請求が登録国の専属管轄に服すべきことを当然の前提として、わが国の国際裁判管轄権を否定したものである。名古屋高裁平成25年5月17日判決は、日本法人Yが日本を含む複数国で登録を受けている特許権および特許出願につき韓国法人Xへ移転登録ないし出願人名義変更手続をする合意をしておきながらXの求めに応じなかったので、ソウル高裁でXの請求を全部認容する確定判決を得て名古屋地裁豊橋支部でその執行判決を求めたが棄却されたので控訴した事案に関し、Yの特許権のXへ移転登録を求めた部分については、日本の裁判所に専属するとして、請求を棄却した。その理由として、①特許権の登録は権利関係の公示を目的とした公益性の高い公示制度と不可分の関係にあること、②外国判決を得るより登録国の裁判所が迅速かつ適正に判断できること、③外国判決を得てもわが国の裁判所の執行判決が別途必要となるなど手続が迂遠となることを挙げている。しかし、学説上は反対も強い。①については、このような特許権紛争が私人間のものであり、当事者間で移転の

合意を無効にするほどの公益性が認められないと反論できる。②についても、登録国以外の裁判所で判断するのに特別な困難がない。③当事者が任意にこの外国判決に従う場合に妥当せず、迂遠ということでは根拠とならない。しかし、民事訴訟法3条の5、2項はこの点につき専属管轄とするよう規定する。今後立法論を含めてより検討が深められるべき問題である。

　他方、米国特許権に基づく差止請求権不存在確認請求事件において、東京地裁平成15年10月16日判決（平14（ワ）1943号、サンゴ化石粉体事件、上訴されず確定）は、特段の事情論に基づきわが国の裁判管轄権を肯定した。つまり、特許権の属地主義につき特許製品の並行輸入に関するBBS事件における最高裁の定義を引用して「特許権の実体法上の効果に関するものであって」国際裁判管轄権に関するものではないとして特許権の属地主義を根拠とした被告の普通裁判籍がわが国に存在し、かつ、わが国において裁判を行うことが当事者間の公平、裁判の適正・迅速の理念に反するような特段の事情も存しないとした。この判決は、特許権の成立を否定し、特許権を無効とすることを求める訴訟が登録国の専属管轄に属するものであることを当然の前提としている点では変わらない。ただ、差止請求訴訟において特許無効の抗弁を主張して争うことを許容したとしても、この場合における特許無効の判断は、訴訟当事者間で効力を生じるに過ぎず、対世的効力を有するものではない。したがって、このような抗弁を許容することは、特許権を無効とすることが登録国の専属管轄に服する事項であることと矛盾しない。この判決には、属地主義を理由にした国際裁判管轄権の制限をできる限り少なくしようとする配慮がみられる。

　産業財産権侵害訴訟における権利無効の抗弁が可能かどうかについては、裁判管轄権の問題というよりは実体的な準拠法の問題である。日本において以前は、特許庁における無効審判を経なければならず、裁判所は侵害訴訟において先決問題として特許権の無効を判断することができないから、特許権無効の抗弁を主張できないとする見解が有力であった。しかし、近年このような抗弁の主張を認める学説が有力になった。最高裁平成12年4月11日第三小法廷判決（民集54巻4号1368頁、キルビー事件）は、無効原因が存在することが明らかな特許権に基づく損害賠償等の請求を権利濫用に当たり許されないとした原審判決を支持している。平成23年の特許法改正で104条の3において明文が置かれ、これが実用新案、商標、意匠に準用されている。したがって、産業財産権侵害

訴訟に国際裁判管轄権が認められる以上、当該産業財産権を無効と主張する抗弁が出されたとしても、侵害訴訟が係属する日本の裁判所が無効の抗弁の適否を判断することになる。

　これに対して産業財産権侵害訴訟を登録国の専属管轄化しようとする議論がある。1999年10月のハーグ国際私法会議特別委員会の「民事及び商事事件に関する裁判管轄及び外国判決についての準備草案」の議論の中でもイギリスの代表により主張され、若干の諸国の支持を得たものである。日本においても産業界を中心にそのような意見が有力に主張された。しかし、日本の判例は、これらの意見とは異なる立場に立っており、比較法的にみても多くの国がそのような立場には立っていない。東京地裁昭和28年6月12日判決（下級民集4巻6号847頁、満州国特許事件）は、外国における外国特許権の侵害に関する訴訟について、被告の住所が日本にあることから国際裁判管轄権を肯定した。また、最高裁平成14年9月26日第一小法廷判決（民集56巻7号1551頁、FM信号復調装置事件）は、米国特許権に基づく差止め、損害賠償請求等に関する事例につき被告の住所が内国に存在することから裁判管轄権を認めている。もっとも、これらは、必ずしも裁判管轄権につき徹底的に争ってはいないが、一応先例として引用することができる。さらに、先に述べたサンゴ化石粉体事件判決は、被告が特許権の属地性を根拠として国際裁判管轄権を争ったにもかかわらず、被告が日本国内に本店を有する日本法人であり、被告の普通裁判籍が日本国内にあるから（民事訴訟法4条4項）、特段の事情がない限りわが国の国際裁判管轄権を肯定するのが相当であるとして、特許権の属地主義の原則等を考慮しても、当事者間の公平、裁判の適正迅速の理念に反するような特段の事情は存在しないとしている。この判決は、外国特許権侵害事件についてわが国の裁判管轄権を肯定したより明確な先例として引用することができる。

　次に、知的財産権契約に関する訴訟の裁判管轄権については、民事訴訟法3条の3、1号および3号に定める管轄基礎が問題となる。この場合にも知的財産権に関する厳格な属地主義の考えを持ち込み、登録知的財産権は登録地国の領域内においてのみ効力を有するとすれば、そのような知的財産の実施、利用契約の履行地は登録国以外にはあり得ないことになる。また、知的財産権の所在地は無体財産を対象とするだけに物理的所在地は存在しないけれども、あえて所在地を擬制するとすれば登録国地に有るものとせざるを得ないことになる。

しかし、通信販売やインターネットを利用したオークションなどの販売の場合を考えれば、このような固定的な考えは妥当でないことになる。少なくとも、その国に契約違反の行為の一部、例えば商品の配送が行われる場合およびその国に向けた行為があるとすれば、その国の裁判所が履行地あるいは財産所在地として裁判管轄権を有するものとみるべきであろう。

4 著作権に関する訴訟の裁判管轄権

　著作権についても属地主義の原則から産業財産権についてと同様に専属管轄とする見解が有力であった。それは、著作権についてはベルヌ条約上無方式主義が採られ、登録や寄託をその発生要件としていないとしても、無体物について排他的支配権を与える点では産業財産権と類似するから、それぞれの国の立法によって与えられる著作権の効力に関する訴訟の国際裁判管轄権はその権利を与えた国に専属するというのである。しかし、インターネットの普及、デジタル技術の発展、衛星放送などによって著作物の公衆伝達方法が変化してゆくと、著作権について属地主義を理由に専属管轄を主張する見解は有力ではなくなってゆく。1999年10月のハーグ特別委員会の条約準備草案でも、著作権、著作隣接権は、産業財産権と区別され、その成立や有効性を含めて専属管轄としないものとされていた。2005年6月に成立した管轄合意に関するハーグ条約も、それを前提に、著作権、著作隣接権の有効性や侵害についても管轄合意の対象としている（同条約2条2項n号、o号）。

　わが国に住所を有しない外国人に対する外国における外国著作権侵害に関する訴訟の国際裁判管轄権が争われた事件としてウルトラマン事件がある。この事件は、タイに居住し、日本に住所を有しないタイ人である被告がウルトラマンシリーズ等の映画の著作物の日本における著作権者である日本法人である原告に対して、シンガポールの法律事務所を通じてその日本法人の香港、シンガポール、タイの子会社の本件著作物の利用行為を自分の持つ独占的利用権の侵害に当たるとの警告書を送付した。原告は、警告書の送付による損害の賠償請求とともに、原告がタイ国の著作権者であり、被告が利用権を有しないことの確認等を求めて、日本の裁判所に訴えを提起した。被告が有している原告の前代表と交わしたと主張される独占的利用許諾の契約書、書簡の真否の証明が日本の裁判所に不法行為に関する裁判管轄を認めるために必要か、等が問題にな

った。1 審、2 審とも不法行為の管轄等を否定し、被告にわが国における訴訟に応訴を強いることが著しく過大な負担を課することになるとして、わが国の裁判管轄権を否定すべき特段の事情があるとして裁判管轄権を否定した。しかし、最高裁は、原告の上告受理申立てを認めた。

最高裁平成 13 年 6 月 8 日第二小法廷判決（民集 55 巻 4 号 727 頁、ウルトラマン事件）は、国際裁判管轄権を肯定して、原判決破棄、第 1 審判決を取り消して、第 1 審裁判所へ差し戻した。この最高裁判決は、不法行為の裁判籍の証明事項について、「我が国の民訴法の不法行為地の裁判籍の規定に依拠して我が国の裁判所の国際裁判管轄権を肯定するためには、原則として、被告が我が国においてした行為により原告の法益について損害が生じたとの客観的事実が証明されれば足りる」と判示した。この点に関する従来のわが国の多数説・下級審判例は、原審判決と同様に一応の証明説をとり、自由な証明による一応の確信があれば足りるとしていた。これに対して、請求原因事実と管轄原因事実の証明の程度における区別や確信の程度についての基準が不明確であるという指摘があった。

原審が違法性阻却事由等のないことを含めて不法行為の管轄原因事実と判断していたのに対して、最高裁は、管轄審理の対象を「被告が我が国においてした行為のより原告の法益について損害が生じたとの客観的事実」に限定し、違法性阻却事由に関する事実を管轄原因事実より明確に除外した。また、不法行為に関する客観的事実についても、被告が日本国外から警告書を日本国内に到達させたことによって原告の業務が妨害されたとして、これを認めた。本件では、被告の警告書送付行為は主として香港ないしタイ国で行われている。しかし、被告がわが国に向けて意図的にした行為を「我が国においてした行為」とみて、このような被告の行為によって原告の法益に損害が生じていると認定している。この点は、ALI のプロジェクトの第四次準備草案 204 条 2 項が「その国に行動が向けられた場合には、」その向けられた国の裁判所に裁判管轄権を認めるのとも符合する。なお、2008 年の ALI 原則 204 条にも類似の考えが示されている。

わが国に住所も主たる営業所も有しない外国法人に対する外国における外国著作権侵害について、差止めおよび損害賠償の請求をした訴訟において、東京地裁平成 14 年 11 月 18 日判決（判タ 1115 号 277 頁、鉄人 28 号事件）は、まず、

差止請求の国際裁判管轄に関して不法行為地が米国内にあり、不法行為の裁判籍がわが国内にあるということはできないとしたうえで、損害賠償の国際裁判管轄権に関しても同様としている。不法行為の裁判管轄の基礎としての不法行為地には損害発生地を含むものと解されているが、この損害は物理的損害である必要があり、経済的損害までは含まれないと解されている。また、損害賠償金支払義務の履行地が原告の住所地である日本にあるという原告の主張は、形式的には民事訴訟法5条1号に当たると認められるとしても、「被告の予測可能性、被告の経済活動の本拠地等を考慮すると」「当事者の公平、裁判の適正・迅速を期するという理念に著しく反する」特段の事情があり、国際裁判管轄権は認められないとした。

5 併合請求による国際裁判管轄権の拡張

請求の客観的併合について、国内土地管轄規定（民事訴訟法7条本文）が請求間の関連性を要件としていないために、国際裁判管轄を肯定する要件として関連性を不要とする見解もあった。しかし、国際裁判管轄の場合には、本来の管轄地での裁判を受ける当事者の利益は国際管轄の場合と比較にならないほど大きい。また、原告が関連を持たない別の請求を追加することによって管轄原因を作り出すことを防ぐ必要がある。最高裁は、ウルトラマン事件において、併合される両請求間の密接な関連性を必要とした。当該事件との関連では、「いずれも本件著作物の著作権の帰属ないしその独占的利用権の有無をめぐる紛争として、実質的に争点を同じくし、密接な関連がある」と判断した。ここでいう密接な関連性が従来基準とされてきた合理的関連性と同一の基準を意味するかどうかは、必ずしも明確ではない。「実質的に争点を同じく」する場合を例示しているにとどまる。従来の下級審判例で基準とされてきた合理的関連性は、争点の実質的同一性のほか、請求の基礎の同一性を挙げてきた。「密接な」という文言に特別の意味を込めていないので、従来の基準を言い換えているに過ぎないと思われる。この判決は、客観的併合によりタイ国における著作権の帰属および独占的利用権の有無を含めて日本の国際裁判管轄権を肯定している。この点に関連して、民事訴訟法3条の6は、「当該一つの請求と他の請求との間に密接な関連があるときに限り」併合請求の裁判管轄権を認めている。この規定は、著作権に関する訴訟ばかりではなく特許権などの登録知的財産権に関

する侵害訴訟や実施・使用等の契約に関する訴訟にも適用される。登録知的財産権の成立および効力に関する訴訟のように専属管轄の定めのある場合にはこの規定は適用されない（民事訴訟法3条の10）。ただし、数人に対する訴えの主観的併合の場合には、訴訟の目的である権利又は義務がその数人について共通であるとき、又は同一の事実上および法律上の原因に基づく場合についてのみそのうちの一人について日本の裁判所の管轄権が認められれば、他の者を共同被告として日本の裁判所で訴えることができる（民事訴訟法3条の6ただし書、38条前段）。同一の原因に基づく場合の典型例のひとつが共同不法行為に関する訴訟である。例えば、外国法人が外国から日本法人にインターネットなどによって指示して被告製品の販売の申出をしたなどの具体的事情が証明できれば、その外国の法人に対し日本の裁判所の裁判管轄権を及ぼすことができるであろう（知財高裁平成22年9月15日判決（判タ1349号265頁）等参照）。外国法人の行為について共同不法行為の成立を認め日本の裁判所の裁判管轄権を及ぼした東京地裁平成19年11月28日判決がある一方で、これを否定した東京地裁平成27年4月28日判決（判時2264号59頁）がある。その場合に重要となるのは、外国法人と日本法人との関係の密接性である。

　日本の子会社に対する特許侵害訴訟において親会社を引き込むための要件が問題になった事例については、東京地裁平成13年5月14日判決（判時1754号148頁、上野製薬事件）がある。これは、わが国において眼圧降下剤に関する特許発明の専用実施権を有する原告が多国籍企業の外国親会社により日本子会社と共同して日本特許権を侵害されたと主張されたが、共同不法行為地を日本国内に認めることができないとした事例である。裁判所は、外国親会社の個々の関連する行為が日本国内における独立した不法行為又は共同不法行為となることを証明することを原告に要求した。

　確かに、親子会社は、それぞれ法人格を異にする以上親会社が日本の会社と親子関係にあると主張するだけで、子会社に対して提起される訴訟に巻き込まれるのは妥当とはいえない。しかし、この判決によると、外国会社の外国における日本特許侵害に向けられた行為を管轄原因とみることが難しくなり、このような類型の事例における特許侵害の不法行為に関する管轄原因の基礎となる事実の証明としては、厳格すぎることになるのではあるまいか。特許権侵害については親会社が対応することが多いのに、他人の特許侵害で訴えられた場合

には、親会社が日本国内で独立した不法行為となるような行為を行っていないと主張すれば、被告となることを回避することができることになるのではあるまいか。少なくとも外国法人による特許侵害に該当する行為を指示する具体的事実が証拠により明確にすることができなくとも、日本における特許侵害者との密接な資本関係や人的つながりが認められ、その外国法人の製品販売政策によって操作しようとした間接事実が認められ、その外国法人がそれによって経済的利益を受けていると推認することができるとすれば、民事訴訟法3条の6による訴えの主観的併合を認め、その外国法人に対する国際裁判管轄権を肯定してよいのではあるまいか。

6 特別の事情による日本の裁判所の国際裁判管轄権の制限

　以上述べてきた裁判管轄権が日本の裁判所に認められる場合であっても、それが専属管轄権でない限り、第二段階として特別の事情による訴えの却下に当たらないかどうかが問題になる（民事訴訟法3条の9）。ここで問題となるのは、個別的な事案に応じて、「事案の性質、応訴による被告の負担の程度、証拠の所在地その他の事情」を考慮し、「日本の裁判所における審理及び裁判することが当事者間の衡平を害し、又は適正かつ迅速な審理の実現を妨げることとなる特別の事情」があるかどうかを判断することである。この条文の立案者によると、「事案の性質」は請求の内容、契約地、事故発生地等に関する客観的事情を、「応訴による被告の負担の程度」は応訴により生じる被告の負担、当事者の予測可能性等の当事者の事情を、「証拠の所在地」は物的証拠や証人等の人的証拠の所在地等の証拠に関する事情を、「その他の事情」はその請求についての外国裁判所の管轄権の有無、外国の裁判所における同一又は関連訴訟の係属等の事情を含むとされている。

　この点に関する判例として知的財産権に関する事例ではないが、最高裁平成28年3月10日第一小法廷判決（民集70巻3号646頁）がある。原告は日本法人およびその取締役会長であり、被告はカジノ運営を主な目的としたネバダ州法人である。平成24年2月被告はネバダ州裁判所において原告らを被告とする信認義務違反などを理由とする損害賠償訴訟を提起し、当事者双方から合計100名の証人（その大半は英語しか通じない米国居住者）、約9500点の物的証拠が開示された。それに対して、原告は被告がウェブ・サイトに掲載した記事によ

る名誉棄損等を理由とする不法行為に基づく損害賠償請求の訴えを東京地裁に提起した。1、2審とも請求を却下したので、原告が上告受理の申立てをした。最高裁は、本件訴訟を別件米国訴訟に係る紛争から派生したものといえるとしたうえで、①「米国訴訟が本件訴訟と共通し、関連する点が多い」こと、②「本案審理において想定される主な争点についての証拠方法は、主に米国に所在するといえる」こと、③本件被告の「経営に関して生じる紛争については米国で交渉、提訴等がされることを想定していたといえる」こと、④「日本の裁判所において取り調べることは被上告人に過大な負担を課すること」を挙げて、「特別の事情がある」としている。

電気機械器具の研究開発する日本法人は、米国で販売するディスプレイ製品がカナダ法人の有する米国特許権を侵害するとする訴えを平成25年1月に米国デラウエア地区連邦裁判所で提起されたので、原告となりカナダ法人を被告として東京地裁に損害賠償債務不存在確認訴訟を提起した。東京地裁平成29年7月27日判決は、被告が米国訴訟で不法行為として対象としているのは「米国内における原告の行為」であって、被告が日本国内における原告の行為を問題にしていないとして、民事訴訟法3条の3、8号の不法行為地が日本にあるといえないとし、念のためとして民事訴訟法3条の9にも言及する。「本件訴訟の本案の審理において想定される主な争点は、米国内において流通する原告製品の構成、原告製品の本件米国特許に係る発明への技術的範囲の属否及び本件米国特許権の有効性であるところ、これらの争点に関する証拠方法は、主に米国に所在するものと解される。」「原告被告間の会社規模の差異や本件事業譲渡の経緯に関する証拠の所在など原告の主張する事情を考慮しても、」「特別な事情があるというべきである。」としている。

[第 10 章]

知的財産権自体に関わる問題の準拠法

1 知的財産権に関する法の調和における TRIPs の意義と限界

　TRIPs は、従来の知的財産権条約の重要な部分をその中に組み込んで、それ自体を最低限の保護水準の中に取り込んでいる。伝統的な知的財産権条約は、内国民待遇という外国人法上の原則を中心に、若干の新しい条約上の実質的統一法規定を設けて緩やかな同盟を形成しようとするものであった。このような統一法規定としては、パリ条約についてみれば、優先権制度（4 条 A〜I）、産業財産権独立の原則（4 条の 2、6 条 3 項）、テル・ケル条項（6 条の 5A1 項）などがあり、ベルヌ条約については、著作物の概念（2 条）、無方式主義（5 条 2 項）、著作者人格権（6 条の 2）、著作権者に与えられる権利とその内容（8 条、9 条、11 条、11 条の 2、11 条の 3、12 条、14 条、14 条の 2、14 条の 3 等）である。TRIPs は、WTO 加盟国に対して、2 条 1 項によってパリ条約のうち最も新しい改正条約であるストックホルム改正条約 1 条から 12 条および 19 条の規定を遵守することを義務づけるとともに、9 条 1 項によってベルヌ条約の最新の改正条約パリ改正条約 1 条から 21 条までと付属書（ただし、6 条の 2 は除く）を遵守すべきものとする。これは、伝統的知的財産権条約が定期的に改正会議を開催し、改正条約を採択することを前提としながら、同盟国に改正条約を批准することを義務づけていなかったために、同盟国のうち最新の改正条約を批准していない国があった点を克服するとともに、改正条約のこれらの規定自体を最低限の保護水準として生かす意義を有していた。同時に、TRIPs は、14 条によって著作隣接権に関するローマ条約の規定の一部を 14 条 1 項から 3 項、6 項に取り込んでおり、また、35 条によって集積回路についての知的財産権に関する条約 2 条から 7 条まで（6 条 3 項を除く）、12 条および 16 条 3 項を組み込んでいる。

これらの規定は、加盟国が必ずしも多くなかったこれらの条約の規定のうち合意できる範囲内でTRIPsと一体化することによってWTO加盟国を拘束するものとしたのである。さらに、TRIPs自体が科学技術の発展等による新しい社会的要請に適合するように知的財産権の保護対象を広げるとともに、従来の知的財産権条約に規定のなかった多くの問題につき最低限の保護水準に関する規定を設けているのである。もっともこの点についても、知的財産権の種類や問題となる項目によって濃淡が生じていることも否定することができない。例えば、特許権、商標権、著作権の保護対象、与えられる権利の内容などについては、かなりそれに関する実質法の調整が進んだように思われる。しかし、著作隣接権や意匠については、実質的調整の程度は低く、加盟国の裁量に委ねた部分が多い。とはいえ、これらによって知的財産権に関するWTO加盟国法の国際的調和が従来と比べて飛躍的に促進されたといえよう。

　しかし、TRIPsは、知的財産権に関する実質法規定を統一すること自体を直接目的とするものではないことにも注意が必要である。TRIPsの直接の目標は、あくまで知的財産権に関する最低限の保護水準を引き上げるとともに、知的財産権の実効的行使を確保することにあり、そのための国際的な法的枠組みを構築することにある。最低限の保護水準に関する規定は、それ以上の保護を行う加盟国の国内立法を禁止するものではなく、むしろ推奨するものである。例えば、著作権の保護期間に関するTRIPs 12条は、ベルヌ条約7条1項の著作者の生存期間プラス50年の原則を基礎として規定しているが、TRIPs発効前後から保護期間をプラス70年に延長する国がみられ、WTO加盟国においても著作者の生存期間プラス80年から50年の幅が見られる。また、TRIPsの規定の中でも実効的行使の部分については原則を定め、加盟国に法規や制度の整備を求めることを主な内容とする規定が多い。どのように規定するかについては加盟国に広い裁量が認められている。例えば、知的財産権侵害の救済方法や救済内容についてはほとんど実質法規定を調和させる内容とはなっていない。また、法規や法制度を運用する場合に、その国の法文化が法の解釈や運用に影響することも無視することができない。例えば、ある国においては制定法の規定が判例法より重視されるが、他の国では判例法が制定法より重視される。そのために同一の規定が異なって解釈されたり、運用されたりすることは避けがたい。

TRIPsには、その規定の解釈に関する紛争についてWTOの紛争解決機関に持ち込み、その判断を得て、それに従わない加盟国に対しては貿易上の制裁措置をとることが認められている。この点では、伝統的知的財産権条約に存在しなかった協定上の義務履行を迫ることができる制度があり、一定の実効性を確保できる制度的保障が存在することになる。しかし、通商協定としてのTRIPsには、伝統的知的財産権条約以上に曖昧な点が残されている。その中には、WTOの紛争解決機関に持ち込むのが賢明でも適切でもない問題が存在する。また、開発途上国の中には、その司法機関が知的財産紛争をどのように完結するべきかを適切に検討できる水準に達していない場合があり、実際上TRIPsの規定に実効性を持たせるのが困難な場合も認めざるを得ない。

　また、すべてのWTO加盟国が経過措置との関係で時間的にTRIPsの規定を適用する義務を同じように負っているわけではない。この点については、TRIPs上次のようになっている。①加盟国は、WTO協定の効力発生の日である1995年1月1日から1年の期間が満了する前にこの協定を適用する義務を負わない（65条1項）。②開発途上加盟国は、①に定める期間からさらに4年の期間この協定の適用を延長することができる（65条2項）。中央計画経済から市場自由企業経済への移行過程にある加盟国は、一定の条件を満たせば②の期間を享受できる（65条3項）。③開発途上加盟国は、化学物質に関する物質特許を保護する義務を負う場合に、この義務に関する規定の適用をさらに5年間延長することができる（65条4項）。④後発開発途上加盟国は、①の期間より10年の期間を延長することができ、さらに、正当な理由を示してTRIPs理事会に要請すれば、この期間の延長が認められる（66条1項）。①〜③については、このような規定との関係のみからみれば、すでに経過している。④の適用を受けているのは、現在のところタンザニア一国のみである。とすれば、ほとんど問題がないように見えるが、③に関連して2002年7月8日の一般理事会の決定によって、2016年まで薬品についての排他的な拡布権を付与する義務を免除されたのである。これは、TRIPsと公衆衛生に関する2001年11月のドーハ閣僚会議宣言7節に関連して、開発途上加盟国に2016年まで薬品に関する特許および開示されていない情報に関する規律を無視する自由を与えていることに関連する。さらに、2015年9月25日に国連総会で採択された「我々は世界を変革する：持続可能な開発のための2030アジェンダ」は、17の分野

別目標と 169 のターゲット（達成基準）を掲げる。その中で、TRIPs ドーハ宣言に従い、安価な必須医薬品およびワクチンを提供することを目標として、TRIPs の柔軟性に関する規定を最大限に行使する開発途上国の権利を確約している。

2　渉外的知的財産権問題を国際私法により解決する必要性

　知的財産権については、すでに述べたようにもっとも早くから統一実質私法を作ることに成功した分野である。あくまで、統一実質法への方向性を重視すべきであって、内国民待遇の原則等の条約上の基本原則と属地主義を理解しておけば足りるのであって、あえて国際私法原則をその中に位置づける必要がないという見解も存在する。例えば、カードリーダー事件における高裁判決の判旨の一部にみられたように知的財産権問題を公法上の問題として位置づけ、国際私法が適用される余地がないとする見解とこれを支持する一部の学者の見解である。わたくしは、一方で、知的財産権に関する問題につき統一私法を追求する努力は重要であり、今後も継続すべきであると考えるが、しかし、知的財産権の法的性質からみても余りに急激な統一実質法への志向は、これまで百数十年をかけて築き上げてきた知的財産権に関する国際的枠組みの存在を危うくする危険があることも常に念頭に置く必要があると考える。また、属地主義という曖昧で多義的な、しかもその根拠については現在なお論争的な原則だけによっては、科学、情報技術の発達などに伴う国際化、WTO のもとでのグローバル化に十分対応できないことになる可能性が高いことを指摘しておきたい。

　知的財産権の保護については、自然権思想と国家主権思想が古くから対立してきた。前者は、知的財産権の存在根拠を国家以前に存在する法である自然法に求め、国家はそれを承認する権限が与えられているだけであると主張する。後者は、知的財産権はあくまで各国家の国家主権によって認められた権利に過ぎず、国家は、自国の産業政策上又は文化政策上の利益や社会全体の利益の観点から本来独自に、独自の基準によって知的財産権を認めることができると主張する。わたくしは、自然法思想の意義を理論上完全に否定し去る立場に立たない限り、知的財産権に自然権的側面があることは否定することができないように思う。パリ条約、ベルヌ条約の歴史からも明らかなように、国家の利害を超えて各国が認め合わなければならないと考えられた知的財産権に関する原則

があり、それを中核としてパリ条約やベルヌ条約がつくられたことは、単なる思想というだけではなく、これらの条約の歴史からも証明することができる事実であるように思われる。しかし、他方で、知的財産権が今日その国の産業政策や文化政策、さらには、その国の社会全体の利益に深く関わりを持つ権利であることは広く認められているところである。したがって、知的財産権の保護については、各国の文化的産業的発展段階とも深く関わり、各国の利害が厳しく対立するところも少なくない分野でもある。TRIPs成立後のTRIPsの改正に関するWTO閣僚会議が必ずしも成功していないことも、この点に関する事情が反映しているように思われる。

　確かに、TRIPsの発効によって知的財産権に関する実質法規定がある程度国際法源を通じて調整され、国際私法原則やその国際的統一に関する学術的検討の試みが行われる素地ができたといえよう。しかし、TRIPsが実質法の統一を目的とした法でないだけではなく、権利の実効的行使のところや最低限の保護基準のところでも加盟国の広い裁量を認めた規定が多い部分も存在する。各国の知的財産に関する規定をみると、かなり大きな実質法的相違が認められる。したがって、国際取引において問題となる国際契約、国際不法行為、国際物権変動などに関する問題と同様に、知的財産に関する国際的な問題についても国際私法による解決が必要になる。

　ここで国際私法という場合には、広義のそれを意味し、単に適用されるべき法（以下、準拠法という）を決定する規則だけではなく、国際裁判管轄権に関する規則や外国判決の承認・執行に関する規則を含むものとして使用している。例えば、知的財産に関する訴訟においても、どの国の裁判所に訴えを提起できるかに関わる国際裁判管轄権に関する規則は、実際上の紛争の解決に極めて重要な意義を有する。どこの国の裁判所に国際裁判管轄権が認められるかによって、法廷地が決定され、その法廷地法に従った訴訟手続を行い、訴訟費用を支払わなければならないとともに、使用言語も原則としてその法廷地国の公用語をしなければならず、訴訟代理人である弁護人のその国の弁護士資格を有する必要があり、どの国の法を適用すべきかを決定する国際私法自体が法廷地の国際私法に従うことになる。複数の国に国際裁判管轄権が認められる場合には、その法廷地で適切かつ迅速な判決を得られるか、適切な弁護人が得られるか、訴訟費用が異常に高くないか、判決の執行を行うに適切な法廷地か、外国で判

決を執行する必要がある場合には、その法廷地の判決が執行を要する国の裁判所で承認されるか、など諸種の要素を考慮して最も適切な国の裁判所に訴えを提起する必要がある。

この意味における国際私法については、各国ごとに異なる可能性が高い。国際私法の統一については、そのための国際会議が開かれ、一定の成果を挙げてきた。そのような国際会議として最も代表的な会議が、ハーグ国際私法会議であり、国際私法の統一のための多くの条約を採択してきた。知的財産権に直接関連する条約はつくられてはこなかった。したがって、当該事件に関連する国の国際私法原則、とりわけ、まず、自己に最も有利と思われる法廷地における国際裁判管轄権に関する規則を調べて、そこに訴えを提起することができるかどうかを確かめる必要がある。さらに、その国に国際裁判管轄権が認められるとして、その国の国際私法規則によれば、どの国の法が準拠法として適用されるかなども調べる必要がある。

3　知的財産権に関する国際私法の調和の試み

国際私法という法律は、その規律対象から国際という名称が付けられるが、法の存在形式としては、国内法に属することになる。日本についていえば、平成 18 年（2006 年）6 月 21 日法律第 78 号「法の適用に関する通則法」（以下、「法適用通則法」と略す）が主要法源であるが、これは準拠法に関する規則であって、国際裁判管轄権や外国判決承認に関する原則は民事訴訟法の中で規定されている。

法例改正、とりわけ、平成元年（1989 年）の国際婚姻法・国際親子法の改正においては、一定の実質法的利益や国際私法的利益を実現するために、選択的連結や段階的連結など多様な連結方法が採り入れられている。また、平成 18 年（2006 年）の法適用通則法では、とりわけ、米国の現代学説の影響が強いといわれている契約や不法行為の分野に関し、法律関係の細分化、一般条項の部分的導入、当事者自治の拡張と制限、実質法上共通に認められる利益の実現のための連結方法の導入などが行われている。しかし、知的財産権自体の準拠法に関する規定は含まれていない。

このような相違を踏まえつつも、国際私法原則の調整、調和を図り、知的財産権に関する国際私法上の紛争の解決を少しでも予見可能性の高いものにする

努力は必要である。それによって、判決の予見可能性が増加し、知的財産権の実効的行使の面からもより良い結果が期待できるからである。このような試みは、1999年10月30日のハーグ国際私法会議特別委員会の「民事および商事に関する国際裁判管轄および外国判決に関する条約」準備草案12条の専属管轄の規定との関係で知的財産権についてどの範囲で専属管轄とすべきかに関する議論を契機として開始された。この草案では、不動産物権に関する問題や法人設立に関する問題とともに知的財産権に関する専属管轄権を規定する。つまり、特許権、商標権、意匠権又は登録又は寄託を要する類似の権利の登録、有効性、[又は]無効[取消し又は侵害]を対象とする訴訟については、登録もしくは寄託が行われた国又は国際条約によってそれらが行われたとみなされる締約国の裁判所が専属管轄を有する。ただし、著作権又は著作隣接権については、登録又は寄託が可能であったとしても専属管轄の規定を適用しない、とされていた。登録を要しない商標権や意匠権についてどうするかが問題とされ、侵害について専属管轄とするかどうかについて意見が分かれた。この議論の中で、知的財産権の問題を知的財産権の専門家を含めてより本格的に検討する必要があるとされるとともに、裁判管轄権や外国判決の承認についてばかりではなく、準拠法の問題を含めてより本格的に議論することが必要であるという認識が高まっていった。2001年1月にWIPOが主催して開催された「国際私法と知的財産権に関するWIPOフォーラム」では、報告が行われ、準拠法の問題を含めて議論されたが、その議論を通じて、知的財産権の問題の難しさが改めて認識される結果となった。その後、このハーグ条約は、合意管轄の問題に対象が絞られ、著作権および著作隣接権を除く知的財産権に関する紛争には適用されないものとしたうえで、2005年6月30日ハーグ国際私法会議第20回外交会議で「管轄合意に関する条約 (Convention on Choice of Court Agreements)」として採択された。

　しかし、知的財産権に関する国際私法原則の調和が諦められたわけではない。WIPOの会議で報告者となったコロンビア大学のギンスバーク (Jane Ginsburg) 教授は、ニューヨーク大学のドレフュス (Ruchelle C. Dreyfuss) 教授とともに作成した草案をもとに、2001年10月にシカゴ・ケント法科大学におけるシンポジュウムを行った。米国法律協会 (ALI) 評議会は、このような作業に着目して、2002年4月に「国境を越えた知的財産紛争に関する裁判管轄権、

法選択および判決に適用される原則」をALIの独自のプロジェクトとして採択した。共同報告者として、両教授のほか、スイスのロザンヌ大学のデスモンテ（François Dessemonte）教授を指名し、米国内ばかりではなく諸外国の法律学者、実務家および裁判官をアドバイザーとして開始された。その後、4つの予備草案、2つの評議会草案、ひとつの議論のための草案がそれぞれ作成され、それらの検討のうえに作成された最終草案は、2007年5月14日のALI総会で採択された。このALI原則は、2008年にALI Principles：Intellectual Property, Principles Governing Jurisdiction, Choice of Law, and Judgements in Transnational Disputes として出版されている。

　それに対して、ヨーロッパの立場から同様な問題に取り組む研究グループがドイツのマックス・プランク協会の戦略的プロジェクト（CLIPグループという）として組織されている。この研究は、2004年3月のハンブルクのマックス・プランク外国私法・国際私法研究所との合同シンポジウムの開催を通じて、ミュンヘンとハンブルクの合同作業グループが形成され、2005年には、マックス・プランク協会の重要な戦略的プロジェクトのひとつとされ、ハンブルクの研究所長バセドー（Jürgen Basedow）とミュンヘンの研究所長ドレクセル（Josef Drexl）を中心に、ドイツのほか、イギリス、フランス、オランダ、スペインなどの著名な学者が中心になって作業が進められた。2009年10月のミュンヘンにおける草案の検討会、2011年11月のベルリンにおける最終草案の報告検討会を経て、2013年にヨーロッパ・マックスプランク・グループのCLIP原則としてコメントを付けられ公表された（Conflict of Laws in Intellectual Property, The CLIP Principles and Commentary（Oxford University Press））。

　このように、ALIの研究グループが米国法の立場を出発点としながらヨーロッパ諸国をはじめ世界各国からアドバイザーを指名することによって米国的色彩をできる限り押さえて、多くの国で適用することができるような原則を纏め上げている。また、CLIPは、ヨーロッパ的な国際裁判管轄や判決の承認に関するブラッセル条約などのヨーロッパ的な規則を基礎としながらヨーロッパ的色彩をできる限り薄めて世界で適用することができる共通原則を提示した。このような研究から学びながら、わたくしたちも早稲田大学COEグループを日本および韓国の国際私法学会の有志により構成し、東アジアの観点から共同提案を提示した（木棚編著・日韓共同提案）。それは、このような知的財産権に

関する統一国際私法原則を研究する場合にそれぞれの地域の法や制度の発展の特徴を無視して初めから普遍的な原則を探求することは非常に困難であると感じたからである。むしろ欧米の法を継受しながら自国の法状況に適合するように独自の法や制度を築いてきた東アジアの視点が役立つのではないかと考えたからである。このような研究が将来的にどのような成果となるのか、現在のところ分からない。しかし、少なくともこうした取組み自体が知的財産権の実効的行使を容易にするための各国国際私法原則の調整の重要なひとつの過程として注目すべきであろう。

4 知的財産権の属地性と知的財産紛争の準拠法

　TRIPsによって、例えば、特許についてみれば、特許要件、特許期間等法の調整がかなり進んだ部分がある。しかし、特許対象との関わりで発明の定義、クレームやその解釈、均等論の適用要件、特許侵害の救済方法等についてはTRIPsによって調整が余り進まなかった。また、著作権についても、保護対象や保護期間に関する調整はかなり進んだが、著作権の最初の帰属者、著作者人格権、著作権侵害の救済方法については調整が進まなかった。しかも、調整が進んだ部分についても、同協定7条の目的や8条の原則に関する規定の解釈や位置づけによって理解が異なる可能性がある。このような現状をみる限り、国際私法による大幅な補充によって準拠法を決定し、適用する必要が生じる。

　属地主義との関連で知的財産の準拠法を考える場合に、1975年のウルマー（Eugen Ulmer）教授によって完成された「EC加盟国の国際私法に関する条約中の無体財産権に関する規定のための草案」によって提唱された保護国法の原則に着目すべきであろう。ウルマー教授によると、これまでの基本的知的財産権条約に規定されている内国民待遇の原則は、単に外国人法上の原則であるだけではなく、属地主義の原則、さらには、その抵触法上の表現である保護国法の原則を含むことになる。そして、保護国法の概念の根拠を直接ベルヌ条約5条2項3文に求めて、その領域内で保護が要求される国の法令と定義し、これを完全双方的抵触規定として、知的財産権に一般的に妥当する抵触法上の原則とした。ここでいう保護国法は、外国における外国知的財産権の侵害国に対する保護を内国の裁判所で求めることができることを前提とした概念であり、ブラッセル条約もこれを認めていることに言及されており、法廷地法と明確に区別された

概念として主張されている（木棚・研究145頁）。この見解によると、ベルヌ条約やパリ条約の加盟国は、それらの条約の非締約国との関係についてのみ知的財産権に関する抵触法上の原則を定める自由があることになる。

現在では、知的財産権に関する準拠法決定の原則としての保護国法は、広く行き渡っているように思われる。しかし、ウルマー教授がベルヌ条約5条2項3文に根拠を求めたこととの関係でこれを法廷地法と解する見解が生じている。シャック（Haumo Schack）教授が指摘するように、ウルマー教授は、「保護が要求された国の法令により（nach den Rechtsvorschriften des Landes, in dem der Schutz beansprucht wird）」の"in dem"を"für dessen Gebiet"と読み替えて保護国法と読まれるものと思われる。確かに、このように読むことは、外国人法の適用規範が国際私法規定と理論的に一致するとみれば、論理的に可能である。しかし、外国人法は通常の実質法規定と性質や機能を異にするものであるからその適用規範も理論的に当然国際私法と一致するとみることは困難である。したがって、外国人法の適用規範が国際私法規定と一致しなければならないという論理必然性はなく、一致するというのであれば、条約の立法過程等の資料により証明される必要がある。しかし、そのような証拠を見出すことはできないように思われる。むしろ、ベルヌ条約のこの規定は、方式主義から無方式主義に転換したベルリン改正会議において挿入された規定であり、条約上の文言だけではなく当時の侵害訴訟における国際裁判管轄権に関する状況からみても、保護が要求された国の法令をその裁判所で行われている法令、すなわち、法廷地法と読むのが自然であるように思われる。このようにみる見解から、著作権の内容、制限、保護期間は保護国法によるべきであるが、著作権の最初の権利者のほか、権利の譲渡性は、本源国法によるべきと主張される。

保護国法をウルマー教授のように捉え、その根拠を属地主義に求めるとしたら、属地主義が何を意味しその根拠が何であるかが問題になる。まず、属地主義の根拠を直接に知的財産に関する国際法上の条約の基本原則である内国民待遇の原則に求める見解である。この見解の根拠とそれに対する批判についてはすでに述べた。この見解は、パリ条約およびベルヌ条約の加盟国であれば認めざるを得ないところに属地主義およびその抵触法的帰結としての保護国法の原則の根拠を求め、知的財産の種類のいかんに関わらず一般的に認められるべき知的財産権に関する準拠法原則として保護国法の原則を位置づけているところ

にある。しかし、その根拠をベルヌ条約5条2項3文に求めたために、保護国法の概念に混乱を生じさせる欠点がある。

次に、行政行為理論ないし主権理論に根拠を求める見解がある。知的財産権は国家的な付与行為によってのみ存在する。特許権は特許付与によって、商標は商標登録によって存在する。著作権については、そのような行政行為に代わる主権的な立法行為による法律によって存在する。ある国家は、そのような直接的効果を持つ独占権を付与することができるのはその領域内についてのみであるから、このような権利は、必然的に領土上に限界づけられ、付与国の国境を越えて効力を有することはできないことになる。しかし、このような見解は、19世紀の自然法学者によって批判され、克服されたと思われる特権理論とも結びつくものであり、行政行為等の主権行為に基づいてのみ知的財産権が生じるというのであれば、各国が条約で拘束されていない限り、まったく自由に知的財産権を付与し、その保護範囲を決定することができることになる。しかし、保護すべき価値を有する無体物に対して国家が知的財産権を付与し、それを承認するから、その無体物の範囲に効力が及ぶのである。理論上、保護すべき財産的価値を有する客体がない場合にした国家の付与行為は無効になるのである。通常そのような客体の存在が前提となっているから、それで説明になっているように見えるかもしれないが、国家はその客体を確認し、権利を承認しているに過ぎず、そのような客体がない場合には、国家は権利を創造することができないのである。保護の根拠やその効力の根拠を直接主権理論や行政行為理論に求めることはこの点を正確に捉え説明するものではない。

さらに、知的財産権の無体財産としての法的性質に根拠を求める見解がある。知的財産権は、有体財産としての排他的性質と関連して必然的に特定の所在地と結びつく物権と異なって、無形の、したがって、どこでも存在し得る性質をもち、無制限で独立の権利者がある領域内で並存し得る。そこで、排他的権利を与える以上、各国で対象を特定し、属地的に認められる権利が同一対象につき並存しないようにする必要がある。例えば、特許についてもその客体のこのような性質からこれを特定し、公示するために各国がそれぞれ権利保護の要件や範囲を定めているとみることができる。そのような客体の特定は、それぞれの国の産業政策や文化政策に関わる部分があり、異なり得るから、その特定の効果は特定した国の領域内にとどまる。この見解によれば、客体の特定に係わ

らない問題については、属地主義を緩和することができることになろう。

　最後に、市場との関連で根拠づけようとする見解がある。知的財産権の属地性は、地域的市場における領域分割に近い。現代の市場および消費地域の同一性の理論によると、知的財産権の消尽が国境ではなく、販売市場の境界に結びつけられていることに注意すべきである。確かに、属地主義は、自由で公正な競争を認めることと排他的権利を認めることとの間における国家的な選択に関連する面があり、各国の国内市場に適合するような法政策の決定を実行することと関連するので、従来内国市場を念頭においてきたことは否定できない。しかし、現に形成されている共同市場、WTO のもとでの世界市場の形成、発展、IT 革命によってもたらされた新しい市場の形成などを将来的に展望するとすれば、理論的に再検討される必要が生じる。

　この点で注目される理論のひとつとして、WTO/TRIPs との関係で属地主義の機能変化と見直しの必要性を説く見解がある。ウルリッヒ (Hanns Ullrich) は、知的財産権の属地性の根拠を各国国内市場に向けた国家政策の実行に求め、WTO の設立による世界市場の形成という目標設定と TRIPs による知的財産権の保護水準の均一化で加盟国の自主的決定の範囲が大幅に狭められていることから、TRIPs のもとで、属地主義が機能変化を起こしていると指摘する。そして、これを無視した伝統的な属地主義の機械的適用によって、知的財産権の行使が国内市場における価格差別を正当化し、維持するために行われて、貿易の非関税障壁となる危険性を生じさせるとともに、逆に知的財産権の保護を弱めてしまう場合もあるとする。さらに進めて、将来的には、属地主義の原則を知的財産権が事実上関連する市場によって準拠法を決定するための原則として見直される可能性を示唆する（この点については、木棚・TRIPs 協定における属地主義 153 頁以下参照）。

　わたくしは、このうち、最後の説と最後から二番目の説に共感を持っている。しかし、現段階で直ちに最後の説を採り、属地主義を国内市場から切り離して、見直すことができるかといえば、EU についてはともかく、少なくとも日本についてはそれを全面的に受け入れて展開するには無理があるように思われる。ただ、国際的な経済秩序、知的財産権の保護秩序の変化によって属地主義も機械的に適用すれば足りる原則ではなくなってきていることについては指摘のとおりと思う。最後から二番目の見解を基礎として考えれば、産業財産権のように

絶対的排他的支配権と著作権のような相対的排他的な権利とで属地主義のもつ意義が異なることを指摘する必要がある。例えば、特許権については、絶対的排他権を与えるのであるから、特許発明を真似ておらず、独自の努力によって開発した技術であっても特許の対象である発明と同一又は均等と判断される場合には侵害とみられることになる。したがって、第三者の利益との関係上も特許権の対象を明確に確定し、公示する必要がある。しかし、著作権は、相対的排他権とされ、他人の著作物を模倣しあるいは複製するなどの行為に着目され、同一又は類似の著作物であっても独自に創作した場合には侵害とならないから、客体の公示の点で緩やかで足りる。

5　法適用通則法における知的財産権自体の準拠法の考察

　知的財産権に関する規定とりわけ知的財産権侵害の準拠法に関する規定を法適用通則法に入れるべきかどうかが検討されたようである。保護国法によるべきとの意見もあったが、保護国法の解釈について意見が分かれていることもあって特段の規定を設けず解釈に委ねることになったとされている（小出・逐条解説229頁以下参照）。この点に関する参議院法務委員会における国務大臣も、「今後の重要な検討課題として認識しながら（WIPO等の）専門機関における検討状況、諸外国の立法動向を見守り、また我が国の裁判例及び学説等の積み重ねを待ちまして」「適切に対処したいと考えております。」と答弁している。

　知的財産権自体の準拠法については、議論がされていないようであるので分からないけれども、従来のわが国の判例や学説を基礎として考えれば、おそらく登録知的財産権については登録国法、そうでないものについては保護国法を準拠法とすることを原則とする点については異論が少ないであろう。

　ALI原則301条1項は、知的財産権の存否、有効性、保護期間、内容および侵害の準拠法は、登録された権利については登録地法(a)、その他の知的財産権についてはその国について保護が求められる国の法による(b)とする。そのように規定したうえで、302条1項は、当事者が紛争が生じた後も含めていつでもその紛争の全部又は一部に適用される法を指定することを合意できるとし、同条2項で登録知的財産権の有効性および保全、登録のいかんを問わず知的財産権の存否、譲渡可能性、存続期間など争点にの準拠法については選択できないものとし、3項で1項による準拠法選択の合意は第三者の権利に影響を及ぼ

さないとする。CLIP3：102条は、知的財産権の存否、有効性、登録、範囲および保護期間を保護国法によるものとし、3：103条は、知的財産契約（3：501）、雇用関係から生じる使用者と被用者の権利義務（3：503）、救済方法選択の自由（3：606）、知的財産の担保権の設定移転の義務（3：801）について当事者の準拠法選択を認めている。日韓共同提案においては、301条1項に、知的財産権の成立、有効性、権利の内容、消滅など知的財産権自体に関わる問題をも保護国法によるものとし、2項で保護国法の意義に関する規定を置き、登録国法を登録知的財産権の保護国法と推定する。また、302条1項は、当事者の準拠法合意を広く認め、ただし、知的財産権の成立、有効性、消滅など知的財産自体に関わる問題およびその移転可能性に関する合意は、当事者間に限ってその効力を及ぼすものとし、2項で、当事者間の準拠法合意は、その合意以前に発生した第三者の権利に影響を及ぼさないものとし、3項で、準拠法合意の成立と有効性を合意により指定された準拠法によるものとしている。

　これらの提案を見ると、知的財産権の成立、有効性、権利の範囲および存続期間など知的財産権自体の問題を保護国法によること、保護国法というのはその領域について保護が求められている国の法を意味することはほぼ一致している。保護国法という言葉を登録知的財産権についてより分かりやすく登録国法とするかどうかに相違があるだけである。また、保護国法の適用範囲を広く認め、特別に規定を置く以外は保護国法を原則とするかどうかにも差異が認められる。CLIPはむしろ知的財産権に関する法律関係を広く原則として保護国法によるべきものとしつつ、詳細な例外規定を置く。ALI原則は、登録知的財産権に関しては登録国法とし、その他の知的財産権についてのみ保護国法によるものとし、侵害についてもそのような法によることを原則とした。訴訟上問題となる争点との関連で各争点ごとに準拠法を決定する立場から、当事者による準拠法選択については争点との関係で制限を定めている。問題は、むしろ当事者による準拠法指定をどの範囲で認めるか、当事者による準拠法選択にどのような効果を認めるかについてである。この問題は、保護国法の原則を基礎づける知的財産権の属地主義の原則をどのような根拠を有するものとみるか、それをどのように、どこまで制限するのが合理的かに関係する。この点は今後は立法論を含めて検討する必要がある。また、この問題は、第11章、第12章の知的財産権侵害や知的財産権に関する契約について保護国法がどの範囲で、ど

のように適用されるかに関する問題とも関連する。
　法適用通則法の解釈論として知的財産権自体の準拠法をどのように解するべきかについてはすでに第8章2で検討した。本章ではできる限りこれとの重複を避けつつ今後検討すべき課題を明らかにした。

[第11章]

知的財産権侵害の準拠法

1 法適用通則法上の不法行為の準拠法

　不法行為に関する規定は、法例においては不当利得や事務管理と一緒に11条1ヵ条のみであった。法適用通則法においては、事務管理や不当利得の規定と別にされ、17条から22条まで5ヵ条に増え、単位法律関係の細分化や準拠法決定の柔軟化が行われた。加害行為の結果が発生した地の法によることを原則とし、結果の発生が通常予見することができないものである場合に加害行為が行われた地の法を適用するものとしている（17条）。また、より密接な関係がある地が他にある場合に関する例外（20条）や当事者間の合意による準拠法の事後的変更を認めている（21条）。生産物責任と名誉棄損の準拠法について17条の特例を定めている（18条、19条）。しかし、特別留保条項というべき法例11条2項、3項の規定が22条に引き継がれている。このことが知的財産侵害についての解釈にどのような影響を及ぼすであろうか。

　この問題は法性決定の問題と関わる。まず、知的財産権侵害の問題を知的財産権の効力の問題として知的財産権自体の準拠法によるとの見解がある。この見解によると、今回の法改正は、知的財産権侵害の準拠法に何ら影響を及ぼさないことになるであろう。つまり、知的財産権侵害についても保護国法によればよいことになる。この見解は、ドイツにおいても、1997年10月2日の連邦裁判所の判例（著作権に関するSpielbankaffair事件判決）にこれを支持するものがあり、また、1999年2月に成立した「契約外債無関係および物権関係に関する国際私法についての法律」によってドイツ民法施行法38条から42条に契約外債務に関する規定が挿入され、不法行為の準拠法に関する規定が柔軟化された際、その準拠法決定についての柔軟化の影響を極小化するために主張された

(Palandt, BGB (1999) S.2369 [Heldrich])。しかし、知的財産権侵害訴訟は、知的財産権という排他的独占権の侵害を問題にすることにはなるが、あくまで当事者間にのみ影響を及ぼす種類の紛争で、かつ、第三者の権利を害する場合にはその変更を第三者に対抗することができないのであるから（法適用通則法21条ただし書）、当事者の合意による準拠法の事後的な変更などの柔軟化により格別不都合が生じるとは思われない。

　次に、知的財産権侵害を国際私法上不法行為と法性決定して不法行為に関する法適用通則法17条以下の規定が適用されるとする見解がある。同法17条本文によると、加害行為の結果が発生した地の法によることになっているので、FM信号復調装置事件のように米国特許の侵害を積極的に誘導する行為を日本でしたような場合には、米国法が不法行為の準拠法になる。行動地を基礎として考える場合には、不法行為の準拠法と知的財産権の準拠法である保護国法が異なる国の法になることがあり、両者の関係をどのように捉えるべきかが問題になる。これについては、不法行為の要件のひとつである違法性の判断の際の先決問題の準拠法として、保護国法が問題になるものと考えられてきた。結果発生地法が準拠法になる限り、保護国法と不法行為の準拠法は一致するはずであるから、特にそのような問題を論じる必要がない。先決問題についての保護国法の適用が問題となるのは、同条ただし書のその地における結果の発生が通常予見することができないものであったときのみになる。その場合に保護国法によるのは、主として権利の存在、有効性および保護範囲になるであろう。先決問題に関する独立連結説と従属連結説の争いは、問題の性質を厳密にみれば不法行為の要件のひとつである違法性の判断に関わる部分問題に過ぎず、直接結論に影響を及ぼさないと思われる。つまり、法廷地国際私法により考えればよいであろう。その地における結果の発生が通常予見することができない場合というのはどのような場合を想定できるであろうか。当該の行為を通常行う平均人が持つ注意義務で予見できるかどうかが問題になる。

　インターネットのウェブ・サイトに他人の著作物を無断で掲示すれば、それは世界中から受信でき、世界中で著作権侵害が発生することは、ウェブ・サイトへ掲示することができる者であれば、通常予見できると評価されるであろうとする見解がある（澤木敬郎、道垣内正人『国際私法入門〔第6版〕』（有斐閣、2006年）240頁参照）。しかし、そこで問題となっているのは、「その地における結果の

発生」であるから、特定の結果発生地を予見できるかどうかであり、世界中で結果が発生することを予見できるかどうかではない。インターネットによるこのような事例の場合には、受信者側の行為がなければその地で侵害が生じないのであり、そのような行為があるかどうかは通常予見することができないものとみるべき場合も少なくない。このような場合には、加害行為が行われた地の法による方が当該不法行為と密接に関連するものとして妥当であるように思われる。もっとも、例えば、法適用通則法19条の名誉棄損又は信用棄損の特例に当たると考えられる場合に、被害者の常居所地法により、被害者が法人その他の社団又は財団であるときはその主な事務所の所在地法によるべきであることはいうまでもない。

ところで、同法22条1項により、外国法を適用すべき事実が日本法によれば不法とならないときは当該外国法に基づく損害賠償請求はすることができないものとされている。したがって、後述のような法例11条2項に関するFM信号復調装置事件における最高裁の多数意見（本章後述3参照）のような考え方をとれば、不法行為に基づく損害賠償請求ができないことになるであろう。

しかし、属地主義の根拠との関係でこの問題をより詳しくみるとすれば、最高裁のFM信号復調装置事件における判断のようになるとは思わない。属地主義が条約や国内立法の明文で定められているものではなく、これまでの国際条約上当該加盟国がこれと異なる決定をしない限り暗黙の前提とされてきたに過ぎない原則であるとみれば、属地主義の根拠も検討することなく、「特許権の効力を自国の領域外における積極的誘導行為に及ぼすことを可能とする規定を持たない我が国の法律の下においては」これを違法とすることはできず、不法行為の成立要件を具備するものということができない、とすることは妥当ではない。少なくとも、FM信号復調装置事件の事例との関係でみる限り、属地主義の根拠を無体物に関する客体の特定との関係で合理性を認める見解からすれば、米国特許法上ばかりではなく日本法上もその発明が特許性を備えたものであり、かつ、米国特許侵害に向けた積極的誘導行為を違法としても、日本向け製品と米国向け製品の仕様が異なり明確に区別できる以上、保護客体の混交が生じ、実質的に日本の特許権が制限されるわけではないはずであるから、法適用通則法22条1項の要件を満たすものとみるべきである。このように解するためには、国内の制定法が必要であるというのが最高裁の多数意見であるが、

最高裁の指摘する米国特許法271条b項なども規定自体から当然に域外適用する旨規定されているわけではなく、判例上の解釈論として認められるに過ぎないものである。このように解さないとすれば、外国からのわが国の知的財産権に対する積極的誘導行為は、日本では違法行為にならないとすれば、日本はまさに知的財産権侵害天国となり、日本の知的財産権の過小保護が生じる結果を導く可能性がある。現に韓国の大法院2004年7月22日第一部判決は、日本の商標権を侵害する製品を韓国で製造し、日本の行商人等を通じて日本に輸入し、日本の商標権を侵害したとして日本の商標権者から訴えられた事例（Xガール事件）において、FM信号復調装置事件に関する最高裁判例が引用され、韓国での行為は日本商標権の侵害にならないとしている。

　法適用通則法20条の明らかにより密接な関係を有する地が他にある場合の例外が知的財産権侵害訴訟に適用される。これが適用される典型的な場合のひとつとして、侵害者との間に当該知的財産権の実施・使用契約があり、その契約上の義務に違反した知的財産権の実施・使用行為があった場合が考えられる。この場合には、従来国際私法上どのように取り扱うべきか議論のあったところであるが、本条により不法行為について契約準拠法によることができるので、その限りで問題の解決が容易になったといえよう。もうひとつの例は、侵害者と被侵害者が同一の法域に常居所を有している場合に、共通常居所地法が明らかにより密接な関係がある法であるときは、その法によることができる。

　そのほかに、知的財産権侵害について、例えば、保護国法が明らかにより密接な関係を有する地の法といえるかどうかも問題になる。これは、とりわけ、17条ただし書が適用される場合に問題となり得る。17条本文の加害行為の結果が発生した地の法は、保護国法と一致するから、あえてこのような解釈論を展開する必要がないであろうが、ただし書が適用されて加害行為が行われた地の法が適用される場合には、このような解釈論を展開する実益が生じるであろう。さらに、インターネットによる知的財産権侵害のように拡散型不法行為について特則を認めてその全体について最も密接な関係を有する地の法を一定の基準で選択する見解によるとすれば、法適用通則法20条の解釈としてこの見解を展開することが考えられる。

　法適用通則法21条によって知的財産権侵害の準拠法について当事者による準拠法の事後的変更が認められるかも問題になる。知的財産権という排他的権

利に関わるので当事者による準拠法選択になじまないという議論も生じ得るであろう。しかし、明文上は、知的財産権侵害の場合を排斥してはいないし、侵害訴訟の効力はあくまで当事者間でしか影響が生じない。たとえ、第三者に影響を及ぼす場合が生じたとしても、その変更を第三者に対抗することができないのであるから、当事者による事後的な準拠法選択を認めても格別の問題が生じないであろう。

　さらに、知的財産権侵害の効果としての差止請求権、廃棄請求権と損害賠償請求権を分けて、前者を権利の効力とみ、後者を不法行為の問題とみる見解もあり得る。差止請求権は物権における物権的請求権と同様権利の効力の問題と捉えることができるからである。この見解は、とりわけ、FM信号復調装置事件における1審判決から最高裁判決まで一貫して採られた立場である。英米法においては、普通法上は損害賠償請求権のみが認められ、差止請求権等は衡平法上例外的に認めるのが伝統的な立場であった。そのため差止請求権が認められるのが例外的であったので、損害賠償額については多額になる傾向があった。それに対して、大陸法系諸国の知的財産法をみると、「権利侵害」等の項目の中で差止請求権と損害賠償請求権が一体として規定されていることが多いように思われる。例えば、差止請求権の要件は厳しいが、その代わり多額の損害賠償を認める米国のような法制があるので、国際私法上これをばらばらに法性決定すると、場合によっては過度の保護や過小保護が生じ、国際私法上の適応問題が発生する。適応問題の解決については、国際私法上理論的に研究されてはいるが、できる限りこのような問題が発生しないように法性決定することが望ましい。このような観点からみれば、差止請求権の問題を含めて法適用通則法17条以下が適用される不法行為とみるべきである。

　そこで、属地主義の原則との関係で外国知的財産権の侵害が問題になった事例を次のように2つに分けて考えてみよう。

2　外国特許権をその外国における行為によって侵害した場合

　この点については、満州特許事件に関する東京地裁昭和28年6月12日判決（下級民集4巻6号847頁）がある。日本会社で、多極真空管に関する満州国の特許を有する原告が、訴外日本会社Aが原告から実施許諾を得ていた日本の実施権者B社の製作した特許製品を日本で大量に購入して、これを使用して

ラジオ受信機を製作し、19万5千台を満州国に輸入し、満州国特許を侵害したとして、A社を吸収合併した被告日本会社に損害賠償請求の訴えをした。この判決は、特許権侵害を不法行為と法性決定したうえで、「特許権については、いわゆる特許独立の原則が行われ、日本国内においては、日本の特許権のみが権利として認められ、外国特許権は何ら権利として存在しない」「従って外国特許権を外国で侵害した行為は、……法例11条2項によって不法行為とはならないのである」として、原告の請求を棄却した。

この判決について、法例11条2項は、法廷地法の適用を定めるものであるが、この適用について学説上厳しく批判されている。つまり、この規定の性質は特別留保条項ないし特別公序条項なのだから、判例がいうようなそのような行為がわが国で行われたとすれば、不法行為になることまでは要求されておらず、同種の権利の侵害がわが国で不法行為になるかどうかが問われているだけである（山田鐐一「法例第11条第2項の適用について」『国際私法の研究』（有斐閣、1969年）142頁以下はじめ学説の多数はこの見解に立っている）。また、外国の特許権が日本国内では何ら権利として存在しないというのも正確でない。外国の特許権は原則として日本国内にその効力を及ぼさないだけであり、権利としての存在まで否定するのは妥当ではない。さらに、それを特許独立の原則で基礎づけようとするのも正しくない。法例11条2項は、ダブル・アクショナビリティの要件といわれ、特許権の属地性との関係でどのように解するか問題が生じる。明治31年法例のこの規定導入の際に参照されたドイツやイギリスにおいても、このような不法行為地法と法廷地法の二重の適用を要求する原則は、廃止ないし大きく制限されている（例えば、種村佑介『国際不法行為法の研究』（成文堂、2017年）251頁以下、325頁以下参照）。わが国においても同項で要求されるのは、わが国における同種の権利の存在であって、その外国の権利がわが国に効力を及ぼしていることまで要求されるものではないと解することができるとすれば、特許権の属地性と直接に関連するところではないので、法廷地法の要件を満たしているとみるべきではなかろうか。

3　外国特許権を日本における行為によって侵害した場合

最高裁平成14年9月26日第一小法廷判決（民集56巻7号1551頁、FM信号復調装置事件）は、同一発明に関する特許権が日本特許権についてはY会社に帰

属し、米国特許権が日本人Ｘに帰属し、かつ、米国向けの製品と日本向けの製品で仕様を異にする場合に、Ｙが米国向け製品を日本国内で製造し、米国の100％子会社にその製品を米国に輸出、販売させる行為が米国特許権侵害を積極的に誘導する行為に当たるとしてＸが米国特許権の侵害を理由に侵害製品の差止め・廃棄請求および損害賠償請求をした事例に関する。米国特許権の侵害がＹによる日本国内における積極的誘導行為によって成立するかどうかが争点となり、属地主義の意義や位置づけ自体の判断が求められた事案であった。１審、２審とも原告の差止め、損害賠償等の請求を認めなかった。東京高裁平成12年１月27日判決は、「特許権については、国際的に広く承認されているいわゆる属地主義の原則が適用され」「外国特許権に基づく差止及び廃棄請求については、法例で規定する準拠法決定の問題が生じる余地がない」としていた。原審判決に属地主義の解釈の誤りがあることなどを理由に、原告が上告受理の申立てをした。

　最高裁は、上告を受理し、侵害行為の差止め、侵害製品の廃棄請求につき、原審判決の「法例で規定する準拠法決定の問題は生じる余地がない」とした部分については、「外国特許権に関する私人間の紛争において、法例で規定する準拠法の決定が不要となるものではない」として明確に否定した。そのうえで、米国特許権に基づく差止請求については、米国特許権の独占的排他的効力の問題であるから、その法性決定を特許権の効力の問題とみたうえで、特許権の効力の準拠法を法例等に直接の定めがないから、条理に基づき当該特許権が登録された国の法律によるものとした（この判例のより詳細な紹介批評については、木棚照一「特許権の効力等の準拠法」民商法雑誌120巻１号106頁以下参照）。

　しかし、同時に、この最高裁判決は、米国特許法「271条ｂ項、383条によれば、米国特許の侵害を積極的に誘導する行為については、その行為がわが国においてされ、又は侵害品が我が国にあるときでも、侵害行為に対する差止及び侵害品の廃棄請求が認容される余地がある」ことを前提に、「米国特許法を適用した結果我が国内での行為の差止又は我が国内にある物の廃棄を命ずることは、」属地主義を採用している「我が特許法秩序の基本理念と相いれない」として、「法例33条にいう我が国の公の秩序に反するもの」と解して、米国特許法のそれらの規定の適用を排斥している。つまり、前段の準拠法決定段階では、わが国の抵触規定を条理によって探求して国際私法的に処理しているのに

対し、後段の準拠法適用段階においては、米国特許法の域外適用規定をそのまま適用すると、その適用結果が法例33条の公序に反するものとする。特許権に基づく差止め・廃棄請求をあくまで国際私法的に処理されるべき財産権に基づく権利行使とみれば、後段の米国特許法の域外適用規定の適用はないはずである。特許権の効力の及ぶ場所的限界については、権利自身の内容から当然に定まるものであって、国際的な選択の余地はない、とする論者自身のいう実体法説（松本直樹「ビジネス許法特許と国際的な特許侵害」竹田稔、角田芳末、牛久健司編『ビジネス方法特許――その特許性と権利行使』（青林書院、2004年）492頁以下、特に498頁）やこれを公法的法律関係として捉えて国際私法によるべき法律関係ではないとする公法説（沢木敬郎、道垣内正人『国際私法入門〔第6版〕』（有斐閣、2006年）273頁以下、早川吉尚「国際知的財産法の解釈論的基礎」立教法学58号198頁以下）から、この判決によっては明確に自説を否定されてはいないと主張されるのである。しかし、国際私法によるべき法律関係かどうかはあくまで前段の準拠法決定段階での問題である。

　この判決における後段の準拠法適用段階での米国特許法の域外適用規定の扱いは、特許権の属地主義の抵触法的側面と実質法的側面の関係に関する理解に関連する。特許権の属地主義は、一方では、権利の成立、効力、存続期間等が保護国法によるという抵触法上の原則を導くとともに、他方では、付与された権利の効力は付与国の領域内にのみ及ぶという実質法上の原則を含むことになる。この最高裁判決の論理は、必ずしも明確ではないが、属地主義に関するこのような理解を前提として、おそらく米国の域外適用規定を権利の効力の及ぶ場所的範囲に関する実質法上の原則とみたものであろう。しかし、米国特許法の域外適用に関する規定は、特許権を所有権と類似する排他的独占的な支配権と捉えるのではなく、競争法上の権利として捉える立場から、競争法の場所的適用に関する原則（域外適用規定）を特許法に類推適用して、その行為の効果が米国市場に及ぶ場合に米国特許法を域外適用しようとする思想に基づくものである。競争法上の域外適用規定がもともと不法行為に関する結果発生地説を基礎として形成されたことからも明らかなように、一種の抵触規定であり、内国法の適用についてのみ問題としている点で、一方的抵触規定である。FM信号復調装置事件に関する最高裁判決は、この点を明確に認識していないだけである。この点から逆に、いわゆる実体法説や公法説を肯定しているかのように

みるべきではない。

　ところで、法例33条（法適用通則法42条）の公序は、外国法の内容そのものではなく、その外国の適用結果を問うものであり、その適用結果の異常性、不当性が重大な影響を内国的法律関係にも及ぼし、わが国の私法秩序を破壊するおそれが生じる場合に、その外国法の適用を排除しようとするものである。ところが、本件判決は、単に「属地主義の原則に反し、特許法秩序の理念と相いれない」と述べるのみであり、それ以上具体的な適用結果について言及していない。米国特許を日本特許が同一発明に関するものであり、その帰属者が異なるのであるから、それ以上述べる必要がないとみたものかもしれない。しかし、本件の場合に、被告が製造し子会社を通じて輸入販売していた米国向け製品は、被告が製造した日本やヨーロッパ向けの製品と異なる特殊なものであった点を考慮すべきである。YがXと同一の発明に関する日本の特許権を有していたとしても、米国の特許権を有しない以上、米国向けの仕様の製品を日本で製造し、米国の100％子会社を通じて輸出、販売させる行為は、権利濫用として違法な行為というべきである。Yのそのような行為の差止めを特許権の準拠法である米国法によって認められるとしても、その結果をわが国の公序まで持ち出して排除すべき異常、不当な結果を生じさせるものではない。この点で準拠法の適用結果をそれ以上詳しく検討せず、法例33条の公序を適用して差止めを認めなかった判旨には賛成することはできない。

　他方、損害賠償請求については、不法行為とみて法例11条を適用し、同条1項の不法行為地を米国とみて、同国特許法271条(b)項、284条により損害賠償責任が肯定される余地があるとしながら、特許権の効力を自国の領域外における積極的誘導行為に及ぼすことを可能にする規定を持たないわが国の法律のもとでは、同条2項により外国において発生した事実が日本の法律によれば不法行為に当たらないことになるから、損害賠償請求を認めない原審の判断は正当であるとした。しかし、この判決には、井嶋裁判官の補足意見のほか、藤井裁判官の反対意見が付けられている。なかでも藤井裁判官の反対意見は、損害賠償請求について、「日本特許権の侵害を積極的に誘導した者の行為が我が国の国外で行われた場合であっても、特許権侵害者の直接侵害行為が国内で行われたときは、侵害を積極的に誘導した者は、国内における特許権侵害に加担した教唆者又は幇助者として共同行為者とみなされ、直接侵害者と一体となって

国内での損害を生じさせたものとして損害賠償責任を負うべきものと解するのが相当である」として、「当該日本会社は、米国会社との共同不法行為者として損害賠償責任を免れない」としている。学説上は、損害賠償請求の点については結論的に藤井裁判官の反対意見に賛成するものが多いといえる。

　本件のように100％米国子会社を利用する、米国知的財産権侵害に向けられた意図的行為による教唆や幇助に当たる行為は、米国の国外でなされた行為であっても、米国における直接侵害行為と結合して米国の知的財産権侵害による損害を発生させている以上、米国において行われた行為とみて、救済を与えるべきである。また、法例11条2項は外国で生じた事実が日本法によっても不法行為となることを要求しているが、これは外国で生じた同種の権利侵害行為が日本法上も不法行為となることを要求したものに過ぎず、米国特許権の効力が日本に及んでいることを要求したものでないことはこれまでの学説や判例上からも明らかであった。

　ところが、最高裁の多数意見は、法例11条2項を理由に損害賠償請求を認めなかった。このような解釈は、外国特許権侵害につき日本で訴訟を認めておきながら、損害賠償請求を認めない結果を導き、知的財産権の国際的保護の観点から妥当性を欠く。また、差止請求と廃棄請求を損害賠償請求とは法的性質を異にするものと捉えて、特許権の効力とみて登録国法を適用した点も、国際私法上の法性決定として問題がある。実質私法上は区別して考えるべきという見解も成り立ち得るが、少なくとも、国際私法上は、損害賠償請求ばかりではなく、差止め・廃棄請求も含めて、総括的に違法行為に対する法的効果とみて不法行為の問題として法性決定すべきであると考える。このように考える方が解決困難な適応問題を生じさせない点からみても妥当である。

　米国に独特な知的財産権の捉え方やそれに基づく抵触法規則も問題となり、議論や判断に混迷がみられる。そのような混迷に伴って、これを厳しく批判するとともに、特許権の属地主義の根拠を特許権自体の内容や性質に求めるいわゆる実体法説や公法説が、わが国における実務家の感覚や産業界の現在の防衛的姿勢とも関連してか、勢いづいてきているように見受けられる。これらの見解は、知的財産権一般にそういうのではないとしても、少なくとも特許権に関する限りは、渉外的事例を国際私法により解決するのではなく、その権利自体の内容や法規の性質から解決の規則を導き出し、それによって解決しようとす

る。この点で法規分類学派への回帰の傾向を示すものともいえよう。確かに、近代国際私法学の基礎を築いたサヴィニー（Friedrich C. von Savigny）も、その当時の現代的視点からローマ法を歴史的に見直すことを通じて法律関係の性質に応じた本拠を見出し、双方的抵触規則を形成することが困難な一定の問題について、法規から出発することを容認している。米国抵触法革命の際にも法規分類学派への回帰が指摘された。このような方法論的な議論を通じて知的財産権に関する国際私法問題についての認識が深められる契機になるのであれば、わが国における国際知的財産法学の実務界への普及や現代的課題に即した理論的発展にとって必要な過程なのかもしれない。

　しかし、少なくとも比較的若い時期から比較国際私法学的観点を含めてこの問題を研究してきた筆者にとっては、歴史への逆行に見えてしまうのである。WTOの下でのグローバル化の進行、インターネットやデジタル技術の発展など新しい社会状況の変化に対応して知的財産権を適切に保護すべき要請が高まっている。WTO/TRIPsの下で実質法的統一が可能な部分があることは事実であるが、各国の社会状況を直視しないで実質法的統一を強行しようとすると知的財産権に関する問題を政治問題化してしまう危険性が生じる。むしろ実質法的相違を残しながら、伝統的な属地主義を先験的に前提とすることなく、柔軟な国際私法原則を探求し、それを統一していくことにより知的財産権の国際的保護を確保する方法も重要になるように思われる。比較国際私法学からみると、すでにかなり長い期間を経て形成されてきた一定の成果がみられるのであり、いわゆる実体法説や公法説から出発しなければならないような法律状態ではないと思われる。FM信号復調装置事件最高裁判決が国際私法による準拠法決定の必要性を宣言したのはその点で重要な意味を持つ。

　しかしながら、一連の判例の中には、属地主義の意義、根拠、内容を厳密に問うことなく、これを先験的に前提として、厳格に日本の国内で行われた行為や日本法上の権利についてのみ救済を与える態度が垣間見られる。それに対して、不法行為地等をより柔軟に捉えて、適切な救済を与えるべきとする見解が有力に主張されている。例えば、FM信号復調装置事件では、日本の親会社の米国子会社に対する米国特許権侵害の積極的誘導行為をたとえ日本で行われた行為であっても、意図的に米国に向けられた教唆・幇助行為であり、米国における子会社の直接侵害行為と結合して初めて効果を生じる行為である以上、米

国で行われた行為とみて、米国特許の侵害として日本で救済を与えられるべきと主張されている。また、いわゆる道具理論によって、米国100％子会社を自己の手足のように使用している点を捉えて日本の親会社の米国における行動があったとみる見解も主張されている。伝統的な知的財産権の属地性を基礎としてその権利の属地的効力の及ぶ領域内ですべての不法行為要件を満たすような行動が行われなければならないことを前提に不法行為地を決定するとすれば、保護国と不法行為地の完全な一致により明確で分かりやすい抵触法原則を導くことができるという利点はあるものの、知的財産権の保護が不十分になるおそれがある。例えば、FM信号復調装置事件の最高裁の多数意見を前提とすれば、登録国の領域外で特許の侵害製品を製造し、その100％子会社を通じて登録国に輸出し、販売させる者は、登録国の領域内での行為が存在しない以上、わが国においては法例11条2項（法適用通則法22条）を理由に特許権侵害に基づく責任を問うことができない。しかし、判例に現れているこのような硬直的な不法行為地の捉え方には、知的財産権の国際的保護の観点から疑問があるところであり、今後早急に克服されるべきであろう。

4　外国特許権侵害の消極的確認訴訟

　外国特許権の消極的確認訴訟が日本の裁判所で問題となることがある。典型的には、日本法人間で外国特許権侵害に関する警告書が送付されたために、警告書を受け取った側の日本法人がその特許権者である日本法人に対して外国特許権に基づくその外国内での差止請求権不存在確認、その特許権侵害の情報を告知したり、流布したりする行為の差止め等を求めて訴える場合である。

　このような事例に関する判例として、国際裁判管轄権のところでも取り扱った東京地裁平成15年10月16日判決（東京地裁平成14年（ワ）第1943号、判タ1157号109頁、サンゴ化石粉体事件）がある。準拠法の争点に関わる事実に重点を置いてもう一度簡単に紹介してみよう。Xは、沖縄県に本店を置く日本法人であり、同県にサンゴ化石鉱山の採掘権を有し、健康食品として約5000メッシュの粒子からなるサンゴ化石粉体（以下、X製品という）を製造、販売し、米国にも同製品を輸出、販売している会社である。Yは、東京都に本店を置く日本法人であり、サンゴ砂を利用した健康増進のための組成物等（約150ないし500メッシュの粒子）の発明につき米国特許権（USP No.4540584、保護期間満了2003年12

月28日）を有した会社（警告書発信当時は同社社長Bに帰属）である。Yは、その本店からXの米国における取引先A社に対してX製品がYの米国特許を侵害するなどと書いた警告書等を送付した。そこで、Xは、Yに対して、①XによるX製品の米国内での販売につきYの特許に基づく差止請求権を有しないことの確認、②日本国内からXの取引先に対してX製品の米国内での販売がYの特許権を侵害することを告知し、流布してはならないこと、③Xの取引先による米国内でのX製品の販売につきYの特許に基づく差止請求権を有しないこと、④日本国内からXの取引先に対してX製品の米国内における販売がYの特許権を侵害することを告知し、流布してはならないことの確認請求と⑤Yの警告が不正競争防止法2条1項14号所定の虚偽事実の告知・流布に当たるとして1871万円余の損害の賠償等を求める訴えを東京地裁に提起した。

　東京地裁は、Xの請求のうち、①②④の請求を認容し、⑤については299万円余とその利息についてのみ認容し、③については訴えを却下した。

　請求①について「米国特許権に基づく差止請求は、被害者に生じた過去の損害のてん補を図ることを目的とする不法行為に基づく請求とは趣旨も性格も異にするものであり、米国特許権の独占的排他的効力に基づくものというべきであるから、その法律関係の性質は特許権の効力と決定すべきである。特許権の効力の準拠法については、法例等に直接の定めがないから、条理に基づいて決定すべきところ、」「当該特許権の保護が要求される国は、登録された国であることに照らせば、特許権と最も密接な関係があるのは、当該特許権が登録された国と解するのが相当であるから、当該特許権と最も密接な関係がある国である当該特許権が登録された国の法律によると解するのが相当である」「したがって、①の請求については、米国特許法が準拠法となる。」

　請求②、④について「差止請求権は、営業誹謗行為の発生を原因として競業者間に法律上当然に発生する法定債権であり、請求の趣旨第5項の損害賠償請求権は不法行為により生ずる債権であるが、これらの適用関係については、いずれも法例11条1項により規律されているものであって、請求権の原因事実の発生地の法が準拠法となる。本件については、Xは、Yがその本店所在地である東京都から、Xの米国における取引先に対して、電子メール及び郵便書簡により警告を行ったなどと主張して、Yが日本国内からXの米国内の取引先に対して行う告知・流布行為の差止め及び損害賠償を求めているものであるか

ら、原因事実の発生地は、Yが電子メール及び郵便書簡を発信ないし発送した地である我が国の法が準拠法となる。したがって、Yの行為が不正競争防止法2条1項14号（著者注：現在の15号）所定の不正競争行為に該当するかどうかを判断することとなる。」「そこで、競業者が特許権侵害を疑わせる行為を行っている場合において、特許権者が競業者の取引先に対して、特許権侵害に関する告知をする行為が、虚偽の事実の告知として不正競争行為に該当することがあるかどうかが、問題となる。」「当該告知が、真に権利行使の一環としてされたものか、それとも競業者の営業上の信用を毀損し市場での競争において優位に立つことを目的としてされたものかは、当該告知文書等の形式・文面のみによって決すべきものではなく、当該告知に先立つ経緯、告知文書等の配布時期・期間、配布先の数・範囲、告知文書等の配布先である取引先の業種・事業内容、事業規模、競業者との関係・取引態様、当該侵害被疑製品への関与の態様、特許侵害訴訟への対応能力、告知文書等の配布への当該取引先の対応、その後の特許権者及び当該取引先の行動等、諸般の事情を総合して判断するのが相当である。」「これらの点に照らせば、」「Yが日本国内からXの米国内の取引先に対して電子メールないし書簡により行った警告行為は、不正競争防止法2条1項14号所定の不正競争行為に該当するというべきである。」

　この判決は、米国特許法上の差止請求権の存否につき積極的に判断している点で注目される。

5　日本における外国著作権侵害訴訟の準拠法とその適用

(1)　著作権の属地性と外国著作権侵害訴訟

　著作権の属地性をどのように考えるべきであろうか。著作権は特許権のようにそれぞれの登録国における所轄機関の付与行為を媒介としてその対象を特定し、公示して認められる権利ではないので、その権利の属地性は特許権ほど強くないといえる。ベルヌ条約自体の中で権利の属地性を考慮した保護国法の適用のほか、著作物の本源国ないし本国の法の適用を前提とする規定がみられるのはこの点と関連する。つまり、ベルヌ条約の規定によると、著作物もその著作者と同様に本（源）国を持ち、どこで問題となろうともそれが適用されることを前提とする一定の国の法を持つことになる。ここで本源国というのは、ベルヌ条約5条4項に定めるものをいう。きわめておおまかにいうと、同盟国で

発行されている著作物については最初に発行された同盟国、そうでない著作物については著作者の本国が著作物の本源国になる。これは、その内容を知ればどこでも、誰でも、いつでも利用することができる偏在性を有する無体物としての著作物に対して、何ら保護要件としての方式を要求することなく排他的、独占的権利を法律によって与え保護するものであることと関連する。保護期間（7条8項）、応用美術の保護（2条7項、7条4項）、追及権（14条の3）に本源国法の適用を前提とする規定がみられるが、これらはいずれも、保護の拡大要件としてではなく、保護の制限要件として働くことになっている。

(2) 著作権侵害訴訟の準拠法

著作権侵害について損害賠償請求権のみが問題となるときは、不法行為の問題として法適用通則法17条によるのが従来の判例である（東京地裁平成16年5月31日判決（判時1936号140頁）、東京地裁平成21年4月30日判決（判時2061号83頁）、東京地裁平成21年7月11日判決（判時2061号83頁）、東京地裁平成24年7月11日判決（判時2175号）、知財高裁平成28年6月22日判決（判時2318号81頁）等）。しかし、損害賠償請求権のほか、差止請求権が問題となる場合には、差止請求権については、著作者人格権侵害に関しベルヌ条約6条の2、3項、著作権侵害に関しベルヌ条約5条2項又は法適用通則法13条により、保護国法によるべきとする判例がある（東京地裁平成16年5月31日判決（判時1936号140頁）、東京高裁平成16年12月9日判決（裁判所HP平16(ネ)3656）、知財高裁平成20年2月28日判決（判時2021号96頁）、知財高裁平成21年10月28日判決（判時2061号75頁）、知財高裁平成26年9月10日判決（裁判所HP平25(ネ)10039）等）。これは、著作権侵害についても特許権侵害に関するFM信号復調装置事件に関する最高裁判決の考え方に追従しようとするものである。これに対して、差止請求権と損害賠償請求権を区別せず、いずれも不法行為の問題として法性決定している判決として、例えば、東京地裁平成28年9月28日判決（平27(ワ)482号）がみられる。

著作権についても、その保護対象の無体性、偏在性とも絡んで、その保護範囲や保護内容などがそれぞれの国の文化政策等が必然的に反映し、統一法条約に直接定めがない限り法律の内容も異なるものであるから、基本的に属地性を持つ権利である。著作権の準拠法を考える場合に、著作権の属地性をどのよう

にみるか、その根拠をどこに求めるかなどの問題が生じる。判例の中には、著作権が物権類似の排他的権利であるところから、法例10条（法適用通則法13条）に求めるものがある。これは著作権の物権と類似する性質に着目して所在地を擬制するものであり、準拠法の根拠をわが国の制定法に求めようとすればこのような見解になるであろう。しかし、前章に述べたように法例10条（法適用通則法13条）がその規定の沿革からみても有体物に関する物権についての規定であり、そこにいう所在地法というのは現実的な所在地の法とみるべきであることはすでに述べた。このような立場を前提とすれば、法例10条に根拠を求める見解に安易に賛成することができない。

　そこで、ヨーロッパ諸国において有力なベルヌ条約における内国民待遇の原則、とりわけ、ベルヌ条約5条2項に根拠を求めることも考えられる。しかし、この点もしばしばベルヌ条約5条2項の文言から保護国法の概念を無理に根拠づけようとすることになるために保護国法をウルマー教授などと異なり法廷地法とみる見解が生じるなど混乱を引き起こしている。ベルヌ条約5条2項の文言からみれば、そこでいわゆる「保護が要求される同盟国の法令」とは素直にみると法廷地法と読むことになるであろう。この見解は、理論的に外国人法の前提となる抵触規定がそのまま国際私法規定として妥当することを理論的前提とするものである。しかし、外国人法は渉外関係を念頭に置いた特別の実質法であり、純国内的私法関係を念頭に置いた実質法と性質を異にするから、そのような理論的前提自体が当然に生じるものではない。また、その規定の立法過程、つまり、1908年のベルヌ条約ベルリン改正会議の資料からも直ちに法廷地法とは概念を異にする双方的抵触規定としての保護国法の原則を定めたとみる根拠を見出すことができず、ウルマー教授の原則の導き方に無理があると思われる。そもそもベルリン改正以前においては、従来本源国法により認められていた方式の具備が条約上の保護の要件として要求していたために、保護の範囲や救済方法についても本源国法上の規定が原則的に累積的に適用されていたので、無方式主義の趣旨を徹底する観点からこれを法廷地法のみによる旨を定めたものである。この点は、保護期間についてのみは現在でもその時代の考え方が残されているので、それと対比すると理解しやすいであろう（ベルヌ条約7条8項参照）。したがって、この規定は、外国著作権の侵害訴訟において法廷地法の定めるところによる趣旨を含むとしても、法廷地の国際私法により法廷

地法以外の実質法の適用を命じることを禁止するものではないのである。ウルマー教授の学説以来、国際私法の原則として保護国法の原則をとる見解が有力になったことは、このようなベルリン改正会議の結果成立した国際的合意との関係で理解すべきである。

　ベルヌ条約5条2項の規定は、以前から暗黙のうちに認められてきた著作権の属地性を間接的に前提とするとしても、そこから論理必然的に保護国法の原則を導き出せるものではないのである。もし、ベルヌ条約の規定それ自体から直接に保護国法の原則が導かれるとすれば、条約の規定は国内法の規定に優位するとするのがわが国の憲法98条2項の解釈から導かれる当然の解釈とするのがわが国の通説であり、行政先例であり、判例（徳島地裁平成8年3月15日判決（判時1597号115頁）など）でもあるのであるから、わが国の国内法の規定のいかんを問わず保護国法の原則によらなければならないことになる。ところが、そうでないとする考え方からすれば、直接的にそのようにいうことはできない。しかし、ベルヌ条約成立以前の著作権に関する属地主義の原則をベルヌ条約は暗黙のうちに認めていたので、同盟国の国内法にこれと異なる特別の規定がない以上、属地主義の原則の抵触法的反映である保護国法の原則が認められるべきと考える。そのような立場からみると、この点に関するわが国の規定が問題になる。つまり、わが国の国際私法上は、これと異なる特別の規定がない限り、著作権の成立、内容、効力、消滅などもその領域について保護が求められる国の法によるべきことになる。

　ところで、わが国の国際私法の規定、とりわけ、2007年1月1日から施行されている法適用通則法の規定との関係でどのようにみるべきであろうか。先に述べたように一部の学説や判例においては、法適用通則法13条が知的財産権を含んで規定しており、知的財産権の所在地を保護国とみて保護国法を適用する立場がある。しかし、著作権を含み知的財産権の客体はその所在地をもたないことに特徴がある。知的財産権について所在地の擬制を法適用通則法13条が前提とし、知的財産権についてもその中に含まれると解釈するには、少なくとも法適用通則法の立法過程でそれを認めることを前提とした議論があることが前提になるであろう。しかし、そのような議論がなされた形跡はないように思われる。また、所在地を擬制するとしてもいろいろな考え方があり得るであろう。例えば、保護国法のほか、権利者の住所地や常居所地、本国なども問

題になり得るであろう。保護国であるとするにはそれなりの検討とその結論の理由づけが必要になるであろう。

　わが国の制定法においてこれと異なる趣旨の特別の規定がない以上、ベルヌ条約が黙示的に認めている保護国法、つまり、その領域について保護が求められている国の法によることを前提としているものと推論されることになる。もう少し詳しくみると、著作権侵害さらに広く知的財産権侵害の法性決定については、不法行為とする見解（従来の多数説）、著作権の効力とみる見解（紋谷、中野等）、差止請求については著作権の効力とみて著作権の準拠法により、損害賠償については不法行為とみて不法行為の準拠法による見解（FM信号復調装置事件最高裁判決）がある。差止請求と損害賠償請求に関しては比較法的にみても権利侵害、侵害に対する救済等の表題の下で実質法上一緒に規定されている国が多く、権利侵害に関する救済はこの双方とその他の救済方法によって各国ごとにそれらのバランスが全体としてとれるように構成されている。損害賠償と差止めその他の救済方法をそれぞれ別の法律関係として法性決定して、異なる準拠法を適用するとすれば、場合によっては適応問題が生じる可能性がある。このような法性決定はできる限り避けるべきである。

[第 12 章]

知的財産権に関する契約の準拠法

1　日本における契約準拠法と知的財産権の譲渡、実施・使用許諾契約の準拠法

　明治 31 年以来日本の国際私法の基本法典とされてきた法例が、約 110 年ぶりに改正されて「法の適用に関する通則法」（以下、法適用通則法という）が、2007 年 1 月 1 日より施行されている。契約準拠法に関する規定も当事者による準拠法選択ができる点については変わっていないが（法適用通則法 7 条）、当事者による準拠法変更を認める規定が新設され（法適用通則法 9 条）、当事者による準拠法選択がない場合に関する規定（法適用通則法 8 条）が大幅に改正された。

　当事者による準拠法選択がない場合について、最密接関係地法によるものとし（法適用通則法 8 条 1 項）、特徴的給付を当事者の一方のみが行う場合には、その特徴的給付を行う当事者の常居所地法、その当事者がその法律行為に関係する事業所を有している場合にはその事業所の所在地法、その当事者がその法律行為に関係する事業所を法の異なる地域に有するときは、主たる事業所の所在地法と推定するものと規定する（法適用通則法 8 条 2 項）。ここで特徴的給付というのは、その種の契約を他の種類の契約と区別する基礎となる給付をいう。しかし、すべての契約につき類型的に容易に特徴的給付を決定できるわけではない。

　例えば、売買契約についていうと、売主の目的物の引渡義務と買主の代金支払義務が問題になるが、代金支払義務はすべての契約に一般的にみられる義務であるから、売主の給付が特徴的給付となり、売主の常居所地法によるという推定を受けることになる。また、弁護士への委任契約についていうと、特徴的給付となるのは委任された法律業務の遂行に関する給付となるから、その弁護士の事務所所在地の法が最密接関係法と推定される。また、知的財産権に関す

る契約であっても、譲渡人が知的財産権の譲渡に必要な行為をする義務を負い、譲受人がその代金の支払義務を負う、売買契約に類似する比較的単純な譲渡契約についてみれば、譲渡人が特徴的給付を行うことになるから、譲渡人の常居所地法によるとの推定を受けることになるであろう。

契約の準拠法について契約締結時に明示的な準拠法選択の合意（準拠法約款）があった場合には、その合意された準拠法により（法適用通則法7条）、契約締結後に準拠法変更の合意を契約当事者でした場合には、その合意した法によることになる（法適用通則法9条）。契約締結前に準拠法合意をしてその後に契約を締結した場合には、その合意は規定の文言からいえば、考慮されないようにも読めるが、実際上は契約締結時にも同様の合意が存続したものと認定されることが多いであろう。

法例の下におけるわが国の判例多数説は、明示の合意がない場合にも黙示的合意を広く認めてできる限り行為地法の規定を適用しないようにしてきた。しかし、特徴的給付の理論を取り入れた現在の規定のもとで黙示意思によることをどこまで認めるかについては議論の余地がある。国際私法の改正に関する要綱中間試案（平成17年3月22日）の段階では、黙示の意思による場合を「法律行為その他これに関する事情から一義的に明らかなものでなければならない」という規定を入れて制限する案がA案とされていたが、その後急速な変化は望ましくないとの意見が強く、この点について規定を設けないことにした。

そこで、黙示の合意をどのように、どの範囲で認めるべきかについては議論が分かれる。一方では、このような立法経過からみて、「一義的に明らかでない」場合にも黙示の意思が認められるのであるから、従来の規定のもとで判例上黙示意思が認められたような事例については、黙示意思を認めてよいとする見解がある。他方では、法例の下で黙示意思の探求が広く認められたのは、法例7条2項の行為地法による旨の一律的な規定が契約の多様性や隔地者間の契約の増加、インターネットによる契約の登場などで妥当性を欠く為にこれを補正するために認められてきたものであるので、最も密接な関係のある法への客観的連結と特徴的給付の理論による推定という柔軟な規定が導入された以上、黙示による準拠法指定の意義は実際上限定されたものになるとする見解がある。確かに、黙示意思による準拠法決定の必要性は改正以前よりは減少するであろうし、それによって準拠法を決定する場合にも、あくまで現実的意思として黙示

意思を認定する必要がある。しかし、例えば、知的財産権の実施・使用許諾契約については、これまで種々の事情を勘案して知的財産権の保護国法によるとする黙示的合意を認めてきた事例がある。後に述べるように、特徴的給付の理論を実施・使用許諾契約に適用する場合に、特徴的給付の決定につき見解が分かれる可能性があり、最も密接な関係のある法の決定も困難を伴うことが少なくない。このような場合に、当事者の黙示的意思を認定して準拠法を決定する方法は、むしろ当事者の期待の保護や予測可能性の保護に役立つことが少なくないであろう。黙示意思の認定を厳格に制限しようとする見解には直ちに賛成することはできない。

　特徴的給付の理論によると、知的財産権の譲渡については、譲渡者の方が個性的、特徴的な給付をすることになるので、譲渡者の常居所地法によるよう推定されることは争いがない。しかし、知的財産契約の実施・使用許諾契約の場合には、実施・使用許諾者の常居所地の法による見解、実施・使用許諾者の常居所地の法による見解、契約の類型や内容によって異なるものとし、通常の通常実施の場合には許諾者の常居所地法によるが、専用実施契約の多くのものにみられるように、一定の期間内に一定の金額の実施を義務づけられている場合、実施権者が顧客情報の提供義務や改良発明の提供義務などを負う場合など実施権者がむしろ特徴的給付を負っていると認められるような場合には、実施権者の常居所地の法によるものとする見解がある。この点について特許実施契約を例にとって考えてみよう。実施権者は実施料を支払うのが主な義務であり、実施許諾者は特許の実施を実施権者ができるように特許製品に関する技術情報を提供したり、技術指導を行ったりすることが多い。そうとすると、実施許諾者が特徴的給付を行うことになり、実施許諾者の常居所地法が最密接関係法と推定される。しかし、契約内容を見るとそう単純にいえる場合だけではない。特に、専用実施契約については、実施権者は、実施料を支払う義務だけではなく、一定以上の販売高を達成すべき義務、顧客からの商品情報を実施許諾者に通知すべき義務、商品について改良技術を考案した場合にこれを許諾者に帰属させる義務など諸種の義務を負うのが通常である。このような場合に特徴的給付を負うのが常に実施許諾者とみてよいのか。

　これは、特徴的給付を契約類型ごとに一般的にみて決定するのか、それとも、個々の契約の特徴、とりわけ、両当事者の契約上の給付内容にも着目して決定

すべきかに関する問題にも関わる。特徴的給付の理論は、あくまで最密接関係法の決定についての推定規定である点に着目すると、個別的な契約ごとの検討を行う方が妥当であるように思われる。のみならず、同じ特徴的給付の理論を取りながら、発展途上国では、原則として実施権者の給付を特徴的給付とみ、先進諸国では実施許諾者の給付を特徴的給付とみる傾向がある。それだけに、国際的な判決の調和という観点からは、個別的に契約をみて、どのような要因があるときは実施許諾者が特徴的給付を負担するものとみるべきであり、どのような要因があるときはむしろ実施権者が特徴的給付を行うものとみるべきか、についての議論を深め、一致点を探っていく必要があるのである。

このように特徴的給付は相対的なものであるから、契約の類型や内容を考慮して各契約ごとに決めるのが妥当と考える。例えば、実施権者に実施義務を負担させるような場合であっても、実施許諾者が日常的な技術援助のための情報提供、人材派遣等が定められている場合やノウ・ハウの伝授義務が定められているような場合には、むしろ、実施許諾者が特徴的給付を行うものとして、実施許諾者の常居所地法（主たる事務所所在地法）によるべきであると考える。

2　知的財産権の準拠法と契約準拠法の関係

知的財産権の成立、効力、消滅などについては、保護国法、つまり、その国の領域について保護が求められている国の法によることは広く認められている。もっとも、保護国法の概念が国際的に広まる契機となった1975年のマックス・プランク無体財産法研究所のウルマー（Eugen Ulmer）草案においてベルヌ条約5条2項がその根拠として援用されたこととも関連して、保護国法を法廷地法と理解する見解が生じた。確かに、ある国の裁判所は自国の知的財産権についてのみ国際裁判管轄権を持つとすれば、保護国と法廷地法は一致する。しかし、自国民同士の、又は、自国民を被告とする外国知的財産侵害訴訟などについて国際裁判管轄権が認められるようになると、必ずしも保護国法と法廷地法は同一ではなくなる。ウルマー草案における保護国法の概念はこの段階でのものであることに注意する必要がある。また、登録によって生じる知的財産権については、登録国という概念で置き換える立法や判例、学説などがみられる。

確かに、その方が連結概念を明確にしやすい側面がある。しかし、ここで問題となる準拠法は必ずしも登録後のものに限るのではなく、登録のための出願

手続から問題になるのであり、登録国を連結点とするのではそのような場合を包摂するものとすることは難しい。また、登録の有無は、登録地法によって決定せざるを得ない面を持つので、各登録国の領土法によらざるを得なくなり、その点では国籍を連結点とする場合に類似することになるであろう。そうとすれば、かつてのシンガポール法のように本国において登録された権利をそのまま自国で登録される権利とするような国においては、登録国が重なるおそれがあり、その決定が困難になる場合が想定できる。したがって、登録国法への置き換えは妥当とはいえない。確かに、ベルヌ条約5条2項の文言からそのまま保護国法を導くとすれば、「その国において」保護が要求される国と理解し、法廷地法と同視する見解が生じ得る。しかし、それは、保護国法を導く根拠をベルヌ条約のこの規定に求めること自体の問題であって、保護国法によること自体の妥当性を否定するものではない。

　それでは、この知的財産権の準拠法と契約準拠法は、知的財産の譲渡契約や実施・使用許諾契約についてそれぞれ別の国の法を準拠法とすることができるとみるべきであろうか。最も極端な考えによれば、このような契約については、契約準拠法に関する一般原則としての当事者自治を排除して譲受人や実施権者が内国民であれば常に内国法によるものとし、又は、常に保護国法への客観的連結を主張することになるであろう。しかし、少なくとも知的財産権に関する契約につき準拠法約款が定められていた場合やそうでなくとも契約に関する諸種の事情からみて特定の法が黙示的に合意されたと認められる事実があるにもかかわらずこのような客観的連結を行うことは、譲受人や実施権者の利益保護に役立つとしても、当事者の期待や予測可能性を軽視するものである。このような立法や判例を有する国は長期的にみれば技術移転の停滞を招くことになり兼ねない。

　また、契約準拠法と知的財産権の準拠法の一致を導こうとする見解も、法律関係の単純化の利点を有し、当事者の意思に合致する場合もあるとしても、知的財産権の準拠法である保護国法以外の特定の国の法を準拠法とする約款があり、又は、黙示的な準拠法合意によって保護国法以外の国の法が選択されている場合にまでそのようにするのは、このような契約の債権契約的側面を軽視し、当事者の期待や予測に反する結果を招き、取引の実態にも合わない結果を生じさせる。かつては当事者自治を排除していた中南米諸国においても現在では当

事者自治を認める傾向が見られるといわれている。当事者が契約締結時に準拠法選択の合意をしていない場合にどのように準拠法を決定すべきかについてはすでにみたが、特徴的給付の理論の適用などによって保護国法と異なる国の法を契約の準拠法とする場合が生じ得る。

　このように、知的財産権に関する契約について知的財産権自体の準拠法と別に独自の準拠法を持ち得るとすれば、知的財産権の準拠法と契約準拠法の関係、とりわけ、それらの準拠法の適用範囲をどのように考えるべきかが問題になる。従来の通説的見解によると、この２つの準拠法の関係を物権変動に関する原因行為の準拠法と物権行為の準拠法に類似する関係にあるものとみて、原則として、債権的側面には契約準拠法が、物権的側面については知的財産権の準拠法が適用されるものとする。したがって、債権契約としての知的財産権の譲渡契約や実施・使用契約の成立については、当事者の行為能力（法適用通則法４条）や法律行為の方式（法適用通則法10条）など別の単位法律関係とされているものを除き、契約準拠法（法適用通則法７条から９条）によることになる。

　例えば、申込と承諾が常に必要であるか、一定の場合に承諾が擬制されるのか、錯誤や詐欺、強迫のような意思表示に瑕疵などがあった場合に契約の成立にどのような影響があるかなどについては、意思表示の準拠法を独自に考えるかどうかにより見解が分かれるが、これを独自に考えないとすれば契約準拠法によることになる。このような債権契約の内容的な効力、例えば、当事者間の対価その他の給付義務、特許、商標、著作物の移転義務、実施・使用許諾義務はもちろん次のような問題が契約準拠法により判断されることになる。例えば、実施契約については、実施権者が実施義務を負担しているかどうか、一定の品質保持の義務を負担しているかどうか、不争義務を負うかどうか、再実施を許諾することができるかどうか、どのような条件で再実施の許諾が認められるか、また、実施許諾者が特許権の法的存立・防御に責任を負うかどうか、情報や技術的援助の義務を負うかどうか、発明の技術的完成に責任を負うか、完成しない場合にどのような法的効果が生じるか、実施権者に対して改良技術や追加特許の提供義務を負うかどうかなどである。

　この見解によると、保護国法が当該知的財産権の譲渡や実施・使用・利用許諾を許容せず、あるいは制限している場合であっても、契約準拠法上このような契約が有効と認められる以上、契約当事者間では有効とされる。また、保護

国法上要求されている知的財産権の譲渡、実施、使用契約に関する方式上の要件、例えば、登録あるいは公正証書の作成等の書面上の要件を満たしていないとしても、契約準拠法又は契約締結地法のいずれかの方式を満たす以上（法適用通則法 10 条）、債権契約として方式上有効となる。

　このような見解に対して、知的財産権が無体物を対象とする権利であり、有体物を対象とした物権の変動の場合と異なることを強調し、保護国法の適用範囲を拡張する観点から、知的財産権の成立、有効性、内容、保護範囲、消滅ばかりではなく、譲渡ないし実施・使用許諾の許容性や方式についても、もっぱら保護国法によってのみ判断すべきとする見解がある（例えば、ウルマー草案 K 条（木棚・研究 139、165 頁以下）参照）。無体物である知的財産権に関する契約においては債権的要素と物権的要素が不可分に結合しているのであって、物権変動と類似するものとみるのは適切ではないとして、譲渡や実施・使用許諾の許容性、あるいは、契約の方式について保護国法と契約準拠法によって別々に判断するのは妥当でないというのである。この見解によると、例えば、保護国法上ある商標が営業とともにしなければ譲渡できないとしていれば、契約準拠法上そのような制限がないとしてもその商標譲渡は債権契約としても無効になる。日本人が日本でイギリス人とイギリス特許を譲渡する場合、保護国であるイギリス法上捺印証書がなければ方式上無効としている場合には、契約準拠法が日本法であり、そのような方式要件を課していなくとも債権契約も無効になる。

　確かに、このような見解は、明示的な準拠法選択がない場合における準拠法の予測の困難性を回避して、法的安定性の確保に役立つ面がある。しかし、従来契約準拠法によってきた問題に関し当事者間で債権的効力が生じるかどうかまで常に保護国法上の要件を満たすことを要するとするのは、知的財産権に関する対象の特殊性への配慮の余り、かえって保護国法の適用範囲を拡張し過ぎ、債権契約の成立に過重な要件を課すことになるように思われる。無体物を対象とする知的財産権に関する譲渡契約や実施・利用許諾契約については、物権変動に関するように債権行為と物権行為を実質法上明確に分ける立法例が見られないだけに、債権的要素と物権的要素を峻別することが困難な面があるとこと否定できない。しかし、これらの要素は国際私法的にみて区別できないわけではない。知的財産権の譲受人や実施・使用権者は、それらの契約によって第三者に対抗し、第三者の妨害行為を禁止・排除することができる排他的権利を取

得するが、このような権利がいかなる実質上又は方式上の要件のもとに、誰のいかなる行為によって取得され、維持されるかに関する問題は物権的要素として抽出することができる。実施・使用許諾契約は多くの諸国で債権契約とみられており、専用実施・使用契約について知的財産権の一部譲渡契約の性質を持ち物権契約と考えられている諸国においても、通説的見解によると、通常実施・使用権を許諾する契約は実質法上債権契約と考えられている。

　そこで、一方では、通常実施・使用許諾契約は、通常実施・使用許諾契約についてはもっぱら債権契約として契約準拠法によることになり、保護国法と矛盾をきたすおそれが生じるのではないかという懸念が生じるであろう。しかし、ここで問題とするのは、国際私法上の法性決定であって、実質法上どのように考えられているかではない。国際私法的にみれば、通常実施・使用許諾契約にも物権的要素つまり知的財産権の側面はあるのであって、例えば、通常実施権を登録することによってその後に知的財産権を譲り受けた者や専用実施・使用権を取得した者に対してその効力を主張することができ、第三者に対抗できるものとする国が多い（日本については、特許法99条1項、3項、実用新案法19条3項、商標法31条4項、意匠法35条3項、種苗法32条3項、5項、半導体集積回路の回路配置に関する法律21条参照）。この問題は、国際私法上は単なる方式の問題ではなく、知的財産権の効力の問題であり、保護国法によるべき問題と考えられる。したがって、通常実施・使用権の登録自体や登録の効力の問題については保護国法により、単に当事者間のみの債権的効力については契約準拠法によるべきことになる。

　他方、専用実施・使用許諾契約については、米国や日本のようにその本質を権利の一部譲渡とみる諸国では、登録が成立要件ないし効力発生要件と解され、実質法上物権契約的なものと解されるので（日本については、特許法98条2号、実用新案法18条3項、商標法30条4項、意匠法27条4項、種苗法32条1項2号参照）、債権的側面がないようにも思われる。しかし、国際私法的な見方からすれば、その場合でも債権契約としての側面があるのであって、例えば、登録がなくとも専用実施・使用権設定契約ともいうべき債権契約が、契約準拠法か、又は、契約締結地法つまり法を異にする地にある者の間で締結された契約については申込の通知を発した地の法又は承諾の通知を発した地の法のいずれかに適合すれば、方式上の要件を満たすことになり（法適用通則法10条）、成立していること

とになる。

　知的財産権に関する実施・使用契約の準拠法はそのように定めるとして、実施契約自体の準拠法の関係はどのようになるかが問題になる。契約準拠法が知的財産権の準拠法である保護国法と一致する場合には、特別な問題は生じない。しかし、それらが異なる場合には、契約準拠法と保護国法がどの範囲でどのような問題に適用されるかが問題になる。この点については法適用通則法にも規定がない。従来の通説的見解は、物権変動に関する原因行為の準拠法と物権行為の準拠法の関係に類似するものとみて、原則として、債権的側面については契約準拠法が、その準物権的側面については保護国法が適用されるものとする。後述のキューピー事件控訴審判決やダリ事件控訴審判決もこの見解を採っている。新法のもとでも同様な見解が妥当するであろう。

3　著作権の譲渡契約の準拠法に関する判例

　知的財産権譲渡の準拠法については、物権の譲渡契約との類似性がみられるので、原因行為の準拠法と譲渡される権利自体の準拠法の関係が問題になる。

　東京高裁平成13年5月30日判決（判時1797号111頁、キューピー事件判決）において、「著作権の譲渡について適用されるべき準拠法を決定するに当たっては、譲渡の原因行為である契約等の債権行為と目的である著作権の物権類似の支配関係の変動とを区別し、それぞれの法律関係について別個に準拠法を決定すべきである」とされ、「本件著作権の譲渡契約は、アメリカ合衆国ミズーリ州法に基づいて設立された遺産財団が我が国国民……に対し、我が国内で効力を有する本件著作権を譲渡するというものであるから、同契約中で準拠法について明示の合意がされたことが明らかでない本件においては、我が国の法令を準拠法とする旨の黙示の合意が成立したものと推認するのが相当である」、「著作権という物権類似の支配関係の変動については、保護国の法令が準拠法となるものと解するのが相当である」と判示している。

　東京高裁平成15年5月28日判決（判時1831号135頁、ダリ事件判決）は、ダリの死亡により本件絵画の著作権を包括承継したスペイン国の許諾を得て日本でダリ展等を開催した地方公共団体等に対して、スペイン法に基づきダリから譲渡を受けたと主張する原告であるダリ財団が損害賠償と関連書籍の廃棄を求めた事例に関する控訴審判決である。原審は原告の請求を一部認容したので、

被告が控訴したのが本件である。本件判決は、原告の著作権譲渡の準拠法について、譲渡の原因関係である債権行為と、目的である著作権の物権類似の支配関係の変動を区別して、著作権の対抗要件について「保護国である我が国の法令が準拠法になるから、著作権法77条1号、78条1項により、」「被控訴人（原告）は、この登録を了していないので、控訴人（被告）に対し、本件著作権を対抗し、これに基づく請求をすることができない」とし、原判決中控訴人敗訴の部分を取り消して、被控訴人の控訴人に対する請求をいずれも棄却した。これらの判決は、原因関係の準拠法と知的財産権自体の準拠法の関係についてわが国の通説的見解に従っており、支持することができる。

　知財高裁平成20年3月27日判決（LEX/DB28140772）は、1992年に死亡した「ピンストライピング」という即興でペインティングを施す技法を確立した原著作者の知的財産権の共同相続人である米国人A、Bから1993年にその全知的財産権の譲渡を受けたXが、その譲渡を受けたこと自体を争い、A、Bに積極的に働きかけ、2006年に日本における全知的財産権の譲渡を受け、同年11月25日に著作権譲渡登録を済ました大阪市内に事務所を有する韓国人Yに対して、譲渡登録の抹消を求めて訴えを提起した事例に関する。1審判決はXの請求をすべて棄却した。Xは、Yが背信的悪意者に当たる等を理由に控訴した。知財高裁は、Xが本件著作権を有することを確認し、譲渡登録の抹消を命じる判決をして次のように述べている。著作権譲渡の準拠法については「譲渡の原因関係である契約等の債権行為と、目的である著作権の物権類似の支配関係の変動を区別し、それぞれ別個に準拠法を決定すべきである。」本件のA、BとYとの譲渡契約には明示の準拠法合意があると認めることができない。しかし、その譲渡契約が「我が国において効力を有する本件著作権を含む知的財産権を譲渡することを内容とするものであること、Yは、当時、日本国内において、『Von Dutch』ブランドに関する事業を行っていたこと、Yは、日本国内に事業所を有していたこと……などに照らすと、」「日本法を準拠法とすることが、当事者の合理的意思に合致する」「著作権の物権類似の支配関係について適用されるべき準拠法は、」物権に関する法例10条に照らし、「保護国法であるわが国の法令が準拠法になる。」とし、著作権の二重譲渡に当たるとしても、背信的悪意者に該当するから対抗要件である譲渡登録なしにXがYに対抗することができるとした。

本件判決では、著作権の二重譲渡に関する事例について前に述べた２つの判例に従い、原因関係の準拠法と物権類似の支配関係の準拠法に分け、前者については当事者の黙示的意思によって日本法とし、後者については保護国法である日本法とし、Ｙが日本法上背信的悪意者に当たるとして、Ｘの主張をその限りで認容している。

　また、知財高裁平成 28 年 6 月 22 日判決（判時 2318 号 81 頁）は、会員の美術作家等の委託を受けて著作権管理を行っているフランス法人Ｘとその会員Ｘ1 ～ X5 が、オークションや展覧会の企画、実施等をしている日本法人Ｙに対して、Ｘ等の利用許諾を受けることなくＸの会員の作品の写真をカタログに掲載したことに関し、損害賠償請求を求めて訴えを提起した事例に関する。第 1 審は、Ｙによる著作権侵害を一部認め、Ｘの請求を一部認容した。X1 とＹがその敗訴部分につき控訴し、Ｘは敗訴部分につき全部付帯控訴した。主な争点は、X1 の原告適格、Ｘ、X1 等の損害賠償請求であったが、会員からＸへの著作権譲渡の準拠法も問題となった。この判決は、原判決を変更したうえで、著作権移転の準拠法について次のように述べている。「移転の原因関係である契約等の債権行為と、目的である著作物の物権類似の支配関係の変動とを区別し、それぞれの法律関係について別個に準拠法を決定すべき」とし、前者については法適用通則法 7 条により第一次的には当事者の選択に従って準拠法が定められるべきとし、Ｘと会員間にはフランス法を選択する意思があり、そうでないとしても同法 8 条の最密接関係地がフランスになるので結論が変わらないとした。後者については、法適用通則法 13 条を援用し、「著作権という物権類似の支配関係の変動については、保護国の法令が準拠法になる」とした。

　上記 4 件の控訴審判決は、知的財産権の譲渡等の準拠法を物権変動類似の関係とみたことと関連させたのか、知的財産権が保護国法によることの根拠を法例 10 条（法適用通則法 13 条）に求めている。この点については知的財産権侵害の場合と若干様相を異にする。しかし、すでに述べたように、もともと法例 10 条があくまで有体物の物権に関する規定であり、無体物を対象とした規定でなく、無体物について所在地を擬制すること自体に無理があるように思われる。ところが、これまでの判例を見ると、この点に関する判例の方向性は明白になっている。

　しかし、著作権の譲渡、利用行為については準物権的側面と債権的側面を区

別するのが困難な側面がある。とりわけ、物権については、ドイツ法の物権行為のように実質法上の債権行為と区別する独自の規定があるのに対し、著作権の処分行為については、実質法上独自の行為を要件とする例がないのであるから、抵触法上もこれを区別する指標が摑みにくいところがある。マックス・プランク無体財産研究所の当時の所長のウルマー教授の名前で公表されている無体財産に関する国際私法原則についての草案F条1項において、著作権の譲渡および利用許諾の保護国法によるべき問題を具体的に挙げて規定しているのは、この点と関係するように思われる（この草案については、木棚・研究137頁以下、153頁以下参照）。その後これを展開し、原則として契約準拠法に統一的によらしめて、例外的に権利自体の準拠法中の強行法規によるべき事項が、何であるかを検討して、権利自体の準拠法中の強行法規による特別連結すべき問題に限って権利自体の準拠法である保護国法によるとする見解がドイツにおいて有力に主張されている（Schricker (Hrsg.), Urheberrecht Kommentar, 3Aufl. (2006) Vor §§120ff. UrhG Rn.148f. (Katzenberger)）。この点は、今後検討すべき課題が残されていることを指摘しておくに留めたい。

　なお、知的財産権の譲渡や実施許諾等に関する契約準拠法について明示の準拠法約款がない場合に、契約上譲受人や実施等の権利者に特別の義務を課するなどの複雑な契約のときは、特徴的給付の理論によることが困難な場合が生じ得る。当事者の黙示的意思を認定して処理する方法が妥当な場合があることは否定できない。

[第13章]

知的財産権に関する渉外紛争とその解決方法

1 私人間の紛争解決の諸方法

(1) はじめに

　民商事の渉外的紛争の解決には、次章で述べるように、純国内的紛争の解決と異なるいろいろな要因を考慮しなければならない。そのうえで、本章で述べるいろいろな解決方法のいずれによるのが最も適切かを決定する必要がある。本章ではそのような決定の前提知識となる解決方法を概観することにしたい。

(2) 裁判による方法

　一般的な渉外紛争解決の留意点を前提にしながら、知的財産権に関する渉外的な紛争に直面した場合に当事者が選択できる紛争解決手段を考察する場合には、これまで述べてきたような知的財産という無体の財産に関する権利の特徴から、種々の要因を考慮して選択する余地があり、より複雑でかつ多面的になるように思われる。知的財産権の権利者からみれば、自己の権利が侵害されている疑いがあることを発見した場合にどのようにするか、できる限り迅速にとるべき態度を決定する必要がある。まず、自己の権利の裏付けとなる特許公報などや諸種の出願書類の写し、出願の際に明らかにした先行技術に関する書類などの証拠のみならず、相手方の侵害の疑いがある行為やそれに関連する物的、人的証拠を収集し、事実関係をできる限り正確に把握するよう努め、相手から出される抗弁等をも十分予測して、冷静にいかなる解決方法が最も妥当かを検討する必要がある。これも、相手方に知られないように極秘で社内に発明者、著作者等がいる場合には、それらの者、それらのものがいない場合にも設計技術者や製品技術者を含めた対策チームをつくるべきである。対策チームの構成

や対策チームが検討すべき事柄等は次章で述べることにする。

いくつかの国の知的財産権に関する紛争が問題となる場合に、権利者やその相手方がどの国のどの裁判所で訴えを提起すべきかは、次章で述べるようないろいろな要因を考慮して決定すべきことになるであろう。

まず、どの国のどの裁判所に訴えを提起するのが最も適切な費用と労力で、迅速かつ効果的な解決を得ることが期待できるかを調べる必要がある。当該の事例についてどの国で裁判を提起することができるかは国際裁判管轄権の問題であり、訴えを提起したい国の国際裁判管轄権の原則を調べる必要がある。本書では第9章において日本の裁判所の国際裁判管轄権について述べた。各国の国際裁判管轄に関する原則を詳細に調べるには、制定法国であればその国の国際裁判管轄権に関する規則を調べる必要がある。スイス国際私法のように国際私法の中に国際裁判管轄権に関する規定を置く国と日本のように国際私法には規定を置かず、民事訴訟法の中に規定を置く国がある。判例法国については判例からそのような原則を導く必要がある。米国についてはALIのRestatement, Second, Conflict of Laws が重要な判例を探すのに参考になる。木棚・基礎理論は、米国、イギリス、フランス、ドイツ、スイス、中国、台湾、韓国、日本について知的財産権の侵害訴訟の裁判管轄権の原則を分担して調査し、まとめている。しかし、調査した時点から15年余り経っているので最近の動向をより詳しく調べる必要がある。そのためには、先に述べたALI原則やCLIP原則の関連条文のコメントの中に有益な情報が含まれている。これらの原則はあくまで統一的国際私法原則を求めた研究であるので、現存する原則に基礎を置く部分と将来の望ましい原則を述べた部分を含んでいることに注意する必要がある。国際裁判管轄権が認められる可能性のある国をきわめて大まかに言えば、管轄合意がない場合には、被告となるべき者の住所、常居所、居所（これらの存否については国によって異なる基準で判断される）、法人については当該業務に関わる営業所所在地、保護国ないし侵害地（保護国と一致することが多いが、行動地、結果発生地のいずれを中心に考えるかについて国によって異なる可能性がある）であるが、侵害行為の種類によってそれ以外の基準によることがある。日本の裁判所で知的財産権侵害に適用される法については、第10章および第11章で述べている。これは国際私法における準拠法の決定に関するから、法廷地の国際私法原則によることになる。この点についても木棚・基礎理論で分

担して調査した結果を報告しているので参考になることもあるであろう。準拠法との関係で重要となるのは、その事例で争点となりそうな問題点に関する原則が自己に有利な結論を導くかどうかを調査しなければならない。特許侵害訴訟について言うと、クレームの解釈がどのように、どの程度広く認められるか、均等論が認められているか、認められているとしてもどの程度広く認められるか、侵害に関しどのような救済策が認められ、それらが適切かつ迅速に行われるようになっているか、侵害に対しどのような抗弁がどのような要件で認められているかなどが問題になる。この点に関する各国の実務家による比較法的な研究をまとめたものとして、青山・木棚、国際特許侵害がある。より最新の情報については国際裁判管轄権について述べたと同様なことが言える。このような法原則だけではなく、実際にどの国のどの地方の裁判所に訴えを提起するのが最も迅速で適切な解決を得ることができるかは、次章で述べるような種々な要因を考慮して決定しなければならない。

　つぎに、権利者の立場からそのような訴訟のためにどのくらいの費用が必要か、解決のためにどのくらいの時間が必要であるか、権利者がその負担に耐えることができるかどうか、当該の国で訴訟をするのにその国の訴訟に熟練し、その技術内容等を理解でき、その訴訟による解決に熱意を持つ適切な弁護士や弁理士を選任することができるかどうか、権利者がその国の言語を理解することができるかどうか、できないとしてもそれを補充してくれる信頼できる通訳者、専門家を選ぶことができるかどうかなどが問題になる。この点は、例えば、権利者が多くの国で営業し、色々な国の訴訟に対応する能力を持つ多国籍企業であるか、そうではなく主として一国においてのみ営業する小企業や個人であるかによっても異なってくるであろう。これらについても次章で述べる。

(3)　**行政機関等への申立てによる方法**

　地方裁判所における訴訟のほか、外国からの被疑侵害製品の輸入に絡む場合には、権利者側からみれば、日本においては関税法による差止申立て、米国においては国際貿易委員会（ITC）における提訴もとるべき法的手段として検討すべきであろう。これらの手続においては、損害賠償請求をすることはできないが、迅速な差止めの手続を通じて相手方にプレッシャーをかけることができるから、和解等のADRが自己に有利に促進される場合があり、紛争解決の重

要な方法のひとつであることは否定することができないからである。

日本の税関による水際差止めの手続は、関税定率法21条1項9号(特許権、実用新案権、意匠権、商標権、著作権、著作隣接権、回路配置利用権、育成者権を侵害する物品)、10号(不正競争防止法2条1項1号から3号に掲げる行為を組成する物品)に基づく税関長の下での職権的な手続であった。これはもともと麻薬や拳銃などの輸入禁制品を取り締まるための規定であったが、知的財産侵害製品についてはとりわけWTOの発効以降TRIPsの要件を満たすように侵害認定手続、輸入差止申立制度、申立担保制度などを整備されてきた。

知的財産推進戦略本部の「知的財産推進2005」を受けて、関税法69条の2～69条の21を新たに設け、関税法施行令等により詳細な手続規定等を定めている(CIPIC・水際取締制度参照)。つまり、従来の輸入禁制品に関する規定を関税法69条11～20に移すとともに、新たに輸出禁制品に関する規定を関税法69条の2～10に設けた。侵害認定手続(関税法69条の3および12)、輸入・輸出差止申立制度(関税法69条の4および13)、申立担保制度(関税法69条の6および15)を定めている(同法69条の7および17)。税関長が申立てに基づき必要があると認めるときは、専門委員として委嘱されている学識経験者に意見を求めることができる制度を導入している(関税法69条9および14)。また、認定手続において特許権、実用新案権、意匠権を侵害する貨物であるかに関する認定手続においては輸出者(輸入者)又はこれらの権利者は一定の期間内に特許庁長官の意見を求めることができ、特許庁長官は税関長の求めがあった日から30日以内に書面で意見を述べなければならない(関税法69条の7および17)。意見照会の類似規定は、育成者権侵害の貨物であるかについて農林水産大臣、不正競争防止法上禁止された貨物に当たるかについて産業経済大臣に関して存在する(関税法69条の8および18)。認定手続で侵害が認定されると、輸入品の没収、廃棄、積戻しを命じることができ(関税法69条の11、2項)、侵害製品の輸入者、輸出者等は処罰されることがある(関税法109条、112条)。

米国のITC手続は、関税法337条に基づく不正な競争方法と不法な行為を違法とする規定に基づくものであり、外国からの知的財産権に関わる商品の輸入が米国内企業等の持つ知的財産権を侵害しているときに利用することができる手続である。この手続は、迅速な広い範囲の証拠開示手続が認められ、12ヵ月から15ヵ月で調査を完了するように行われる。また、このようにして得

られた判断の効力が上級審裁判所で判決される場合に、ITC の手続による方が地方裁判所の判決より覆らない可能性が高いといわれている。日本の会社であっても米国内で実質的な投資を行っている以上、国内産業の要件を満たすと考えられるので、この手続を利用することができる可能性がある（竹中、山上監修・法律相談 196 頁 [Tomas、Jarvis 他担当]）。

中国等のアジアの諸国では、知的財産に基づく差止めに行政機関の広い権限が与えられていることが多く、裁判制度が十分に成熟していない場合には、行政機関への申立てが迅速で適切な方法であるといわれている。また、刑事事件として検察庁等に告訴する方法も知的財産権の有効な行使として意義を持つことがある。中国やシンガポールでは知的財産侵害に関する刑事事件に私人が関与することができるようになっており、中国では刑事事件に付帯した民事訴訟を提起すれば、訴訟費用が安く済みかつ刑事事件で利用された証拠をそのまま民事事件の証拠とすることができる利点がある。タイでは、とりわけ、著作権侵害については、告訴した者が被告に課せられた罰金の半額を取得することができる制度がある。

(4) 権利無効の主張と侵害訴訟が係属する裁判所

相手方からみれば、特許等の産業財産権について権利者の権利を無効と主張できる何らかの理由が見つかった場合、無効審判を請求するか、侵害訴訟の中で無効の抗弁を主張するにとどめるか、このような請求に関する事件の国際裁判管轄権については、登録国の専属管轄に服するとするのが通常であるとしても、侵害訴訟において抗弁として知的財産権無効が主張された場合に登録国以外の裁判所がこれについて判断する裁判管轄権を有するかが問題になる。ドイツでは特許の有効性は侵害訴訟と区別されて、特許庁の付与した特許権についての無効訴訟を連邦特許裁判所に提起して、その裁判所による無効判決という対世的効力を持つ判決を得る必要がある。侵害訴訟が係属する通常の裁判所は、特許庁によって付与された特許権を連邦特許裁判所の無効判決が確定するまでは有効なものとして扱わなければならず、連邦特許裁判所に無効訴訟が提起された場合には、その判断が確定するまで訴訟を停止することができるに過ぎない。このような国の特許権について独立の手続で特許の有効性を争わなければならない。しかし、ドイツのような制度を採る国以外の国では通常侵害訴訟の

中で権利無効の抗弁を提出して、侵害訴訟が係属する裁判所の判断を仰ぐことができる。

　もっとも、以前においては、日本でも産業財産権が無効であるかどうかの判断は、まず特許庁の無効審判を受けなければならず、侵害訴訟の裁判所がすることは許されないとするのが判例と考えられてきた（大審院大正6年4月23日判決（民録23輯654頁）等）。ところが、最高裁平成12年4月11日判決（民集54巻4号1368頁、キルビー事件）は、「特許に無効理由が存在することが明らかで、特許無効審判請求」により、「無効とされることが確実に予見される場合」には、この権利に基づいて差止請求等をすることは、特段の事情がない限り権利の濫用として許されない、として従来の判例を変更した。2004年の特許法改正でこの判例を基礎としてさらに要件を緩和する規定が設けられた。特許法104条の3、1項によれば、「当該特許が特許無効審判によって無効とされるべきものと認められるときは、」「権利を行使することができない」とし、明白性、確実予見性の要件を要さず、特段の事情による例外も認めない規定とされ、これが実用新案、商標、意匠に準用されている（実用新案法30条、意匠法41条参照）。

　しかし、侵害訴訟の先決問題としての権利の有効性の判断は、当該の事件についてのみ、当該の事件の当事者についてのみ効力を有するに過ぎないから、諸種の状況を勘案した場合に、特許無効審判を得ておく方がよいときは、特許庁への無効審判請求も同時にしておく必要がある。米国の特許権については、先行技術があることが判明した場合に連邦特許商標庁に対する査定系再審査請求と当事者系再審査請求の2つの手続を利用する方法がある。

　査定系再審査請求は、特許権者のほか第三者もでき、身元を特許権者に明らかにされることがないので、係争当事者以外の人に依頼していわばダミーに請求させることも可能なので、権利者の権利の有効性に疑問がある場合には、まずダミーを使って査定系再審査請求を行い、その間知的財産に関する許諾契約交渉を中断しておき、結論が出てから交渉を再開することが考えられる。査定系の再審査手続は、特許権者と連邦商標特許庁との間でのみ行われる。審査官が再審査請求を認めない場合には、第三者が連邦商標特許庁長官に対して審査官の決定につき再審査を求めることができる（竹中、山上監修・法律相談216頁[Stewart担当]）。

　当事者系再審査の手続は、第三者もこの手続を請求する限り、審査官に対す

る特許権者の応答に対応する形で、審査対象に関する意見を提起することができる点で有利である。権利者からみれば、第三者の意見にかかわらずクレームを有効とする判断を得ることができれば、それ以後に提起された侵害訴訟でその当事者は特許の無効を主張することができないという禁反言の原則による効果を得ることができ、相手方である第三者は再審査で使用された先行技術に関する証拠を侵害訴訟に提出することができなくなる点で意義がある。日本の審判請求は、審決の確定までに和解が成立したなどの理由によって取下げが認められる（特許法155条1項、意匠法52条、58条2項、同3項、商標法56条1項、同2項）けれども、米国の場合には、そのような場合でも取下げができないことに注意する必要がある（竹中、山上監修・法律相談222頁［山口洋一郎担当］）。

(5) 仲裁による方法

以上、司法手続又は行政手続による知的財産紛争とその際に考慮すべき要因について述べてきた。しかし、これとは別の方法によるとりわけADRとよばれる紛争解決もとりわけ国際的な知的財産紛争には考慮に値する。例えば、1958年6月10日に国際連合で締結され、1959年6月7日に発効した「外国仲裁判断の承認および執行に関する条約」（以下、「ニューヨーク条約」と略す）があり、2017年12月1日の時点で157ヵ国がこの条約に加盟しているので、少なくともこの条約の加盟国において承認、執行が予定されている仲裁は、これに匹敵する条約がない判決よりも国際的な承認、執行の点で利点を有する。

前に述べたように判決についても、2005年6月30日に「ハーグ合意管轄条約」がハーグ国際私法会議第20回外交会議で採択された。この条約には、2015年10月1日に発効し、EU、米国、メキシコ、シンガポール等が加盟している。わが国でもこの条約の批准が期待される。しかし、この条約では、著作権および著作隣接権を除く知的財産権の有効性や侵害に関しては適用されない旨の明文が置かれているので（2条2項n号、o号参照）、知的財産紛争への適用範囲は、著作権、著作隣接権以外の知的財産権については、契約に関する紛争につき適用されるにとどまる。

仲裁による渉外紛争の解決の利点として一般的に挙げられるのは、①解決の迅速性　②訴訟によるより安価な費用による解決　③機密性の保持　④非公式性　⑤仲裁判断の国際的執行の容易性である。①と②は、一般に早くかつ安い

といわれている。例えば、ある米国の著書によると、典型的な訴訟の半分くらいの費用で足り、3分の1の時間で仲裁判断が得られるといわれている（Arnold, Handbook, viii）。しかし、他方では、仲裁は、一般的に訴訟より早いが必ずしも費用の総額が安くなるとは限らないともいわれている（Arnold, Handbook, p.5-3）。日本知的財産仲裁センターのデータによっても、仲裁自体の件数が少ないために数字の信憑性には問題は残るかもしれないが、1.4ヵ月から14ヵ月の期間で、平均約4.8ヵ月の期間で仲裁判断が出され、仲裁期日5回で仲裁判断が出た場合に、仲裁申立人80万円、被申立人70万円の費用負担になるといわれている。これらの点は、事件の性質や仲裁人、当事者の意識や努力などに負う部分が少なからずあることも指摘しておく必要がある。また、特に、多くの国の裁判所に係属する可能性のある紛争を当事者が選択したひとつの仲裁法廷で解決できることや上訴制度がないために仲裁判断が最終判断になることも重要な要因になる。③は、知的財産権がノウ・ハウやトレード・シークレットなどに関連しているため秘密性が要請され、又は、当事者の信用維持のために紛争の存在やその内容を第三者に知られたくない場合に意義を持つ。これは、裁判が多くの国で公開が原則とされていること（例えば、日本国憲法82条参照）に対して、仲裁や調停が非公開で行われることから生じる利点である。④については、仲裁においても幾分証拠の提出や専門家の鑑定などに裁判手続的な面があるが、紛争の規模や種類に応じて当事者の合意によって柔軟な手続が可能である。⑤については、ニューヨーク条約5条2項によると、その仲裁判断を承認・執行する国の機関は、仲裁の対象となる問題についてその国の法により仲裁による解決をできないものとされているか（同条同項a号）、その仲裁判断の承認執行がその国の公序に反する場合には、その承認、執行を拒絶できるものとされている。特に、知的財産権の有効性について仲裁適格性を否定する国が少なくないので、この点につき調査したうえでなければならないであろう。知的財産権に関する紛争については、複雑で専門性を要求されることから、当事者が仲裁人、仲裁に付する争点、仲裁地、争点に適用される実質法、仲裁に適用される手続法、仲裁のスケジュールなどを選択し、決定することができるので、当事者が実質的に最も適切で迅速な判断を得られそうな方法を選ぶことの実質的利益は大きいはずである。

　仲裁による解決を利用するためには、仲裁地および承認・執行予定国で有効

とみられる仲裁合意が必要になる。このような問題については、各国が仲裁法等で定めている。日本においては、明治23年（1890年）旧民事訴訟法の一部として制定された仲裁に関する規定は、現在の民事訴訟法の成立、施行後も「公示催告手続及び仲裁手続に関する法律」（以下、「公示催告仲裁法」と略す）という独立の法典として残されていた。このような古い規定は、平成15年（2003年）8月1日公布の仲裁法により全面改正され、平成16年（2004年）3月1日から国連商取引法委員会（UNCITRAL）の国際商事仲裁モデル法に従った新しい仲裁法が施行されている。UNCITRALのモデル法は、多くの国の法で採用されているので、日本の仲裁法上認められるものであれば他の国の法でも有効とされる可能性が高くなった。さらに、平成16年（2004年）12月1日には、「裁判外紛争解決手続の利用の促進に関する法律」が公布され、平成19年（2007年）4月1日から施行されている。これらによって今後日本においてADRがどのように促進されるかは現在の段階では必ずしも明らかではない。

　仲裁合意については、方式上書面によることが求められる（仲裁法13条2項）。この点については公示催告仲裁法には規定がなく、口頭による仲裁合意も有効とみられた。しかし、先に述べた外国仲裁判断の承認執行に関するニューヨーク条約2条1項も承認要件として書面による合意を定めており、国際的にも書面性を要求するのが一般的であり、日本の国際取引慣行においても契約書中の条項に仲裁合意を定めるのが通例である。この要件を満たす最も典型的なものは、当事者のすべてが署名した文書に仲裁条項が定められている場合であるが、当事者が交換した書簡又は電報、ファクシミリ、その他隔地者間の通信手段で文字による通信内容の記録が受信者に提供されるものを用いて送信されたものがこれに当たる（同条2項）。仲裁合意がコンピュータによる情報処理の用に供される電磁的記録によってなされたときは、書面によってされたものとされる（同条4項）。また、仲裁手続において、一方の当事者が提出した主張書面に仲裁合意の内容に関する記載があり、他方当事者がこれに対して提出した主張書面にこれを争う旨の記載がないときは、その仲裁合意は書面によってなされたものとみなされる（同条5項）。仲裁合意を含め契約において無効、取消しその他効力を有しないとされる事由がある場合においても仲裁合意は当然にその効力を妨げられない（同条6項）。これは、旧法時から判例によっても認められていた仲裁合意の独立性を明文上認めたものである。渉外的な知的財産紛争の解

決を仲裁による旨の仲裁合意の準拠法は、第一次的には当事者の合意した準拠法により、それがない場合には仲裁と最も密接な関係を有する仲裁地の準拠法によるべきである。

　仲裁合意が有効であるためには、そのほか、仲裁の対象となる紛争が仲裁適格性を有することが必要になる。仲裁法13条1項は、原則として、当事者が和解することができる民事上の紛争（離婚又は離縁の紛争を除く）を対象とする場合に限り、その効力を有するものとする。知的財産権に関する紛争は、伝統的に競争法上の紛争などとともに公序に関わる問題とされ、仲裁適格性を否定する傾向が見られた。知的財産権に関する紛争のうち契約に関する紛争については仲裁適格性が認められる傾向があったが、知的財産権とりわけ特許や商標などの産業財産権の有効性や侵害については仲裁による解決を認めない傾向があった。しかし、現在では次第にこの傾向は変化してきており、知的財産紛争に関する仲裁が認められる傾向がある。仲裁法13条1項の解釈や仲裁適格に関する準拠法の問題を考察する前に、知的財産問題を仲裁によって解決している米国についてみておこう。

　仲裁をはじめいわゆる裁判外の紛争解決（ADR）方法が促進されるようになったのは、1980年代における米国においてであった。麻薬事件をはじめとする青少年の犯罪の増加に伴い、刑事事件優先の憲法上の原則から刑事事件の増加に伴い民商事事件の訴訟遅延が深刻化していく。米国においてももともと公序に関わる問題については仲裁適格を欠き、特許に関する争点については仲裁による解決が認められないという意見があった。1982年に連邦議会は、35U.S.C. §294（以下、特許仲裁法（the Patent Arbitration Act）という）を制定して、特許を争点とする仲裁を認め、特許の有効性や特許侵害に関するものを含め特許紛争を仲裁で解決できるように明文で規定した。この特許仲裁法は、1983年2月27日に施行された。これによって契約当事者は、予め紛争に備えて仲裁条項を挿入することによって特許紛争を仲裁によって解決することができるようになった。連邦議会だけがADRを支持したわけではなかった。連邦最高裁は、1983年の判決、Moses H. Memorial Hospital v. Mercury Construction Corp., 460 U.S.1 (1983)で次のように仲裁を認める見解を述べている。「仲裁可能性の問題は、仲裁を支持する連邦の政策の健全な考慮で準備されなければならない。……連邦法の問題として仲裁することができる争点の範囲に関するいかなる疑

問も仲裁に賛成する方向で解決されるべきである。」と。1983年には、民事訴訟法規則（Fed. R. Civ. P. §16(c)）を改正し、事実審理前の会議で議論された問題を含む紛争を解決するために、和解の可能性や特別な司法手続の使用を規定していた。この規定の自由な解釈により、1990年には、28の地裁が選択した事例につき模擬裁判、調停又は仲裁を命令し、ADRを促進する地域的規則を採用した。

1984年には、連邦議会は、さらに、1984年11月8日に施行された2つの制定法を定めて、知的財産紛争の裁判外の紛争解決の範囲を広げた。まず、1984年米国特許法改正法で35U.S.C. §135に新たに(d)項を加えて、インターフェアランス紛争に関する仲裁を規定している。次に、1984年半導体チップ保護法（17U. S.C. §901et seq.）は、チップ製品の善意の侵害につき支払われる実施料の争点について任意的な交渉、調停又は拘束力のある仲裁によって解決されない限り訴訟によることを定める。これらによって、特許を含む知的財産権紛争について、予め将来紛争が発生した場合には仲裁によることを定める仲裁条項（arbitration clause）を挿入し、また、紛争が生じている場合に仲裁により解決する仲裁付託契約（submission）を締結することにより仲裁が利用しやすくなった。これらの改正はさしあたり純国内的な事例に向けられていたが、国境を越えた紛争についても大いに利用されるようになったのである。

仲裁法13条1項は、当事者が和解することができる民事上の紛争を仲裁適格のあるものとする。しかし、この規定の文言から直ちにいかなる種類のどのような紛争が仲裁適格を認められるのかは明確にはならない。日本の実質法においては、知的財産権に関する実施契約や譲渡契約のような契約関係に関わる紛争については仲裁適格性があるものと認められてきた。知的財産権の侵害に関わる紛争についても一般的には仲裁適格性があるものとされ、それを前提に知的財産仲裁センターなどにおける仲裁機関で紛争解決が行われている。知的財産権侵害に基づく差止請求や損害賠償請求は通常の財産権上の請求であるから仲裁可能性がある。仲裁は非公開の手続であるので裁判に優ることもあるであろう。しかし、特許の有効性は特許庁に判定権が認められ（特許法123条以下参照）、公法的な関係でもあるので仲裁適格性を否定する（小島武司、猪股孝史『仲裁法』（日本評論社、2014年）82頁等参照）。しかし、知的財産権侵害に関する紛争では、知的財産権の有効性自体が争われることが少なくなく、先決問題とし

てその判断が求められることがある。この場合に、知的財産権の有効性自体に関し仲裁を認めることができるかが問題になる。この点は、知的財産権の有効性の問題は、仲裁判断がたとえ当事者間に効力を及ぼすものに過ぎないとしても、知的財産権が第三者の利害関係が絡む絶対権であるだけに、当事者間の仲裁合意を基礎として始められる仲裁に服するには適さないものとするのがかつての通説、判例であった。しかし、知的財産権の侵害に関する問題においては、侵害を主張された相手方が問題となっている知的財産権の有効性を争うことはしばしば生じる。特許権等の侵害訴訟においてもかつては、産業財産権の有効性については特許庁の審判を含む特殊な手続が定められているのであるから、侵害事件が係属する裁判所は、そのような手続を待たずに、特許権自体の有効性については判断すべきではなく、手続を停止して有効性に関する判断が確定するのを待つべきであるとする見解が有力であった。しかし、前にみたように、キルビー特許に関する最高裁平成12年（2000年）4月11日判決は、無効とされることが確実に予見される場合に原則として権利行使を認めないものとし、平成16年（2004年）の特許法改正で104条の3が新設され、さらに要件を緩和して、「特許無効審判により無効にされるべきと認められるとき」「相手方に対しその権利を行使することができない」とされた。これは、このような場合に事案の迅速な処理の必要性や判決の効力があくまで侵害事件の当事者にしか及ばないことなどの理由から、侵害事件が係属する裁判所の判断を認めるべきとする学説が有力になり、実務的にもそれを支持する声が強まった。これによって、産業財産権の有効性が先決問題として争われる場合を含めて侵害事件が係属する裁判所の判断が一定の要件の下で認められることになったので、このような手続との均衡から産業財産権の有効性の判断を先決問題として問題となる場合を含めて仲裁適格性を否定した見解の積極的根拠は失われたといえるであろう。さらに進んで、そもそも無効審判自体が当事者系の手続であるので、申立人が審判手続の途中で相手方と和解等によって解決した場合などには審判が確定するまでは申立てを取り下げることが認められている（特許法155条参照）のであるから、実質的に現行法上も当事者の合意による処理が認められていることになるので、産業財産権の有効性に関する紛争の仲裁適格性を否定する積極的な理由はないとする見解が主張される。日本においても従来の司法制度のあり方が見直され、知的財産権保護を基本としながら国民に利用しやすい紛争

解決制度を構築することが国家の基本方針として認められて、平成14年（2002年）に知的財産基本法、平成15年（2003年）に新仲裁法、平成16年（2004年）に裁判外紛争解決手続の利用の促進に関する法律がそれぞれ制定され、それらが現在施行されている。比較法的にみても、1991年に出版された書物（Arnold, Handbook, p.7-19ff.）によると、当時は比較法的にみると、むしろ仲裁適格性を否定する見解が有力であったが、最近では、西ヨーロッパ諸国においては、仲裁があくまで当事者間にしか効力を及ぼさない手続であるところから、産業財産権に関する有効性の問題を含めて仲裁適格性を肯定する見解が有力になっているようである（Drexl and Kur, IIC Studies Vol.24 (2005) p.33）。先に述べた1983年の米国特許仲裁法が特許侵害や特許の有効性に関する仲裁適格を認めた規定（35U.S.C. §294(a)）の中で、仲裁判断がなされた場合に、当該仲裁の当事者である特許権者、譲受人、又は実施権者に特許庁長官への一定の内容を備えた書面での通知をする義務を課し（同条(d)）、そのような通知がない場合に仲裁に係わった当事者は誰でも特許庁商標長官に対する通知ができ、そのような特許商標庁長官への通知が受け取られるまではその仲裁判断は強行することができないものと定める（同条(e)）。このような規定を特許権の公益的側面に関する規定と捉え、そのような規定のない日本の法制上は、特許等の有効性に関する紛争については、仲裁適格性を欠くとする見解がある。しかし、この見解でいう公益性の概念が明確でなく、それがなぜ仲裁適格性の否定という結論を導くのか明らかではない。特許権は公益的側面を持つものだから、関係当事者間の紛争の解決であっても公示が必要であり、公的機関への通知等が不可欠であるとするのかもしれない。しかし、少なくとも各国の法に基づいて付与又は登録された知的財産権は、人の知的労働の結果としての財産を保護する私権としての財産権であって、公益的側面を強調する見解には賛成することができない。絶対権である物権の有効性をめぐる問題についても仲裁が認められているのであって、知的財産権はその対象が発明、考案等の無体物であることに特徴があり、特許権の対象となる発明の特定やその特許要件の存否などにより立ち入った審査が行われるだけである。紛争解決の結果は、少なくとも重要な点については登録をしなければ効力が生じないか、第三者に対抗することができないものとされている（特許法98条、99条参照。これらの規定は、実用新案法26条、意匠法36条、商標法35条で準用され、また、種苗法32条、半導体回路配置法21条にも類似の規定が

ある)。米国法294条(e)の規定は、むしろ、通知義務を励行させ、紛争解決の効率性を高めさせるために設けられた規定とみるべきである。公益を理由にするのであれば、特許商標庁長官のこのような通知が届いていないのに裁判所が執行判決を出した場合に判決を無効とする規定が必要であるが、このような規定はみられないようである(?)。このような規定が日本法上欠けているからといって産業財産権の有効性に関する紛争の仲裁適格性を否定するのは妥当ではない。

　以上、日本の実質法の解釈として、産業財産権の有効性に関する仲裁適格性の問題を述べてきた。しかし、世界の知的財産法をみると、なお知的財産権に関する紛争の仲裁適格性に関する立場は、異なっている。そこで、その紛争が渉外的な場合に、知的財産権に関する紛争の仲裁適格性の準拠法をどのように考えるかが問題になる。仲裁法は直接的にこの点について明確に定めていない。日本の学説上は、仲裁適格が問題となるいろいろな場面、例えば、妨訴抗弁の判断に係わって問題となる場合、仲裁判断の取消しとの関係で問題となる場合、外国仲裁判断の承認および執行との関係で問題となる場合等を念頭に置きつつも、仲裁合意の準拠法、仲裁手続の準拠法、仲裁判断の準拠法とともに、仲裁適格性自体をひとつの単位法律関係として捉え、議論されてきている。学説は、紛争の対象となっている実体関係の準拠法説、仲裁地法説、仲裁契約の準拠法説、承認国法説、それらのうちの2つを重畳的又は選択的に組み合わせる説などがある。実体関係の準拠法説によれば、仲裁適格性は、紛争の対象となる実体的法律関係の問題として捉え、それが知的財産権であれば知的財産権の準拠法によるべきとするものである。仲裁の対象となる紛争に複数の国の知的財産権が含まれているとすれば、それぞれの知的財産権の準拠法により仲裁適格性が判断されることになる。このように捉えるのが従来の通説的見解であった。

　しかし、仲裁法の規定は、仲裁地が日本国内にある仲裁手続および仲裁手続に関して裁判所が行う手続について適用される(1条)。総則規定に関する第1章および仲裁判断の承認執行に関する第8章の規定を除くこの法律の規定は、裁判所の関与を定めた4条および仲裁地が定まっていない場合の裁判所による仲裁地の決定に関する8条を除き、仲裁地が日本国内にある場合について規定する。この規定と従来の国際私法上の見解をどのように組み合わせて考えるべきかが問題になる。つまり、仲裁判断の承認に関する第8章の規定は、仲裁地

が内国であるか、外国であるかを問わず適用される。もっとも、仲裁地というのは、実際に仲裁手続や判断がもっぱらその地で行われたことまでを要するものではない（仲裁法28条3項、39条4項参照）。また、仲裁判断に不服がある場合に不服のある当事者が裁判所に訴えることができる、いわゆる非拘束的仲裁には、本法は適用されない（仲裁法2条1項参照）。従来の通説に従い、仲裁適格に関する問題を紛争の対象となる実体的法律関係の準拠法によりつつ、仲裁地法により仲裁適格がない場合には仲裁人が仲裁を進められなくなるとする見解がある。この見解によれば、実際には実体的法律関係の準拠法と仲裁地法の累積適用になる。仲裁適格の要件が重くなり、仲裁の利用を促進しようとする最近の日本の法政策と抵触する。そこで、同様の見解に立ちながら、今日の日本における仲裁重視ないし仲裁促進の法政策を考慮して、実体的法律関係の準拠法と仲裁地法の選択的適用を主張する見解もある。しかし、仲裁適格を定めた仲裁法38条1項は、仲裁地が日本である場合に適用されるものとする（仲裁法3条1項）。仲裁適格の問題を考える場合に、これらの規定からすれば、一方的抵触規定を双方化して、外国に仲裁地がある場合にもその仲裁地がある外国の法が適用されるのが基本であると解せざるを得ないであろう。もっとも、仲裁法3条1項の規定は、外国仲裁判断の承認執行には適用がなく、わが国の承認執行規定は仲裁地が外国である場合にも適用され、同法45条2号8号は、日本法により仲裁適格がない場合には承認執行の規定を適用しないことを明らかにしている。この場合の日本法は仲裁地法である外国法との重畳的適用になる。これは、日本法に特別公序条項的意味を認めようとしたものであり、仲裁契約や仲裁判断の効力をできる限り広く認めようとする観点に立てば、この場合に日本法の適用は日本法の立場から譲れない場合に、できる限り限定して適用すべきであろう。また、仲裁判断の取消しの場合にも、仲裁法44条1項7号で日本法上仲裁適格がない仲裁判断を取り消し得るものとするが、この規定は日本が仲裁地である場合にのみ適用されるから、外国仲裁判断については仲裁地があるその外国の法によって決定すべきものになる。仲裁合意に基づいて妨訴抗弁を主張する場合において仲裁合意の有効性との関係で仲裁適格性が問題となる場合がある。この場合の仲裁合意の効力を定める仲裁法14条1項1号は、仲裁合意が無効、取消しその他の事由により効力を有しない時に妨訴抗弁は効力を有しないと規定するのみで、仲裁合意に影響する仲裁適格性につい

て直接どの国の法の規定によるべきかについては規定していない。しかし、仲裁適格の問題が国際私法上仲裁合意そのものの効力の問題と別の独立の単位法律関係を形成するものと捉え、基本的にこれを仲裁地法によるべきものとして考える限り、仲裁地が外国である場合には、外国法によるべきものと考えられる。

(6) その他の ADR による方法

以上、主として拘束力のある仲裁について述べてきたが、このほかの ADR とされているものについても簡単に見てみよう。日本においては、ADR としては仲裁以外に調停が利用される場合が多い。むろん、先に述べた裁判外紛争解決手続の利用の促進に関する法律が 2007 年 4 月 1 日に施行されて以降民間紛争解決機関は、法務大臣の認証を受けて業として紛争解決手続を行うことができる。基本的には和解を促進する形での調停が中心的な形となるのではあるまいか。先に述べた日本弁護士連合会と日本弁理士会で設立した日本知的財産仲裁センターにおいても仲裁より調停の方が件数としてかなり多いようである。仲裁法によれば、仲裁中に調停等により当事者間に和解が成立すれば、当事者双方の申立てによって当該和解における合意を内容とする決定をすることができ（同法 38 条 1 項）、この決定は仲裁判断としての効力を有する（同条 2 項）。当事者双方の承諾があれば、仲裁廷又はその選任した仲裁人により和解を試みることができる（同条 4 項）。したがって、仲裁と調停・和解を組み合わせてニューヨーク条約の外国仲裁判断の承認要件を満たすようにすれば、渉外的に承認・執行が受けやすい紛争解決方法を選ぶことになる。日本においても今後いろいろな形式の ADR が知的財産紛争にも利用される可能性がある。ここでは知的財産紛争に関する米国で利用される ADR、特に、調停（mediation）のほか、非公式の非拘束的仲裁（informal non-binding arbitration）、私的裁判（private judging）、小審理（mini-trial）、即決陪審審理（summary jury trials）、穏健な紛争解決会議（moderated settlement conference）につき一般的に紹介しておくことにする。

調停は、一人又は二人の調停人のもとでの当事者やその代理人との対話形態での非公開で非公式の紛争事例解決方法である。対話は通常証拠に基づくものであることを要しない。もっとも、例えば特許請求の趣旨などの出願書類、特

許審査経過、先行技術の開示、実施契約条項のような重要書類を援用し、参照することはしばしばあるであろう。調停人は、両当事者間の話し合いを促進するために積極的な役割を演じ、場合によっては、当事者と弁護士の対話を促すこともある。さらに、調停人は、当事者ごとの会議を持ちそれぞれの立場と主張を聞き、譲れない部分と共通する部分があるかどうかを知り、調整に役立てる。調停人は、あくまで当事者間の解決合意を促進することを目標とし、ほとんどの部分で何が公正かの自らの判断を出すことではなく、むしろ当事者の公正な判断を求めるようにする。調停の目標は、あくまで当事者間の紛争解決合意を導くことにある。調停は、その他のADRと結びつき、その一部になることも多い。米国には、調停を専門に行う会社がある。

　非拘束的仲裁は、仲裁である点には変わりがないが、その判断が拘束的ではなく、当事者間の自由意思による解決に影響を及ぼすものであり、通知や証拠に関する実務は拘束的仲裁より緩やかである。ディスカバリーの手続は、多額の費用を要する以前に解決するために省略され得る。仲裁人は通常一人であるが、解決を示唆するように判断が示される。その判断は典型的には書面というよりは略式により口頭でなされる。米国の拘束的仲裁には一般に理由づけがあるのに対し、非拘束的仲裁は、典型的にはその事例をいかに中立的で、それによって解決に導くべくなされたかに関する説明の一部として口頭の理由づけが含まれる。仲裁人はそのような忠告的判断をした後で、当事者に解決をもたらす調停人として行動することがしばしばある。

　私的裁判は、予めなされる当事者間の紛争解決合意に基づいて行われるものであるが、伝統的な手続と証拠に関する規則に従い裁判所の審理におけると同じように行われ、弁護士により代理され、私的に選任され雇われた通常は退職した裁判官が現役の判事と同じような権限を持ってその手続を統括して進められる。もっとも、当事者は合意によってその手続を緩やかにしたり、変更したりすることはできる。その手続の記録は、裁判所の審理と同様に通常私的に雇われたコート・レコーダーによって行われ、私的判事は、その判断、事実認定、法の適用結果を判決と同じように記載する。再審理や判決の執行を申し立てる当事者の権利は、地方裁判所によって行われた判決と同様である。このような裁判は、テレビ番組で行われるほか、このような裁判を行う会社なども存在する。

小審理は、もっぱら弁護士によって排他的に提起され、適度のフォーマルな非拘束的仲裁と似た形での役所、会議場、借用した法廷で行われる手続である。そこでの証拠は、弁護士によって提出される宣誓供述書、供述録取書、文書上の証拠となる。これに参加するのは、各当事者から会社の最高責任者（COE）や経営首脳型の判断者および一人又は二人以上の中立的第三者である。非拘束的仲裁と同じように、中立的第三者が証拠を見て、議論を聞いた後に非拘束的な意見を出すことになる。これで解決できない場合には、中立的第三者が調停者として議論を促進して、当事者間で解決に導くようにする。

　即決陪審審理は、正式の事例と同じように主として弁護士により提起され、宣誓供述書および時には重要な証人が証拠として使用され、判事によって選任された正式の陪審員がその審理を聞いて典型的には1日で非拘束的な判断を出すものであり、陪審員は、投票後に面会を受けることがあり、当事者は、それによってその後その事例にどのように対処するかを決定できる。この手続は、当事者の一方又は双方がその手続を望まない場合には、普通は裁判所の命令で行われる。

　穏健な紛争解決会議は、小審理、調停および非拘束的仲裁をわずかに変形したものとして利用される。各当事者が出席し、非公開の対話方式で行われ、宣誓供述書、記録書面および承認の方法で何らかの証拠があれば、対話方式の審理はわずかだけとなる。一人又はそれ以上の中立的委員により審理が進められ、その委員が判断を報告した後は、その後まとめや抗弁の際には非公式の調停人としてその後の当事者間の話し合いに出席する。調停のように簡略な対話方式で行われる点を除けば、非拘束的な仲裁や小審理に類似するが、対話方式の後中立的委員が小審理のように解決のための話し合いを促進する点に特徴がある。

　このほか、先にも若干述べたが、これらの混合的な方式があり、また、地方裁判所が連邦民事訴訟法規則を受けてADRを命じることができるような規則を制定していれば、裁判所により付与されるADRが存在することになる。これらのADRのうちどのような類型の知的財産紛争にどのADRを利用するのが効果的かを含めてより詳細な検討が必要であるが、本書では、これらを紹介し、日本における今後の制度の展開や活用の実態を見守ることにしたい。

2 知的財産権に関する国家間の紛争

これまで述べてきたように、知的財産権は、各国の産業政策や文化政策と密接に関わるだけではなく、知的財産権をなぜ、どこまで保護すべきか、知的財産権の実効的行使の制度や実務をどのようにすべきかについては、国家間の利害関係が対立する可能性が高く、TRIPsが発効するまでは国際的基準は明確ではなかった。工業所有権に関するパリ条約や著作物の保護に関するベルヌ条約や万国著作権条約のような伝統的な知的財産権条約は、内国人待遇の原則という外国人法に関する原則をはじめいくつかの基本原則を中心とする緩やかな統一法条約に過ぎなかった。しかし、それでも第二次世界大戦後は、条約の解釈適用に関する国家間の紛争を国際司法裁判所に付託することに関する規定が設けられている（パリ条約ストックホルム改正条約28条、ベルヌ条約パリ改正条約33条、万国著作権条約15条）。例えば、パリ条約においては、1925年のハーグ改正会議、1934年のロンドン改正会議、1958年のリスボン改正会議でこの点が取り上げられたがいずれも失敗におわり、1967年のストックホルム改正会議ではじめて取り入れられた。ベルヌ条約については、1948年のブリュッセル改正条約27条の2では、国際司法裁判所への付託を義務づけており、万国著作権条約15条も類似した文言になっている。しかし、これらの条約の締約国には、憲法又はその他の政治的な事情から国際司法裁判所の強制的な裁判管轄を認めない国もあることも考慮して、1967年のストックホルム改正条約で国際司法裁判所への付託を任意のものとした。1971年のパリ改正条約33条ではこれを確認している。これらの規定の文言によると、条約の解釈又は適用で、2以上の同盟国間の紛争で交渉によって解決されない紛争であって、かつ、紛争当事国が他の解決方法について合意する場合を除き、いずれかひとつの紛争当事国が国際司法裁判所規程に合致した請求を行うことにより、国際司法裁判所に付託することができる。国のみが当事者となり得る（国際司法裁判諸規程34条1項）。国際司法裁判所が管轄権を持つためには、当事国の個別的合意か、又は、包括的な合意が必要になるが、この規定は、同盟国が国際司法裁判所への包括的合意をしていることを示すものである。もっとも、同盟国は、この改正条約に署名し又は批准書もしくは加入書を寄託する際に、このような包括的合意を定める規定に拘束されないことを宣言することができるものとされ、そ

の規定はそのような宣言を行った同盟国と他の同盟国との間の紛争に適用されないものとされている（パリ条約ストックホルム改正条約28条2項、ベルヌ条約パリ改正条約33条2項）。このように留保の時期を制限したのは、留保国が続出することを防止しようとしたものである。インドネシア、ルーマニア、ロシアなどこのような宣言を行った国が若干ある。そのような宣言を行った国もWIPO事務局長に宛てた通告によりその宣言をいつでも撤回することができる（パリ条約同条3項、ベルヌ条約同条3項）。紛争を国際司法裁判所に付託する国は、国際事務局に通報するものとし、国際事務局は、それを他の事務局に通報することになっている。他の同盟国が希望し、かつ許される場合には、他の同盟国がいずれかの当事者の側に立ってその裁判に参加することを認めるためのものである。つまり、参加希望国は、参加の許可申請を行い（国際司法裁判諸規程62条）、参加によってなされた判決は参加国をも拘束する（同規程36条）。このような規定が整備されてはいたが、このような規定ができて50年が経過しているのに、今のところこれらの規定によって知的財産権に関する紛争が国際司法裁判所に付託されたことはなかった。これは、国際司法裁判所が知的財産紛争を含む国際紛争の解決機関として知的財産の専門家を必ずしも配してはいないなどにもよるであろうが、各国が私人間の権利である知的財産権をめぐる紛争を国際司法裁判所に付託する国際紛争とすることに慎重な態度を取ってきたことにもよるであろう。しかし、国際司法裁判所は、後に述べるGATT/WTOの紛争解決機関のように、違反国に対して報復関税を課すことを許して間接的に条約の遵守を強制するのとは異なり、直接に条約、協定等の国際規範に違反した行為を当事国に禁止する権限が認められているのであるから、紛争の種類によっては、より有効な機能を果たすことがあることも否定することができないであろう。

　このような状況は、TRIPsの発効によって大きく変化した。TRIPsには、最低限の保護水準を定める第2部のほか、第3部には、知的財産権の効果的な行使に関する規定が置かれており（41条）、公正かつ公平な司法手続の保障（42条）、差止命令、損害賠償その他の救済措置のように特定の救済方法に関する規定（44条から46条）、侵害に関する暫定措置の保障（50条）、国境措置に関する特別の要件（51条から60条）、刑罰規定に関する手続（61条）など制度枠組みやその実行上の原則を定めた規定がある。さらに、第1部の一般原則および

基本原則にも目的に関する7条や原則に関する8条のように解釈が分かれる可能性がある規定が置かれている。このような規定を適切に適用解釈するのに主要な役割を果たすものとして期待されるのが、GATTのもとで発展してきた紛争解決機関を発展させたWTOの紛争解決機関である。

　GATTは、1947年将来成立するであろうハバナ憲章を基礎とする国際貿易機関（ITO）の一部として政府間合意により成立した。米国議会の反対で米国が加盟する可能性がなくなり、ハバナ憲章が不成功になったとき政府間合意としてのGATTのみが残り、8回に渡る関税引き下げを中心とするラウンド交渉を通じて重要な役割を果たしてきた。GATTの基本原則は、最恵国待遇（1条）、関税拘束性（2条）、内国民待遇（3条）であった。もっとも、GATTの活動の歴史を見ると、紛争解決に関する申立てが先行していた。GATTのある構成国が他の構成国がある国からの輸入に5％の関税を適用し、他の国からの輸入に2％の関税を課していることにつき、申立てを行った。申立てを受けた委員会の議長は、単純な規則づけをしたうえで、ある国によって課せられた輸入関税がGATT違反であるという結論を導いた（David Palmeter, National Soveregnity and The World Trade Organization, 2 J. World Intell. Prop. 78-79（1999））。これが1948年のGATTの紛争処理の始まりであった。1947年GATT22条、23条のもとで発達した当事国の採用を基礎とした紛争処理手続を引き継いだWTOの手続規定「紛争解決に適用される規則及び手続に関する了解」は、次のようにかなり性質が変えられている。まず、加盟国は、他の加盟国に協議の要請を申し立て、協議の申立てが届いてから60日以内に紛争の解決ができない場合には、申立国は、紛争処理機関（the Dispute Settlement Body 以下、「DSB」と略す）にその紛争解決のための委員会（以下、「パネル」と略す）の設置を要求することができる（4条7項）。パネルは、当事国が設置から10日以内に5人の委員で構成することに合意しない限り、3人の委員で構成する（8条5項）。WTOの事務局は、当事国に可能な委員の名前のリストを提示し、紛争当事国はやむを得ない理由がない限りこれに反対することができない（8条6項）。当事国がパネル設置の日から20日以内に委員の決定につき同意できない場合には、いずれかの当事国がWTO事務局長に委員の任命を申し立て、事務局長は当事国と相談しながら当該の紛争に最も適切な委員を任命する（8条7項）。先進国と途上国間の紛争については、その途上国が要請すれば少なくともその一人は

途上国からの委員とする（8条10項）。当事国の合意がなければ、委員は当事国又は関連する第三国の国民であってはならない。委員は、政府や機関の代表としてではなく個人の能力に従い行動し、当事国はその事件に関しその個人に影響を与えようとしてはならない（8条9項）。委員として選ばれるのは、政府の役人、以前のWTO事務局員、学者又は弁護士であり、これまでのところ80％以上が現役の又は退官した役人である。当事国で委員の選任につき同意に達するか、事務局長の委員の任命によって紛争解決手続が開始する。当事国は、必要な書面を提出し、パネルでの審理に参加する。パネルは、通常設置の後すぐに今後の手続と時間的な予定を定めるために当事国と会合する。パネルの審理は内密に行われ（14条1項）、パネルに係属する問題に実質的な利害を有する第三国は審理に参加し、書面での意見陳述をする機会が与えられる（10条2項）。上級パネルの判断によると、挙証責任は、特定の請求や防御を積極的に主張する側にあると考えられる。その主張についての十分な証拠が提示されると、主張に反論する側に挙証責任が転嫁される。申立国の要請でパネルの作業はいつでも12ヵ月を超えない期間中止することができ、12ヵ月を超えて中止する場合にはパネルの設置権限が失われるものとされる（12条12項）。相手方の反証と2回目の審理の後、パネルは、事実関係と話し合いについての記述的部分につき素案を作成して、パネルによって定められた期間内に当事国がそれについてコメントを出す（13条1項）。パネルは、当事国のコメントを受け取った後、当事国との会合などを通じてコメントをできる限り適正なものとするよう努め、指定された期間の経過前に記述的な部分とパネルの事実認定と結論の双方を含む仮決定報告（interim report）を当事者に提示する（15条2項）。その後、パネルは、最初に当事国にパネルの最終報告書を出し、その後20日まではその報告書の採用を紛争処理機関が考慮しないものとされ、その後にはじめてすべての関係国にそれが閲覧できるようにする（16条1項）。理論的には、仮決定報告書は、内密なものであり、その報告書が公表される前に当事国がその事例の解決をする機会を与えようとしたものである。しかし、現実には新聞等に仮決定報告の結果が漏れることがある。当事国はできる限りそれが漏れる前に解決しようとする。例えば、カナダとヨーロッパ共同体の紛争では、当事国は最終報告を受けた後、それが公表される前にその事例を解決した。パネルの報告書は、通常パネル設置から6ヵ月から8ヵ月で出されるべきものとされているが、

実際には一般的にそれ以上かかることがある。

　いったんパネルの報告が出されると、WTOのすべての加盟国に閲覧可能になり、その閲覧可能な日から60日以内に上訴されるか、採用しない旨の合意が当事国間で成立しなければ、紛争処理機関の会合で採用されることになる（16条4項）。勝訴した当事国がその事例に関するパネルの判断を採用しないことに合意することはほとんど生じないであろうから、採用はすべての事例でそうでないにせよほとんど自動的に行われる。この点は、パネルの判断に当事国の採用がない限り効力を生じないものとされていたGATTのもとでの制度と大きく異なっている。GATTの制度においても、敗訴の当事国は、約90％パネルの判断の採用に合意したけれども、重要な事例で採用されない場合があったし、採用が数年後になることがあった。この制度の変更は、ウルグアイ・ラウンドにおける米国の重要な交渉目標であったといわれている (Palmeter, op. cit., p.81)。パネルの判断に対する上訴の権利は、ウルグアイ・ラウンドで新しく考え出されたものであった。GATTの紛争解決にはこのような制度はなかった。しかし、パネルの判断がほとんど自動的に採用されるように変更した新制度の下では、上訴による見直しが可能でなければならないと考えられた。上級パネルには7人の委員が常時選ばれており、特定の事件には、そのうちから3人が選ばれることになる（17条1項）。上級パネルの委員の任期は、4年間であり一度限り再任することができるが、WTO設立協定発効直後は、7人中3人は2年任期とされる（17条2項）。従来国際公法の分野で上訴制度が設けられることはなかった。ハーグの国際司法裁判所すら上訴のない1審のみの裁判所である。上訴制度はウルグアイ・ラウンドにおける重要な制度改革を示すものである。

　このようにGATTのもとで形成された紛争解決制度からWTOのもとでのそれに移行するに従って、当初の調停的要素の強い制度から裁判的要素の強い特徴を持つ制度に変わってきていることに注意が必要である。このような制度の下で、WTOの紛争解決方法が利用される場合、種々の弊害を引き起こすと指摘されることがある。例えば、紛争解決制度を利用することが広く知れ渡ると、紛争の解決を困難にすることがある。これが公表されることにより被申立国に法を守らないというレッテルを貼ることになり、譲歩を引き出すことを困難にする。しかし、取引に関する紛争は秘密のものではなく、その争点に利害関係を有する当事国にいずれ知れ渡る性質を持つので、このこと自体から紛争

解決制度を批判するのはあたらないと反論される。また、紛争機関への申立て自体が争いを好む性質を表しており、相手国との関係を悪化させるといわれることもある。これは、紛争解決制度がどの程度利用されるかに関連するものであり、これが広く利用されるようになれば、この制度の利用は国家間の関係の通常の部分とみられるようになるであろう。さらに、申し立てられた国が他の理由でもともとの申立国に紛争解決を申し立てるさせることになるとも主張される。このようなことになると、パネルは多くの紛争を扱わなければならなくなるが、しかし、このこと自体は望ましくないことではない。また、交渉と合意を基礎としても類似のことが生じるであろうと反論される（Jackson, Legal Problem, pp.247-249）。

　しかし、さらに、WTO の紛争解決制度に持ち込むことが望ましくない紛争があると指摘される。そのような例として次のような 2 つが挙げられる。まず、ある GATT 構成国が GATT 規則に違反したが、それが避けることができなかった場合についてである。典型的にはその国で政府が無視することができない国内的圧力があったために、違反が発生した場合である。この議論は、刑法の期待可能性の議論の類推から出ているように思われる。GATT/WTO の規則は通商交渉に基づいて形成されたものであり、刑法的な議論を類推適用しなければならない事例は考えにくい。たとえ、このような例があるとしても、そのような訴訟は、GATT/WTO の規則の遵守を促進する点で望ましいと反論される。次に、GATT/WTO で合意に達していないか、過去に合意に達していたが破られているような争点につき申立てが行われた場合が挙げられる。しかし、このような場合については、双方の当事国がパネルの決定を採用することは考えにくいと反論される。むしろ、紛争解決手続が裁判的要素を強くすることで、GATT/WTO 規則の違反を思いとどまらせる効果があり、このような手続を通じてその規則が改善されていく可能性があると主張されている（Jackson, Legal Problem, pp.249-251）。このような制度の下で、パネルの決定が増加すれば、それだけ GATT/WTO 構成国の義務がより明確になり、よりよく定義されるようになるといえよう。日本、韓国、中国などのアジアの諸国を含めて WTO の紛争解決制度は利用されることが多くなっている。

　WTO における紛争解決手続は、調整が必要な場合があるにせよ、知的財産権紛争に広く適用されるべきものである。他の取引紛争以上に、知的財産権に

関する争点の論争は、私人である会社間の論争の延長線上にあるものといわなければならない。したがって、このような紛争の性質は、他の取引紛争の場合とかなり異なっているのである。

　さらに、TRIPsに関わる紛争における手続は、無体物の取引の特殊な問題に応えなければならない。とりわけ、最低限の保護水準については注意深い考慮が必要になる。模造品や著作物の海賊行為に関するように諸国間の合意が明確な場合には、取引と技術革新の双方を共に促進する規則が明らかになるであろう。しかし、最低限の保護水準については、望ましい保護の水準につき明確な合意が認められない部分が存在するように思われる。協定に明示的に規定されていない保護水準を解釈によって課するとすれば、そのような高水準の保護は、一時的には取引を促進し、現在の権利者に利益をもたらすであろうが、長期的にみれば、技術革新の価格を高騰させ、かえって新しい知識の創造を阻害するおそれを生じさせるであろう。TRIPsにおいて何がどこまで社会的な契約として認められるかを厳格に考察する必要もそこに存在するのである。

[第14章]

いずれの解決方法を採るべきかを決定する際の考慮要因と日本における侵害訴訟における防御方法

1　いずれの方法を採るべきかに関する考慮要因

　民商事の渉外的紛争の解決には、純国内的紛争の解決と異なる要因を考慮しなければならない。裁判による場合には、前章で述べたように訴訟を提起したいと思う国の国際裁判管轄に関する規則をみて国際裁判管轄権が認められるかどうかを調査する必要がある。どの国に訴訟を提起すべきかについては、適正な判断が得られるような裁判制度と手続保障の有無、必要となる費用と最終的な判断が得られるまでに必要とされる時間やそこで得られた判決の実効性、その国で訴訟を提起することの便宜性などを考慮して決定されるであろう。

　その際に個別的な事例に即して訴訟戦略を立てるためには、次のような諸要因が重要となるであろう（Hoying, Eijisvogel, Global Patent Litigation, p.25）。①当事者が国際的に多くの諸国に子会社を有して国際的に営業活動を展開する多国籍企業か、日本を中心に若干の緒国に関係する営業を営んでいる小企業ないし個人であるか、被告となる者が複数いるか。②被告になる者をどのように評価するか。例えば、これまで訴訟による解決を追求する傾向を持つか、ADRなどを利用した交渉による解決を望む傾向があるか。③どのような方法を採るのが最も経済的で、かつ、効率的であるか。④どの国の市場がその知的財産権に係る商品の最も重要な市場であるか。⑤知的財産権者が複数の知的財産権を有するかどうか。その中で問題となる知的財産権が権利者の営業との関係でどのように位置づけられるか。⑥どのようにすれば知的財産権の強化につながるか。例えば、特許については、反訴の提起を待って対策を決定するのが望ましいか、米国特許についていえば、再発行された特許を持つのが望ましいか、特許対象の一部を放棄して、クレームを修正することにより特許を強化するのが望まし

いか。⑦被告がすでに市場に参入しているか、それとも単なる脅しで市場の参入を試みようとしているのか。

　裁判によるかそれとも裁判以外の紛争解決手段を利用するかも重要な考慮すべき問題点である。上述のような一般的要因を考慮してある国で訴訟を提起するのが有利という判断が可能であるとすれば、どの国のどの裁判所に訴えを提起すべきかが問題となる。その際に考慮すべきであるのは、訴訟に要する期間、差止めなどの仮処分の利用可能性、その地における適切な弁護士への依頼可能性、証拠収集の便宜、裁判所の公式用語、仮執行の可能性、特許についてはその裁判所が認めてきた保護範囲（とりわけ、均等論をどのような要件で、どの範囲で認めてきたか）などのほか、その裁判所が被告にとって慣れ親しんだものであるかどうかも考慮する必要がある。また、現実にその国でその当事者に有利な判決が得られたとしても、その判決の承認、執行につき判決国以外の国が想定されるか、少なくとも、判決国以外も想定される場合には、当該判決の承認、執行を求めることが想定される国の承認執行に関する規則がどのようになっているかを調べなければならないであろう。判決国の判決が承認、執行を予定する国で承認、執行されるかどうか、もしその可能性があるとして、承認、執行されるために必要な要件を満たすような判決が得られるかどうか、それが紛争解決全体の中でどの程度の重要性を有するかを検討すべきであろう。その国での判決の承認、執行が重要な要因をなすと判断される場合には、判決の承認、執行が予定される国で判決の承認、執行が得られる可能性の高い国やそのような国自体の裁判所で訴訟を起こすことも考慮する必要がある。例えば、中国の企業を被告として日本で判決を得たとしても、相互の保障の要件を欠き中国では日本の裁判所の判決は承認、執行することができない。中国で判決国の判決が承認、執行されるためには、「判決の相互承認・執行に関する条約あるいは互恵の原則」の要件を満たしている必要がある（中国国際私法学会編著、木棚照一監修、袁藝訳『中国国際私法模範法――第6次草案』143頁以下参照）。互恵の要件を満たしているというためには、中国の締結した司法共助に関する条約の条項に判決の相互承認、執行に関する条項が含まれている必要がある。中国は、国際私法模範法第6次草案を公表した2000年段階で30以上の諸国と司法共助に関する条約を締結していたが、そのほとんどにこのような条項が含まれているといわれている。双方の司法行政機関の話し合いにより行政協定などがあれば

その場合もこの要件を満たすと考えられるが、日本と中国の間にはそのような協定も存在しない。むしろ、日本にも中国にも下級審判決ではあるがこの要件を満たしていないとするものがある。したがって、中国での判決の承認、執行が重要な要因になる事件では、中国と互恵原則が存在すると認められた国で、できれば、その国の判決を承認し、執行した実績のある国で訴訟を提起し、判決を獲得する必要がある。中国で訴訟を提起することも考えられるが、中国の裁判制度の発達の現状との関係で適正な手続によって適切な判断が得られるかどうかを慎重に検討する必要がある。

　裁判所の裁判によらずに、外国仲裁判断の承認、執行に関するニューヨーク条約の条件を満たすような仲裁によって解決する方法も十分に検討に値する。このような仲裁による解決を目指す場合には、仲裁地をどこにするか、仲裁判断の準拠法をどのようにするかなどを検討して、できれば契約等を締結する際に予めニューヨーク条約の条件を満たすような仲裁条項を挿入しておく必要がある。裁判制度が必ずしも十分に整備されていない場合でも、ニューヨーク条約に加盟している発展途上国も少なくないから、紛争が生じた場合を予め想定して仲裁条項を定めておくことも重要な検討事項となるであろう。また、仲裁条項を契約中に定める場合には、仲裁地の仲裁法を十分に調査したうえで仲裁地を決める必要があることもいうまでもない。日本を仲裁地として選択するのであれば、平成16年（2004年）3月1日から施行されている新仲裁法の規定を検討する必要がある。裁判や仲裁による紛争解決方法のほかに、調停や和解による解決も考えられる。裁判や仲裁が係属する裁判所や仲裁廷で調停や和解による解決が推進され、そのような解決が得られた場合にも、それらの渉外的効力を検討して、法的に可能であれば、当事者の合意内容を判決又は仲裁判断の内容とするような（日本の仲裁法38条1項）判断を要求するかどうかも判断国以外での承認、執行が予定されている場合には、重要な考慮要因になるであろう。米国でADRによる解決が推進されかなりの効果を挙げている。これは、訴訟の遅延、陪審裁判における陪審員の企業への悪感情による高額の損害賠償が課される危険性、州際事件を含む渉外事件の解決の予測可能性の困難性などを理由にしているといわれている。知的財産権事件についても仲裁、調停、和解で解決されることが少なくないようである。

2　対策チームの構成と役割

　ところで、以上の一般的な渉外紛争解決の留意点を前提にしながら、知的財産に関する渉外的な紛争に直面した場合に当事者が選択できる紛争解決手段を考察する場合には、これまで述べてきたような知的財産という無体の財産に関する権利の特徴から、種々の要因を考慮して選択する余地があり、より複雑でかつ多面的になるように思われる。知的財産の権利者からみれば、自己の権利が侵害されている疑いがあることを発見した場合にどのようにするか、できる限り迅速にとるべき態度を決定する必要がある。まず、自己の権利の裏付けとなる特許公報などや諸種の出願書類の写し、出願の際に明らかにした先行技術に関する書類などの証拠のみならず、相手方の侵害の疑いがある行為やそれに関連する物的、人的証拠を収集し、事実関係をできる限り正確に把握するよう努め、相手から出される抗弁等をも十分予測して、冷静にいかなる解決方法が最も妥当かを検討する必要がある。これも、相手方に知られないように極秘で社内に発明者、著作者等がいる場合には、それらの者、それらの者がいない場合にも設計技術者や製品技術者を含めた対策チームをつくるべきである。
　チームの構成については、その国の裁判所における代理権や尋問権を誰に認めているかによって国ごとに異なり得る。権利者が原告として訴訟を提起すれば、訴訟に関する準備期間や法廷地の選択等につき権利者の有利なように展開することができるのである。秘密が漏れてしまうと侵害者等権利者の相手方になる当事者が侵害不存在確認訴訟などを自己に有利と考える国の裁判所に提起する機会を与えることになりかねない。弁護士や弁理士は、国際的ネットワークを持ち、事件に対処できる場合が通常であるので、チームにそのようなメンバーを入れておくことが必要になる。とりわけ特許訴訟においては、専門家の鑑定書が証拠として必要になるので、そのような専門家をいれておくことも忘れてはならない。複数の国で訴訟を提起する場合に、同一の専門家にすべての国における証拠を委ねることも考えられるが、国ごとに異なる専門家を依頼する方が賢明であるといわれている（Cf. Harriss, Newiss, International Litigation, A/12-13）。同一の国の居住者である専門家の方が言語の共通性において便宜であり、また、ある国の裁判所における事実審理でその信頼性が崩された場合には、他の国の裁判所でその専門家を使えなくなる可能性があるからである。専

門家との関係で重要になるのは、訴訟の間、当事者は、その立場を危うくする可能性のある新しい特許出願、学術論文、会社の報告書、新聞記事を出すことを専門家に許さないようにすることである。例えば、その当事者の側に立つことが予定されている専門家が学術雑誌で裁判所に提出される証拠を否定する内容の論文を掲載すると、その専門家の鑑定が信頼性を持たない証拠とされるからである。それぞれの当事者の対策チームが相手側の出版物を収集し、検討するのは一般的な実務なのである。

　そのチームの長には、社内に十分な経験と能力を有する弁護士がいればその社内弁護士を当てるのが通常都合がよいことが多いが、そのような社内弁護士がいない場合は、社外弁護士と比較的連絡がとりやすく、技術など当該知的財産の保護対象についても知識を有する社内弁理士で、例えば、特許部長、知的財産部長等を務め、対策を実施することに責任をとり得る立場にある人を当てるのが妥当であろう。権利者が小企業や個人である場合には、そのような対策チームを理想的に組むことは難しいにしても、できる限り依頼を予定する弁護士や出願を担当した弁理士を含む技術部門等の少数の社内担当者で対策を極秘に練ることができるようにしなければならない。個人である場合には、権利者自身がその中に入ることは当然として、小企業の場合には、そのような対策に責任をもち得る取締役その他の役職にある者がチームの長として入り、その者を中心に対策をまとめる必要がある。いずれにしても、弁護士を含ませて弁護士の秘匿特権が利用できるように配慮する必要がある。依頼された社外弁護士は、対策チームの長に宛てて当該紛争に関するあらゆる面からの法的検討が可能になるような情報を要求する文書を送るべきである。これによって法的検討に必要となり、調査収集した情報が秘匿特権の対象となるであろう。例えば、問題となる権利に米国の権利が含まれている場合には、原則として米国弁護士でなければ秘匿特権の行使が認められないので、米国の弁護士資格を持っている人を弁護士として入れて置く必要がある。米国の権利以外の判断に関するものについては礼譲によって米国以外の弁護士にも秘匿特権が認められる場合がある（竹中、山上監修・法律相談、特に200頁［山口洋一郎担当］）。弁護士の秘匿特権が認められない場合には、英米法系諸国で訴訟が係属すれば、対策チームで行った調査資料、内部的な討議におけるメモその他の情報を含めすべてがディスカバリーの対象となることを覚悟しておく必要がある。

このような対策チームで最初に検討する必要があるのは、将来的な方針として訴訟を提起して解決するか、それともそれ以外の方法を模索するかに関する差し当たりの方針を決定することである。同時に、それと並行して、警告書を相手方に発送するかどうか、発送するとしてもどのような内容のものにするかを決定する必要がある。この段階では相手方の出方がはっきりしないので、決定的な方針が建てにくい場合も多いであろう。問題となる権利の市場戦略上の意義と価値、弁護士報酬その他訴訟を提起した場合に必要となる費用、最終的な判断を得るまでに必要な時間、相手方から提出される可能性のある抗弁、請求が認められる確率、和解の可能性とその条件などを十分に検討して一応の方針を決定し、それに基づいて警告書についてどうするかを決定する必要がある。

警告書を出すか出さないか、出すとすればどのような内容のものにするかを決定する必要がある。出願公開による仮保護の権利に基づいて権利を行使する場合のように警告書を必ず送付する必要がある場合もあるが（日本特許法65条1項参照）、通常は警告書を出すかどうかは権利者側でどのような方針でその紛争解決に臨むかによるのであり、その決定の自由は権利者側にある。警告書を出すことによって相手方の出方が分かるので交渉を行う契機となり、いきなり訴訟を提起するより良い場合がある。しかし、十分な準備と検討のもとで適切な内容のものとしなければ、相手方に侵害不存在確認訴訟等を相手方に有利な国で提起される危険性も生じ、相手方に準備の機会を与えることにもなるだけではなく、逆に警告書を送付した相手方から損害賠償請求訴訟を提起されることも考慮しておかなければならない。

特に、次に述べる敵対的警告書送付する場合には、迅速な対応をしなければ、権利行使上有利であった立場が逆転され、権利行使ができなくなる危険性もある。警告書は、その内容によって友好的警告書と敵対的警告書に分けられる。友好的警告書といわれるものは、知的財産権を持っていることを相手方に伝えるのみで、相手方が侵害していることを明確には書いてないか、書いてあっても実施・使用許諾契約の締結によって解決する意向であることを伝えるものである。それに対し、敵対的警告書といわれるものは、知的財産権を侵害しており、すぐに侵害行為、例えば、当該知的財産権に関わる侵害製品の製造、展示、販売などの侵害行為をやめなければ、訴訟を提起することを明確に記載しているものをいう。そのいずれであるかは、警告書の文言のほか、知的財産権者と

相手方の間のこれまでの関係、実施・使用許諾契約の実績の有無などを考慮して解釈されることになるであろう（竹中、山上監修・法律相談222頁［山口洋一郎担当］参照）。

　相手方の立場から警告書を受け取って知的財産紛争に巻き込まれる場合に、どのように対処すればよいであろうか。まず、誰からどのような形で送られてきたかなどを正確に確認し、権利者がどの程度その問題を深刻に捉えているかを推測し、対策を練ることになる。例えば、問題となる知的財産権の有効性や権利範囲について訴えを提起された場合にどのような抗弁が可能かを十分検討する必要がある。また、その知的財産権の自己の商品における意義もしくは価値の評価をしたうえで、訴訟で争う場合の費用や時間と実施・使用許諾契約に要する費用等を比較してどのようにするかの方針を決定する必要がある。これを社内で秘密裏に検討するには、必要に応じて権利者の場合と同様に少数のグループによる対策チームを組織すべきであろう。そのメンバーや構成については、弁護士の秘匿特権との関係からは知的所有権者側で述べたことと同様なことが当てはまるであろうが、社内のスタッフについては、知的財産権の種類によっても異なるであろう。例えば、特許、実用新案、意匠などに関しては、製品開発や設計部門の中心的な技術者を入れておく必要があるであろう。いずれにしても、警告書に回答するかどうか、回答するとすればどのように回答すべきかを決定することを要する。同時に、権利者との関係では侵害回避に関する迅速かつ誠実な対応が求められる。敵対的警告書を受け取った場合に、実施・使用契約の交渉が困難であると判断されるときは、知的財産権者側の訴訟提起も待たずに、自己に有利な国で権利の無効確認、非侵害確認を求める訴訟を提起することを考えなければならないであろう。

　このような警告書を受け取らない場合にも、潜在的に被告となり得る者は、先制攻撃的な訴訟ができるかどうか、どこでどのように訴訟を提起すべきかを検討しておく必要がある（Cf. Harriss, Newiss, International Litigation, A/8）。例えば、ヨーロッパや日本では、特許付与後（国によっては付与前）に、その紛争を自己に有利な裁判所に係属させるために、特許の取消しや非侵害の確認的宣言を求めることを許している。米国においては、より厳格な要件が必要になるが、特許権者が訴訟についての相当な懸念を引き起こさせるような手続的脅迫をした場合にのみ、特許の取消しや非侵害の宣言を求める手続を開始することができ

る。選択的に再審査を求めることもできるが、再審査は審査官と出願人だけの手続になるので、余り効果的な方法とはいえないであろう。

　いくつかの国の知的財産権に関する紛争が問題となる場合に、権利者やその相手方がどの国のどの裁判所で訴えを提起すべきかは、いろいろな要因を考慮して決定すべきことになるであろう。まず、訴訟を提起したい国のいくつかについてその国の国際民事訴訟法原則を調べて当該事例につき国際裁判管轄権がその国で認められるかどうかを調べる必要がある。そのうえで、国際裁判管轄権が肯定される国の裁判所で迅速に適切な判断が得られるかどうか、訴訟費用がかかり過ぎないか、過去の実績からみて自己の主張が認められる確率はどうか、その国における判決で救済が十分に受けられるか、判決の実効性が確保されているかなどを総合的にみて、訴訟を提起すべき国や裁判所を決定しなければならない。とりわけ、自社の請求や主張につき迅速で的確な判断が得られそうな裁判所でまず訴訟を提起することが望ましい。各国の裁判所の判決はそれぞれの国の手続法に基づいて独立に行われることはいうまでもないが、国際的にある程度信頼性のある国の裁判所で一定の判断がなされるとその影響を微妙に受けることがあるのも事実のようである。例えば、特許権侵害訴訟に関する日本の東京地裁と大阪地裁における権利者の勝率は、1997年から2004年の平均をとると東京で15％、大阪で25％とかなり低いのに対し、パリの第1審裁判所での権利者の勝率は1997年から2001年の平均で約55％、カリフォルニア州連邦地裁中央地区では68.5％であるといわれている。この点のみを取り出して権利者の側からみれば、米国やフランスの裁判所で訴えを提起した方が有利になり、その相手方からみれば東京地裁で訴えを提起した方が有利になるというデータが引用されている（竹中、山上監修・法律相談184頁以下［Michael Elmer担当］参照）。もっとも、これは、世界のいろいろな国で活動し、いろいろな国で訴訟を提起することができる多国籍企業を権利者として想定している。弁護士も法廷地に本拠を持つ弁護士を入れておく必要がある。米国のいずれかの州が法廷地として選択された場合には、憲法上の権利として陪審裁判を受けることができるとされているので、陪審裁判の実情に詳しい弁護士を選任することも必要になる。個人や小企業が権利者である場合には、訴訟の費用負担に耐えられるか、弁護士とのコミュニケーションが十分にとれるかなどが重要になってくるであろうから、このようなデータに基づいて世界のどの国において

も法廷地を選択できるわけではないであろう。ある国内の裁判所についてみても勝率や迅速性が異なることが少なくない。国内土地管轄原則で許される範囲内でできる限り有利な裁判所に訴えを提起することも重要になる。ドイツでは、デュッセルドルフ地方裁判所が迅速で適切な判決を得ることができる裁判所として有名であるし、米国では、ディスカバリーを短期間に限り重点的に絞って1年以内で判決に至る"Rocket Docket"とよばれる迅速な裁判を行う裁判所としてヴァージニア州東部地区地方裁判所（アレキサンドリア）やテキサス州東部地区地方裁判所（マーシャル）などが挙げられる。これらの裁判所を効果的に利用できないかも検討すべき事項となるであろう。

3　わが国における特許侵害訴訟の攻撃防御方法

TRIPsの発効以降、知的財産に関する保護基準については、一定程度、とはいえ従来と比べれば飛躍的に、実質法上の統一と調和が進んだといえよう。しかし、知的財産権の実効的行使については、抽象的な基本原則や必要な制度の確認や推進を定めるにとどまっている。特許侵害訴訟における救済方法や損害賠償の算定方法などについては、各国の法律が大きく異なっている。この点については、特許侵害訴訟における防御方法についてみても明らかである。特許侵害訴訟における攻撃・防御方法は、各国の特許制度そのものと深く関わることが少なくない。各国特許法において独特の抗弁を認め、あるいは、同一の抗弁のように見えても、その要件や効果が異なることが少なくない。このような攻撃防御方法が認められるかどうかは、その知的財産権侵害の準拠法による。

　例えば、日本の企業との関係で問題になることが多い米国の特許法についてみても、日本の特許法と異なる独特の抗弁が認められている。パテント・ミスユースの抗弁、ラッチェス（懈怠）の抗弁、エストッペル（禁反言）の抗弁、ショップ・ライトの抗弁などである。このうち例えば、パテント・ミスユースの抗弁についてみても、米国特許法271条(d)においてパテント・ミスユースにあたらないとみなされる特許権者の権利行使を具体的に規定しているが、特許権者のどのような行為がパテント・ミスユースに当たるかに関しては判例に委ねられている。つまり、271条(d)の規定から(1)特許権者の同意なく第三者が実施すれば特許権の間接侵害となるような行為から収益を得ること、(2)特許権者の同意なく実施すれば特許権の間接侵害になる行為に関し第三者に実施許諾を与

えること、(3)特許権の侵害又は間接侵害に対してその特許権を行使しようとすることは、パテント・ミスユースとして権利行使を拒否されることはないが、特許権者のどのような行為がパテント・ミスユースに当たるかをどのような基準で判断すべきかについては制定法上規定されてはいない。その際に考慮されるべき要素に関しても、著作権法と異なり、規定してはいない。例えば、価格操作を行う目的で共謀して特許権を使用することや特許期間終了後に実施料を要求することなどはパテント・ミスユースに当たるであろうが（竹中、山上監修・法律相談420頁以下参照）、この概念自体判例によって形成されるかなり柔軟なものと考えられる。特許権者の権利保護と権利者以外の者の保護のバランスをどのようにとるかに関するだけに時代の変化、つまり、プロ・パテントか、アンチ・パテントかによっても異なる可能性がある。

　ラッチェスの抗弁とエストッペルの抗弁は類似した側面を持つが次のように区別される。ラッチェスは、①特許権者の権利の実行が不合理、かつ、正当な理由なく長期間怠られ、②その遅滞によって侵害を主張されたものが重大な不利益を受けることを要件として認められる抗弁である。その遅滞が侵害を知り又は知り得た時から6年を超えると①の要件が満たされていると推定されるが、6年以内でもこの要件が満たされ得る（竹中、山上監修・法律相談426頁以下参照）。それに対して、エストッペルは、①特許権利者の誤解されるような言動によって権利行使をしないと信頼するのが合理的と認められること、②侵害者が特許権者の言動を信頼したこと、③権利行使を認めれば侵害者が重大な不利益を受けることを要件として認められる抗弁である。信頼を基礎とした抗弁であって、ラッチェスのような推定は問題にならない（竹中、山上監修・法律相談429頁以下参照）。

　また、日本でも認められているような特許無効、先使用および試験研究の抗弁についてもその内容や意義が必ずしも同一ではない。特許無効については、無効原因に米国独自のものがあり、要件を異にすることに注意する必要がある。とりわけ、ベスト・モードという米国法独自の記載要件や原則として発明者自身が出願人でなければならないことに注意する必要がある。ベスト・モードというのは、発明者が出願当時、その発明の最良の実施形態と考えていた内容を開示すべきとする衡平法上要求された要件であり、審査段階ではなく侵害訴訟段階で初めて判断が求められるものである。発明者自身が出願人でなければな

らないとされる点は、米国憲法1条8項が発明者に排他的権利を与える法律の制定を求めていることに関連する。発明者の記載を誤ると、真の発明者でない者が発明の内容を知って出願した場合と同様に扱われて、特許の無効原因となる。先使用の抗弁についても、先発明主義を採る米国と先願主義を採る日本においてとではその意義を異にした。米国においては、先発明に特許が認められたのであるから、先使用者として問題になるのは、発明の完成は特許権者より遅れているが、出願日にはすでにその発明を使用していた者についてであった。米国の先発明主義は先願主義に改正され、2013年3月16日より施行されている。しかし、公表から1年以内であれば新規性喪失の例外にする制度（グレースピリオドと呼ばれる猶予期間）を認めたことに関連し、出願日の1年以上前に真正かつ実際にその技術を使用していた者に先使用権が認められ、先使用権が認められる範囲を拡大している。また、試験研究の抗弁については、米国特許法271条(e)によれば、薬品のように連邦法によって販売許可申請を要する製品の申請に関する資料収集に合理的に関連する目的で行われる試験研究行為を侵害行為とみなさないものとしている。日本特許法69条1項に関する通説的解釈より狭い範囲でのみ認められる抗弁といえよう。

　実質法がこのように異なるとすれば、国際私法上このような抗弁の準拠法をどのようにして決定すべきかが問題になる。特許権侵害についてどのような抗弁を認めるかは、特許権の成立および効力に関わる問題であるから、当該特許権の保護国法、つまり、その領域について保護が求められている国の法によるべき問題である。本章では、一方の当事者が外国人又は外国会社である場合の特許権侵害訴訟においてどのような抗弁がどのような要件で成立し、その抗弁にどのような効果が認められるかを、その特許権が日本特許であることを前提として、権利濫用の抗弁、先使用の抗弁、試験研究の抗弁に関する日本の最高裁判例を素材にして考えてみることにしたい。侵害訴訟における被告が防御のために提出する抗弁としては、特許発明の技術的範囲に属さないから侵害に当たらないという抗弁、並行輸入の抗弁、消滅時効の抗弁等そのほかにも日本法上の抗弁事由は存在するが、ここでは上記3つに限定する。本章で扱う判例は、必ずしも渉外的要素を持つものに限らない。純国内的な事例を扱ったものを多く含んでいる。当事者の一方が外国人や外国会社のような渉外的事例についても、日本法が保護国法になる場合には、純国内的事例に関する判例が原則とし

て適用されることになるからである。

　いずれにせよ、国際的な特許侵害訴訟で被告の立場に立たされた当事者は、どのような防御方法があり、どのような抗弁を主張するのが自分にとって有利になるかを十分に検討する必要がある。また、各国の訴訟制度や相手方に関する情報を収集し、証拠の収集保全に努め、適切な解決方法を模索する必要が生じる。例えば、米国、カナダ、イギリスのようなディスカバリー制度を持つ国で訴えられた場合には、ディスカバリーのできる限り早い段階で徹底的に争うか、ライセンス交渉を開始して和解の道を探るかについての方針を明確にする必要がある（なお、米国訴訟における抗弁を4つの類型に分けて詳しく説明する文献として、レブランク、酒井等・戦略Ⅱ参照）。しかし、本章ではあくまで日本の裁判所で日本の特許権に関して侵害訴訟を提起された場合について検討し、他国の類似の抗弁と比較してその特徴を明らかにすることに重点を置くことにする。なお、特許侵害訴訟の攻撃防御方法を含む外国法の比較法的研究を行っている文献としては、青山、木棚・国際特許侵害、比較法研究センター・技術革新などがある。以下、最高裁判決のある3つの抗弁についてのみ言及する。このような抗弁をわが国の裁判所で主張する場合にどのような準備が必要であるかにつき参考にしてほしい。

(1) 権利濫用の抗弁

　まず、キルビー事件に関する判決を見てみよう。X（原告、被控訴人、被上告人、富士通株式会社）は、各種の半導体装置および電子機器等の製造販売を業としている会社である。Y（被告、控訴人、上告人、Texas Instruments Inc.）は、米国デラウエア州法に基づき設立され、肩書地に主たる事務所を有して、各種の半導体装置の製造販売を業としている会社である。Yは、半導体装置に関する米国出願に基づく優先権を主張した昭和35年（1960年）2月6日出願（原々出願）に基づき分割出願した昭和39年1月30日の出願（原出願という）からさらに分割出願し、平成元年（1989年）10月30日設定登録の特許権を有する。Xは、業として別紙イ号物件目録記載の半導体装置（以下、「イ号物件」という）およびロ号物件目録記載の半導体装置（以下、「ロ号物件」という）を製造し、使用し、販売している。

　XY間には、従来半導体装置に関する特許について期限を平成2年（1990年）

12月末日までとする相互実施許諾契約が存していたが、Yが日本において本件特許権を取得したのに伴い、Yは、右契約の更新に際し、本件特許権が半導体集積回路についての基本特許であってXを含む日本の業者が製造販売する右装置のほとんどすべてが本件発明の技術的範囲に属すると主張し、このことを理由にしてXに対してもイ号物件およびロ号物件を含む種々の半導体装置につき、Xの売上額に対する実施料相当額の金銭支払を要求している。

　本件は、イ号物件およびロ号物件のような超高集積度の装置は、本件発明の技術的範囲に属さず、したがって、XがYに対して本件特許権の侵害による損害賠償義務を負うものではないとして、本件特許権の侵害を理由とする損害賠償請求権を有しないことの確認を求めた事案である。

　東京地裁平成6年8月31日判決（平3(ワ)9782号、債務不存在確認請求事件、知的裁集29巻3号875頁、判時1510号35頁）は、本件特許請求の範囲、明細書の発明の詳細な説明および本件特許出願の経過を検討したうえで、イ号物件、ロ号物件は、いずれも本件発明の技術的範囲に属するものではないから、イ号物件およびロ号物件の製造および販売は本件特許権を侵害するものではなく、Xの債務不存在確認請求は理由があるからこれを認容すると判示した。Yは、イ号物件とロ号物件のいずれもが本件発明の技術的範囲に属するとして控訴した。東京高裁平成9年9月10日判決（平6(ネ)3790号、知的裁集29巻3号819頁、判時1615号10頁）は、「被控訴人の本訴請求は理由があり、正当として認容すべきであり、これと結論において同旨の原判決は相当であって、本件控訴は理由がない。」と判示した。Yは、控訴審判決を不服として上告した。

　最高裁判所平成12年4月11日第三小法廷判決（平10(オ)364号、民集54巻4号1368頁）は、Yの上告を棄却して次のように判示した。

　「特許権は無効審決の確定までは適法かつ有効に存続し、対世的に無効とされるわけではない。」「しかし、本件特許のように、特許に無効理由が存在することが明らかで、無効審判請求がされた場合には無効審決の確定により当該特許が無効とされることが確実に予見される場合にも、その特許権に基づく差止め、損害賠償等の請求が許されると解することは、次の諸点にかんがみ、相当ではない。

　(i)このような特許権に基づく当該発明の実施行為の差止め、これについての損害賠償等を請求することを容認することは、実質的にみて、特許権者に不当

な利益を与え、右発明を実施する者に不当な不利益を与えるもので、衡平の理念に反する結果となる。また、(ii)紛争はできる限り短期間に一つの手続で解決するのが望ましいものであるところ、右のような特許権に基づく侵害訴訟において、まず特許庁における無効審判を経由して無効審決が確定しなければ、当該特許に無効理由の存在することをもって特許権の行使に対する防御方法とすることが許されないとすることは、特許の対世的な無効までも求める意思のない当事者に無効審判の手続を強いることとなり、また、訴訟経済にも反する。さらに、(iii)特許法168条2項は、特許に無効理由が存在することが明らかであって前記のとおり無効とされることが確実に予見される場合においてまで訴訟手続を中止すべき旨を規定したものと解することはできない。

　したがって、特許の無効審決が確定する以前であっても、特許権侵害訴訟を審理する裁判所は、特許に無効理由が存在することが明らかであるか否かについて判断することができると解すべきであり、審理の結果、当該特許に無効理由が存在することが明らかであるときは、その特許権に基づく差止め、損害賠償等の請求は、特段の事情がない限り、権利の濫用に当たり許されないと解するのが相当である。」「以上によれば、本件特許には無効理由が存在することが明らかであり、訂正審判の請求がされているなど特段の事情を認めるに足りないから、本件特許権に基づく損害賠償請求が権利の濫用に当たり許されないとしてXの請求を認容すべきものとした原審の判断は、正当として是認することができる。右判断は所論引用の判例に抵触するものではなく、原判決に所論の違法はない。」

　この判決を契機として、これを一歩進めて特許法104条の3の規定が明文化された。これによって特許権の無効主張は、無効審判ルートの他、侵害訴訟ルートでも判断されることが明白になった。

(2)　先使用の抗弁

　次に、ウォーキングビーム式加熱炉事件に関する判決を素材として考えてみよう。

　Y1（被告、反訴原告、控訴人、上告人、ミッドランド・ロス社）は、1968年米国特許出願に基づく優先権を主張して昭和43年（1968年）8月26日に出願し、昭和55年（1980年）5月30日に登録された加熱炉の動桁型コンベアに関する

特許権者である。Y2（被告・反訴原告、控訴人、上告人、中外炉）は、昭和56年（1981年）3月6日に専用実施権設定登録を受けた日本における本件特許権の専用実施権者である。X（原告・反訴被告、被控訴人、被上告人、大同特殊鋼株式会社）は、本件特許発明を知らずに、本件発明の技術範囲に属する「ウォーキングビーム式加熱炉」（A製品）を本件特許権の優先権主張日（1968年2月26日）以前に発明し発明したと主張した。つまり、Xは、昭和41年（1966年）5月20日頃訴外F社から見積もり依頼を受け、同年7月19日に加熱炉の基本仕様の打ち合わせの後に翌日から「電動式ウォーキングビーム式加熱炉」の見積設計作業に入り、同年9月27日Fの油圧式に変える意向に従って、「ウォーキングビーム加熱炉」の原価見積書、設計図、見積仕様等をF社に提出した。その後、Xは、受注に備えて下請会社にA製品の各部分につき見積を依頼し、準備したが、受注できなかった。しかし、Xは、昭和42年以降も毎年ウォーキングビーム式の加熱炉に応札を続け、そのうちの昭和45年3月と8月に2件の受注に成功して以来、Yの主張によると本件特許侵害製品になるウォーキングビーム式加熱炉（イ号製品）を製造、納入している。

Xは、このような事実経過から、Y1およびY2に対して、特許法79条の先使用権を持っているからイ号製品の製造販売がY1らの権利の侵害にならないとして、①本件特許権に基づく差止請求権の不存在確認、②通常実施権を有することの確認および③不正競争法に基づく虚偽事実の陳述流布の禁止と損害賠償を請求した。これに対して、Y1、Y2は、Xがイ号製品につき先使用権を取得していないとして、その製品の製造販売の禁止および廃棄と損害賠償等を請求する反訴を提起した。

名古屋地裁昭和59年2月27日判決（無体例集16巻1号91頁）は、Xの請求のうち①および②についてのみ認め、他のすべての請求を棄却する判決をした。それに対しY1、Y2は、地裁判決を不服として控訴し、先使用権の成立要件や範囲に関する部分につき争った。名古屋高裁昭和60年12月24日判決（無体例集17巻3号664頁）は、若干の修正を加えながら、Y1、Y2の控訴を棄却した。Y1、Y2が上告した。

最高裁昭和61年10月3日第二小法廷判決（昭61(オ)454号、民集40巻6号1068頁、判時1219号116頁、判タ627号105頁）は、次のように述べて上告を棄却した。

まず、Xの発明の完成と先使用権の成立について「発明とは、自然法則を利用した技術的思想の創作であり（特許法二条一項）、一定の技術的課題（目的）の設定、その課題を解決するための技術的手段の採用及びその技術的手段により所期の目的を達成し得るという効果の確認という段階を経て完成されるものであるが、発明が完成したというためには、その技術的手段が、当該技術分野における通常の知識を有する者が反復実施して目的とする効果を挙げることができる程度にまで具体的・客観的なものとして構成されていることを要し、またこれをもつて足りるものと解するのが相当である（最高裁昭和49年（行ツ）第107号同52年10月13日第一小法廷判決・民集31巻6号805頁参照）。したがつて、物の発明については、その物が現実に製造されあるいはその物を製造するための最終的な製作図面が作成されていることまでは必ずしも必要でなく、その物の具体的構成が設計図等によつて示され、当該技術分野における通常の知識を有する者がこれに基づいて最終的な製作図面を作成しその物を製造することが可能な状態になつていれば、発明としては完成しているというべきである。」「また、同法79条にいう発明の実施である『事業の準備』とは、特許出願に係る発明の内容を知らないでこれと同じ内容の発明をした者又はこの者から知得した者が、その発明につき、いまだ事業の実施の段階には至らないものの、即時実施の意図を有しており、かつ、その即時実施の意図が客観的に認識される態様、程度において表明されていることを意味すると解するのが相当である。」「Xは、F社からの広畑製鉄所用加熱炉の引合いに応じ、当初プッシャー式加熱炉の見積設計を行い、次いで電動式のウオーキングビーム式加熱炉の見積設計を行つてA製品に係る発明を完成させたうえ、本件特許発明の優先権主張日前である昭和41年8月31日頃、富士製鉄に対しA製品に関する前記見積仕様書及び設計図を提出し、富士製鉄から受注することができなかつたため最終製作図は作成していなかつたものの、同社から受注すれば広畑製鉄所との間で細部の打合せを行つて最終製作図を作成し、それに従つて加熱炉を築造する予定であつて、受注に備えて各装置部分について下請会社に見積りを依頼したりしていたのであり、その後も毎年ウオーキングビーム式加熱炉の入札に参加したというのである。」「そして、ウオーキングビーム式加熱炉は、引合いから受注、納品に至るまで相当の期間を要し、しかも大量生産品ではなく個別的注文を得て初めて生産にとりかかるものであつて、予め部品等を買い備えるものではな

いことも、原審の適法に確定するところであり、かかる工業用加熱炉の特殊事情も併せ考えると、X 社は A 製品に係る発明につき即時実施の意図を有していたというべきであり、かつ、その即時実施の意図は、F 社に対する前記見積仕様書等の提出という行為により客観的に認識されうる態様、程度において表明されていたものというべきである。したがつて、X 社は、本件特許発明の優先権主張日において、A 製品に係る発明につき現に実施の事業の準備をしていたものと解するのが相当である。」「以上と同旨の原審の判断は、正当として是認することができる。原判決に所論の違法はなく、論旨は、右と異なる見解に立ち、又は原審の認定にそわない事実に基づき原判決の違法をいうものであつて、採用することができない。」とした。

　次に、先使用権の範囲について「特許法 79 条所定のいわゆる先使用権者は、『その実施又は準備をしている発明及び事業の目的の範囲内において』特許権につき通常実施権を有するものとされるが、ここにいう『実施又は準備をしている発明の範囲』とは、特許発明の特許出願の際（優先権主張日）に先使用権者が現に日本国内において実施又は準備をしていた実施形式に限定されるものではなく、その実施形式に具現されている技術的思想すなわち発明の範囲をいうものであり、したがつて、先使用権の効力は、特許出願の際（優先権主張日）に先使用権者が現に実施又は準備をしていた実施形式だけでなく、これに具現された発明と同一性を失わない範囲内において変更した実施形式にも及ぶものと解するのが相当である。けだし、先使用権制度の趣旨が、主として特許権者と先使用権者との公平を図ることにあることに照らせば、特許出願の際（優先権主張日）に先使用権者が現に実施又は準備をしていた実施形式以外に変更することを一切認めないのは、先使用権者にとつて酷であつて、相当ではなく、先使用権者が自己のものとして支配していた発明の範囲において先使用権を認めることが、同条の文理にもそうからである。そして、その実施形式に具現された発明が特許発明の一部にしか相当しないときは、先使用権の効力は当該特許発明の当該一部にしか及ばないのはもちろんであるが、右発明の範囲が特許発明の範囲と一致するときは、先使用権の効力は当該特許発明の全範囲に及ぶものというべきである。」「これを本件についてみるに、……X が A 製品に係る発明の実施である事業の準備をしていたことに基づく先使用権の効力は、本件特許発明の全範囲に及ぶものであり、したがつてイ号製品にも及ぶものである

としたの原審の判断は、正当というべきである。」とした。

　本件判決は、特許法79条の先使用権の成立要件としての発明の実施である事業の準備の要件に関し、見積仕様書および設計図を提出し、受注すれば最終設計図を作成する予定で、A製品を築造するために下請会社に見積りを依頼しており、その後も入札に参加していたのだから、事業準備の要件を満たすとしたうえで、先使用権の成立する範囲を公平説（特許権者と実施事業の準備をしていた者との衡平を図る）によって明らかにしている。

(3)　試験、研究の抗弁

　次にゾロ薬事件に関する判決を素材として考えてみよう。

　Xは、平成8年（1996年）1月21日に特許期間の満了したメシル酸カモスタット（一般名称）の物質および医薬用途（抗プラスミン剤、膵臓疾患治療剤）についての特許権（以下、「本件特許権」といい、その発明を「本件特許発明」という）を有し、本件特許権に係るメシル酸カモスタット製剤（商品名フオイパン錠）を製造販売している会社である。Yも医薬品の製造販売を業としている会社である。Xは、Xの有する特許権を侵害して本件特許の保護機関中にYが医薬品の試験等を行い、それに基づき医薬品製造承認を得たとして、存続期間の満了した右特許権に基づき、また、Yの不法行為を理由として、Yに対し平成10年7月21日まで右医薬品の販売の差し止めることを求めた。京都地裁平成9年5月15日判決（平8(ワ)1898号、医薬品販売差止請求事件、民集53巻4号670頁）は、Xの請求を棄却した。Yは、原審における請求のほか、871万1391円の損害賠償の請求を追加して、原判決の取消しを求めて控訴した。大阪高裁平成10年5月13日判決（平9(ネ)1476号医薬品販売差止請求控訴事件、民集53巻4号725頁）は、Yの控訴および控訴審での請求を棄却した。

　最高裁平成11年4月16日判決（平10（受）153号、医薬品販売差止請求事件、民集53巻4号627頁、判時1675号37頁、判タ1002号83頁）は、Yの上告受理請求を認めて上告を受理したうえで、次のように述べて、Yの上告を棄却した。「ある者が化学物質又はそれを有効成分とする医薬品についての特許権を有する場合において、第三者が、特許権の存続期間終了後に特許発明に係る医薬品と有効成分等を同じくする医薬品（以下、『後発医薬品』という。）を製造して販売することを目的として、その製造につき薬事法14条所定の承認申請をするため、

特許権の存続期間中に、特許発明の技術的範囲に属する化学物質又は医薬品を生産し、これを使用して右申請書に添付すべき資料を得るのに必要な試験を行うことは、特許法 69 条 1 項にいう『試験又は研究のためにする特許発明の実施』に当たり、特許権の侵害とはならないものと解するのが相当である。」「薬事法は、医薬品の製造について、その安全性等を確保するため、あらかじめ厚生大臣の承認を得るべきものとしているが、その承認を申請するには、各種の試験を行った上、試験成績に関する資料等を申請書に添付しなければならないとされている。後発医薬品についても、その製造の承認を申請するためには、あらかじめ一定の期間をかけて所定の試験を行うことを要する点では同様であって、その試験のためには、特許権者の特許発明の技術的範囲に属する化学物質ないし医薬品を生産し、使用する必要がある。もし特許法上、右試験が特許法 69 条 1 項にいう『試験』に当たらないと解し、特許権存続期間中は右生産等を行えないものとすると、特許権の存続期間が終了した後も、なお相当の期間、第三者が当該発明を自由に利用し得ない結果となる。この結果は、……特許制度の根幹に反するものというべきである。」「他方、第三者が、特許権存続期間中に、薬事法に基づく製造承認申請のための試験に必要な範囲を超えて、同期間終了後に譲渡する後発医薬品を生産し、又はその成分とするため特許発明に係る化学物質を生産・使用することは、特許権を侵害するものとして許されないと解すべきである。そして、そう解する限り、特許権者にとっては、特許権存続期間中の特許発明の独占的実施による利益は確保されるのであって、もしこれを、同期間中は後発医薬品の製造承認申請に必要な試験のための右生産等をも排除し得るものと解すると、特許権の存続期間を相当期間延長するのと同様の結果となるが、これは特許権者に付与すべき利益として特許法が想定するところを超えるものといわなければならない。」

この判決は、薬事法 14 条所定の後発医薬品の承認申請に必要な試験が特許法 69 条 1 項に該当し、特許侵害とならないことを最高裁として初めて認めた。下級審判例や学説に争いのあった争点について最高裁の判断を明らかにしたものとして注目される。

【主要参考文献】
（太字部分は本文中の略称。）

1 外国文献

Abbott, F., **Cottier**, T. and **Gurry**, F., The International **Intellectual Property System**, Commentary and Materials, Part One, Part Two (1999)

Abbott, F., Cottier, T. and Gurry, F., The International Intellectual Property in an Integrated World Economy (2007)

Arnold, T. et al., Patent Alternative Dispute Resolution **Handbook** (1991)

Beier, F-Kand **Schricker**, G. (Eds), From GATT to TRIPs, **IIC Studies Vol.18 (1996)**

Bodenhausen, G.H.C., Guide to the Application of the Paris Convention for the Protection of Industial Property (1968)

Busche, J., and Stoll, P, -T., TRIPs Internationales und Europäisches Recht des Geistigen Eigentums, Kommentar (2007)

Dinwoodie, G., Hennessey, W. and Perlmautter, S., International Intellectual Property Law and Policy (2001)

Drexl, J., **Kur**, A., Intellectual Property and Private International Law, Heading for the Future, **IIC Studies Vol.24 (2005)**

Fawcett, J. and Torrenmaqns, P., Intellectual Property and Private International Law (1998)

Goldstein, P., **International Copyright**, Principles, Law and Practice (2001)

Harris, D. and **Newiss**, H., **International** Intellectual Property **Litigation** (1996)

Hewitt, L., Patent Infrigement Litigation (2008)

Hoying, W. and **Eijisvogel**, F. (ed.), **Global Patent Litigation**, Strategy and Practice (2006-)

Hoying, W., Global Patent Litigation (2008)

Jackson, J. et al., **Legal Problem** of International Economic Relations 4th Ed. (2002)

Ladas, S., The International Protection of **Industrial Property** (1930)

Ladas, S., The International Protection of Literary and **Artistic Property** (1938)

Letterman, G., Basic of International Intellectual Property Law (2001)

Lewinski, v. S., International Copyright Law and Policy (2008)

Newiss, H. Hrsg., Internatinal Intellectual Property **Litigation** (1996)

Ramcharan, R., International Intellectual Property Law and Human Security (2013)

Ricketson, S., The **Berne Convention** for the Protection of Literary and Artistic Work:1886-1986 (1987)

UNCTAD-ICTSD, Capacity Building Project on IPRs, **Resource Book** on TRIPs and

Development, An Authoritative and Practical Guide to the TRIPs Agreement（http://www.iprsonline.org/unctadictad/ResourceBookIndex.htm よりダウンロードできる。）

WIPO Intellectual Property **Handbook**: Policy, Law and Use（WIPO のホームページよりダウンロードできる。）

2　日本文献

青山**葆**、木棚照一編『**国際特許侵害**──特許紛争処理の比較法的研究』（東京布井出版、1996 年）

石黒一憲『国際知的財産権』（NTT 出版、1998 年）

植松盛明、大矢重雄編『ウルトラマンと著作権──海外利用権・円谷プロ・ソムポート・ユーエム社』（青山社、2014 年）

岸本芳郎『米国での特許訴訟防衛マニュアル──ストーリーでわかる警告状対応の心得』（中央経済社、2007 年）

木棚照一『国際工業所有権法の**研究**』（日本評論社、1989 年）

木棚照一編『国際知的財産侵害訴訟の**基礎理論**』（経済産業調査会、2003 年）

木棚照一『**国際知的財産法**』（日本評論社、2009 年）

木棚照一編著『知的財産の国際私法原則研究──東アジアからの**日韓共同提案**』（早稲田大学比較法研究所、2012 年）

木棚照一編『**実践知的財産法**　制度と戦略入門』（法律文化社、2017 年）

木棚照一「知的所有権摩擦の法的諸側面」斉藤武他編『経済摩擦と調整──政策と法』（法律文化社、1989 年）213 頁以下

木棚照一「特許製品の**並行輸入**に関する一考察──BBS 最高裁判決を契機として」早稲田法学 74 巻 4 号（1999 年）1 頁以下

木棚照一「TRIPs 協定による知的財産権の保護の意義と問題点──**TRIPs 協定における属地主義**の原則をめぐって」知的財産研究所『21 世紀における知的財産の展望（知的財産研究所 10 周年記念論文集）』（雄松堂出版、2000 年）

木棚照一「知的財産法の統一に関する沿革的考察」『知的財産法の系譜（小野昌延先生古稀記念）』（青林書院、2002 年）1 ～ 29 頁

木棚照一「知的所有権に関する TRIPs 協定の成立過程と内容的特徴──WTO 成立までを中心に」松井芳郎、木棚照一、薬師寺公夫、山形英郎編『グローバル化する世界と法の課題──平和・人権・経済を手がかりに（山手治之先生喜寿記念）』（東信堂、2006 年）163 ～ 202 頁

木棚照一「アジアにおける知的財産法の展開」今泉慎也編『国際ルール形成と開発途上国──グローバル化する経済法制改革』（アジア経済研究所、2007 年）83 ～ 116 頁

木棚照一「知的財産紛争に関する国際私法規則の調整と調和の試み──東アジアの視点から」高林龍編『知的財産法制の再構築』（日本評論社、2008 年）283 ～ 325 頁

金彦叔『知的財産権と国際私法』（信山社、2006 年）
金彦叔『国際知的財産権保護と法の抵触』（信山社、2011 年）
桑田三郎『国際商標法の研究——並行輸入論』（中央大学出版部、1972 年）
桑田三郎『工業所有権法における比較法』（中央大学出版部、1987 年）
桑田三郎『国際商標法の諸問題』（中央大学出版部、1992 年）
桑田三郎『工業所有権法における**国際消耗論**』（中央大学出版部、1999 年）
小出邦夫編『**逐条解説**　法の適用に関する通則法〔増補版〕』（商事法務、2014 年）
小林秀之編『日米知的財産訴訟』（弘文堂、1993 年）
小林秀之他編『国際裁判管轄の理論と実務』（新日本法規、2017 年）
後藤晴男『パリ条約講話（TRIPS 協定の解説を含む）〔第 13 版〕』（発明協会、2007 年）
酒井昭夫『日米ハイテク摩擦と知的所有権』（有斐閣、1994 年）
CIPIC『知的財産侵害物品の**水際取締制度**の解説』（日本関税協会知的財産情報センター、2007 年）
高橋和之、松井茂記、鈴木秀美編『インターネットと法〔第 4 版〕』（有斐閣、2010 年）
茶園成樹編『知的財産関係条約』（有斐閣、2015 年）
財団法人**比較法研究センター**編『**技術革新**と国際特許訴訟——国際特許紛争処理の知財戦略』（東京布井出版、2003 年）
長谷川俊明『日米パテント・ウォー』（弘文堂、1993 年）
山川正樹『国際特許摩擦と日本の選択』（東京経済新報社、1994 年）
山田鐐一『国際私法〔第 3 版〕』（有斐閣、2004 年）
ロバート・E・**レブランク**、ケネス・E・クローズン、ヘンリー・シャー、**酒井**宏明、福田秀幸『米国特許訴訟**戦略Ⅱ**』（日本貿易振興会、1993 年）
ワシントン大学ロースクール先端知的財産研究センター編、**竹中**俊子、**山上**和則監修『国際知的財産紛争処理の**法律相談**』（青林書院、2006 年）
渡辺惣樹『TPP 知財戦争の始まり』（草思社、2012 年）

事項索引

[あ行]

ITC 手続··················25, 193
IBM 産業スパイ事件·················20
新しい型の知的財産権保護···············97
新しい仲裁法···················197
アンチ・パテント政策からプロ・パテント政策への転換··············16, 24
暗黙の前提············117, 118, 161
EC 加盟国の国際私法に関する条約中の無体財産権に関する規定のための草案···················96
EC データ・ベース指令 (96/9/EC)······97
域外適用規定················165, 166
意思表示の準拠法················182
意匠の国際寄託に関するハーグ協定······82
意匠の国際登録に関するハーグ協定のジュネーブ改正協定 (1999 年)····82, 126
意匠の国際分類に関するロカルノ協定···82
意匠保護の例外··················70
一応の証明················134, 135
一方的抵触規定·················166
遺伝的資源··················5, 73
意図的に米国に向けられた教唆・幇助行為·····················169
違法性阻却事由に関する事実············139
医薬品特許の保護期間の回復措置········27
医薬品の生産、輸出に関する安定性の確保·····················68
インターネットによる知的財産権侵害···················162
インターフェアランス紛争に関する仲裁···················199
ヴァージニア州東部地区地方裁判所····222
ウィーン万国博覧会 (1873 年)···········29
上野製薬事件·················141
ウォーキングビーム式加熱炉事件·······227, 229
ヴォルフ (Martin Wolff)············116
訴えの主観的併合············141, 142
ウルグアイ・ラウンドにおける米国の重要な交渉目標·················211
ウルグアイ・ラウンドの閣僚宣言········26
ウルトラマン事件·······134, 138, 139, 140
ウルトラマン事件上告審判決··········134
ウルマー (Eugen Ulmar)······95, 115, 152, 174, 180
ウルマーの無体財産に関する国際私法原則についての草案············113, 188
ウルリッヒ (Hanns Ullrich)···········155
映画による著作物の複製および公演を許諾する排他的権利···············51
映画の著作物の保護················53
営業所の「現実かつ真正の」という限定···················37
ALI 原則··················151
ADR による解決の推進············216
エストッペル (禁反言) の抗弁····222, 223
FM 信号復調装置事件 (カードリーダー事件)······132, 137, 160, 161, 163, 164, 176
演劇又は音楽演劇の著作物の公演に関する権利·····················49
応用美術の著作物················52
オール・エレメント・ルール··········24
親会社を引き込むための要件··········141
恩恵主義·····················15
穏健な紛争解決会議 (moderated settlement conference)··············204, 206

[か行]

································132
外国商標権の消耗·················10
外国人法上の原則················117
外国人法上の原則を中心とする緩やかな統一法······················4
外国人法上の問題················94
外国人法に関する特殊な抵触規定·······115
外国仲裁判断の承認および執行に関する条約 (ニューヨーク条約)···195, 197, 216
外国著作権侵害に関する訴訟の国際裁判

管轄権……………………………………138
外国特許権侵害に関する警告書…………170
外国判決の承認要件としての国際裁判
　管轄権……………………………………130
開発途上加盟国……………………………146
開発途上国に関する議定書…………53, 54
加害行為が行われた地の法…………159, 162
加害行為の結果が発生した地の法………159
各国国際私法原則の調整…………………152
拡散型不法行為……………………………162
画期的な基本発明の特許……………………24
合衆国国際貿易委員会（ITC）……………22
GATT ウルグアイ・ラウンドの閣僚会議
　………………………………………………62
GATT ウルグアイ・ラウンドの閣僚宣言
　………………………………………………59
GATT ウルグアイ・ラウンドの交渉………6
GATT から WTO へ………………………74
GATT（1947 年）22 条、23 条…………209
GATT にあった関税障壁に関する基本
　原則…………………………………………97
GATT のパネルという紛争解決機関……28
GATT のもとでの紛争解決制度との相違
　……………………………………………211
仮決定報告（interim report）……………210
韓国大法院 2004 年 7 月 22 日第一部判決
　（X ガール事件）…………………………162
関税定率法による差止申立て……………191
関税法 69 条の 2 ～ 69 条の 21 による
　水際取締制度……………………………192
機械的再生による翻案……………………51
擬制的所在地………………………………118
期待可能性の議論の類推…………………212
基本ソフトについて秘密協定………………20
逆推知説……………………………………130
客観的事実の証明…………………………135
キューピー事件控訴審判決………………185
行政機関への申立て………………………193
強制許諾………………………………………87
行政行為理論………………………………154
強制実施許諾の性質と譲渡の制限…………41
強制実施許諾の設定および移転の要件……67

強制利用許諾…………………………………55
共同著作物の最小限の保護期間……………52
共同不法行為………………………………141
虚偽事実の告知・流布…………………171, 172
清瀬一郎……………………………………105, 115
許諾のない翻訳………………………………48
許諾を得ないレコードの複製からのレコー
　ド製作者の保護に関する条約（ジュネー
　ブ条約）……………………………………84
キルビー事件……………………………136, 225
キルビー特許に関する最高裁判決………200
儀礼上の著作権（courtesy copyright）…45
ギンスバーク（Jane Ginsburg）…………150
均等論…………………………………………24, 191
禁反言の原則による効果…………………195
国ごとに異なる専門家を依頼……………217
国の紋章、旗章等の保護……………………39
クリップ（CLIP）原則……………………151
クレーム解釈………………………………191
クロスライセンス………………………24, 25
経過期間…………………………………60, 146
警告書………………………………………219, 220
警告書の送付……………………………138, 139
刑事事件に付帯した民事訴訟……………193
刑事事件優先の憲法上の原則……………198
契約準拠法と知的財産権の準拠法の一致
　……………………………………………181
契約締結時の明示的な準拠法選択の合意
　（準拠法約款）……………………………178
ケーキ理論……………………………………84
結果発生地……………………………134, 161
原因関係の準拠法と物権類似の支配関係の
　準拠法……………………………………187
厳格な信頼できる審査………………………16
原産地等の虚偽表示…………………………41
原産地名称………………………………43, 61, 71
権利自体の準拠法中の強行法規による
　特別連結すべき問題……………………188
権利の三分法…………………………………2
権利の濫用…………………………136, 167, 194, 227
権利無効の抗弁……………………136, 194, 222
故意侵害………………………………………18

工業所有権独立の原則..........105, 115, 117
工業所有権に関する属地主義と独立の原則
　の関係..........108
公共の利益..........45
攻撃防御方法..........222
公衆伝達権..........76
公序に反する結果..........133
拘束力のある仲裁..........204
公的な非商業的使用..........67
後発医薬品..........231
後発開発途上加盟国..........146
公表延期制度..........126
公平説（特許権者と実施事業の準備をして
　いた者との衡平を図る）..........231
公法説..........166
合理的関連性..........140
コーニング社の構造特許..........22
コーラー（Josef Kohler）.....2, 105, 106, 115
国際意匠出願..........126
国際工業所有権保護協会（AIPPI）...38, 74
国際裁判管轄権..........190, 221
国際裁判管轄法制部会..........129
国際司法裁判所の管轄権..........53
国際司法裁判所への付託..........88, 207, 208
国際私法上の適応問題..........163
国際私法上の法性決定..........184
国際出願..........113
国際消尽論..........14
国際調査機関..........78
国際調査報告..........78
国際著作権法に関する5つの決議..........46
国際的な判決の調和..........180
国際美術家会議..........46
国際文学者会議..........46
国際文芸協会（ALAI）..........47, 74
国際紛争とすることに慎重な態度..........208
国際貿易委員会（ITC）における提訴
　..........191
国際法と国内法の関係についての一元説
　..........2
国際予備審査機関..........78
国内実質法の場所的抵触に関する国際私法
　原則..........115
国内消尽論..........13, 14
国民経済論..........30
国連商取引法委員会（UNCITRAL）の
　国際商事仲裁モデル法..........197
国連貿易開発会議（UNCTAD）..........43
小審理（mini-trial）..........204, 205
国家主権思想..........3, 147
国家の付与行為..........154
国家非常事態その他極度の緊急事態..........67
コピーライト・アプローチ..........70, 126
コモン・ロー上の商標権..........127
コンピュータ・プログラム..........60, 64
コンピュータによる情報処理の用に供され
　る電磁的記録..........197

[さ行]

サービス・マーク..........69, 101
最恵国待遇の原則..........63, 77, 93, 96
最恵国待遇の原則の例外..........98
債権行為と物権類似の支配関係の変動を
　区別..........187
債権的要素と物権的要素を峻別することの
　困難性..........183
最終的な製作図面..........229
最終包括協定案（サザーランド・ペー
　パー）..........62
最初の出願..........101
最新の改正条約を批准していない国....144
最新の改正条約を批准する義務..........63
最低限の保護基準と権利の実効的行使...57
最低限の保護水準..........72, 144, 145, 213
裁判外の紛争解決（ADR）..........195, 198
裁判外紛争解決手続の利用の促進に関する
　法律..........197, 201
最密接関係地法..........177
最良の態様の表示..........67
サヴィニー（Friedrich C. von Svigny）
　..........169
差止請求権..........163
差止請求権不存在確認..........170
差止請求権を特許権の効力と法性決定

さ

- ……………………………………132
- 査定系再審査請求………………………194
- 産業財産権（工業所有権）………5, 115
- 産業財産権自体の存否や効力を争う訴訟
  ……………………………………131
- 産業財産権侵害訴訟……………136, 137
- 産業財産権独立の原則…………118, 144
- 産業財産権に関する有効性の問題を含めて
  仲裁適格性の肯定……………………201
- 産業財産権の有効性に関する紛争の仲裁
  適格性の否定…………………………202
- 産業財産権を無効と主張する抗弁……137
- 産業上の利用可能性……………………65
- サンゴ化石粉体事件………132, 136, 137, 170
- 暫定的拒絶理由………………………124
- 試験研究の抗弁……………224, 231, 232
- 自己執行性を持つ条約………………128
- 自己に有利と考える国の裁判所…217, 220
- 自己の主張が認められる確率…………221
- 事実上の差別（de facto discrimination）
  ………………………………………93, 94
- 市場戦略…………………………………7
- 市場との関連…………………………155
- 自然権思想……………3, 31, 109, 147
- 実演およびレコードに関するWPPT……84
- 実演家、レコード製作者及び放送機関の
  保護に関する国際条約（ローマ条約）
  ………………………………………76, 83
- 実施許諾者の常居所地法（主たる事務所
  所在地法）……………………………180
- 実質的違法性………………………10, 11
- 実質的同一性…………………………120
- 実質法上の原則……………………107, 118
- 実体的法律関係の準拠法と仲裁地法の
  選択的適用……………………………203
- 実体的法律関係の準拠法と仲裁地法の
  累積適用………………………………203
- 私的裁判（private judging）……204, 205
- 私的に雇われたコート・レコーダー…205
- 自動焦点カメラの特許紛争……………17
- 自動的承認の原則……………………109
- ジャジャエル・シュミー（M. Jagerschmidt）
- ……………………………………32
- シャック（Haumo Schack）……………153
- 集積回路についての知的所有権に関する
  条約………………………………………86
- 周知商標の保護………………39, 41, 69
- 10年間条項……………………………50
- 自由貿易論…………………………29, 30
- 主権理論………………………………154
- 主体の同一性の要件…………………102
- 出願書類の翻訳の提出………………122
- 出願変更………………………………104
- 出版条例…………………………………15
- 準拠法決定の必要性…………………169
- 準拠法選択の合意……………………156
- 準拠法の事後的な変更などの柔軟化…160
- 準同盟国民の内国民待遇………………35
- 準同盟国民の要件………………………37
- 上級パネル……………………………211
- 小審理…………………………………206
- 消尽論……………………………………8
- 少数のグループによる対策チーム……220
- 譲渡の原因関係である債権行為と著作権の
  物権類似の支配関係の区別…………186
- 商標偽造品および海賊版著作物………59
- 商標機能論………………………………8
- 商標権独立の原則………………………10
- 商標権の属地性…………………………9
- 商標商品の並行輸入……………………8
- 商標条例…………………………………15
- 商標独立の原則………………41, 108
- 商標の機能に対する侵害の有無………9
- 商標の譲渡………………………………40
- 商標法条約………………………………80
- 商標法に関するシンガポール条約(STLT)
  …………………………………………81
- 商標濫用による失権……………………39
- 商品の流通の自由………………………14
- 商品への虚偽の原産地表示の防止に関する
  協定………………………………………37
- 消滅時効の抗弁………………………224
- 植物の新品種の保護に関する国際条約
  （UPOV条約）…………………………85

植物の品種保護の義務‥‥‥‥‥‥‥‥65
所在地を擬制する見解‥‥‥‥‥‥‥116
ショップ・ライトの抗弁‥‥‥‥‥‥222
書面による合意‥‥‥‥‥‥‥‥‥‥197
侵害訴訟における国際裁判管轄権‥‥153
侵害不存在確認訴訟‥‥‥‥‥‥‥‥217
新興の開発途上国のために特別な制度‥‥54
審査主義‥‥‥‥‥‥‥‥‥‥‥‥‥‥15
真正商品の並行輸入‥‥‥‥‥‥‥‥‥7
迅速で適切な判決‥‥‥‥‥‥‥‥‥191
迅速な広い範囲の証拠開示手続‥‥‥192
新素材関連の共同事業‥‥‥‥‥‥‥‥24
新仲裁法‥‥‥‥‥‥‥‥‥‥‥‥‥201
進歩性‥‥‥‥‥‥‥‥‥‥‥‥‥‥‥65
信頼を基礎とした抗弁‥‥‥‥‥‥‥223
Spielbankaffair 事件判決‥‥‥‥‥‥159
すべての技術分野の発明‥‥‥‥‥‥‥65
正規の出願‥‥‥‥‥‥‥‥‥‥‥‥101
請求の客観的併合‥‥‥‥‥‥‥‥‥140
製品開発や設計部門の中心的な技術者
　‥‥‥‥‥‥‥‥‥‥‥‥‥‥‥‥220
政府間合意としてのGATT‥‥‥‥‥209
世界知的所有権機関（WIPO）を設立する
　条約‥‥‥‥‥‥‥‥‥‥‥‥‥‥‥6
世界的な恐慌‥‥‥‥‥‥‥‥‥‥‥‥29
世界特許の夢‥‥‥‥‥‥‥‥‥‥‥‥36
世界特許の理想の実現‥‥‥‥‥‥‥‥44
積極的誘導行為‥‥‥‥‥‥‥‥165, 167
絶対権と相対権‥‥‥‥‥‥‥‥‥‥114
絶対的排他権‥‥‥‥‥‥‥‥‥‥‥156
説得のための方法（Rechtsdogmatic）‥‥96
10 年間制度‥‥‥‥‥‥‥‥‥‥‥‥‥55
繊維意匠‥‥‥‥‥‥‥‥‥‥‥‥‥‥70
全会一致の原則‥‥‥‥‥‥‥‥‥‥‥43
先願主義‥‥‥‥‥‥‥‥‥‥‥‥15, 66
先決問題‥‥‥‥‥‥‥‥160, 194, 199, 200
先決問題に関する独立連結説と従属連結
　説‥‥‥‥‥‥‥‥‥‥‥‥‥‥‥160
先使用権‥‥‥‥‥‥‥‥‥‥‥‥‥105
先使用権が認められる範囲の拡大‥‥224
先使用権の成立‥‥‥‥‥‥‥‥‥‥229
先使用権の範囲‥‥‥‥‥‥‥‥‥‥230

先使用権の成立要件‥‥‥‥‥‥‥‥231
先使用の抗弁‥‥‥‥‥‥‥‥‥224, 227
先進工業国と発展途上国等の利害の対立
　‥‥‥‥‥‥‥‥‥‥‥‥‥‥‥‥‥42
専属的な国際裁判管轄合意‥‥‥‥‥133
セントラルアタック‥‥‥‥‥‥‥‥125
専売条例（Statute of Monopolie）‥‥‥29
専売特許条例（明治 18 年太政官布告
　第 7 号）‥‥‥‥‥‥‥‥‥‥‥‥‥15
専売特許略規則（明治 4 年太政官布告
　第 175 号）‥‥‥‥‥‥‥‥‥‥‥‥15
先発明者先願主義‥‥‥‥‥‥‥‥‥‥66
先発明主義‥‥‥‥‥‥‥‥‥‥‥65, 66
専門家の鑑定書‥‥‥‥‥‥‥‥‥‥217
専門家の鑑定の信頼性を持たない証拠
　‥‥‥‥‥‥‥‥‥‥‥‥‥‥‥‥218
相互の保障の要件‥‥‥‥‥‥‥‥‥215
相対的排他権‥‥‥‥‥‥‥‥‥‥‥156
総代理店‥‥‥‥‥‥‥‥‥‥‥‥‥‥7
即時実施の意図が客観的に認識される態様、
　程度において表明されていること‥‥229
属地主義の意義や位置づけ‥‥‥‥‥165
属地主義の機能変化‥‥‥‥‥‥‥‥155
属地主義の原則‥‥‥‥11, 13, 94, 113, 116, 117
属地主義の原則の抵触法的反映である保護
　国法の原則‥‥‥‥‥‥‥‥‥‥‥175
属地主義の根拠‥‥‥‥‥‥‥‥153, 161
属地主義のもつ意義‥‥‥‥‥‥‥‥156
属地主義を理由に専属管轄を主張する見
　解‥‥‥‥‥‥‥‥‥‥‥‥‥‥‥138
訴訟戦略を立てるための諸要因‥‥‥214
訴訟についての相当な懸念を引き起こさせ
　るような手続的脅迫‥‥‥‥‥‥‥220
即決陪審審理（summary jury trials）‥‥204, 206
ソフトウエア著作権の保護範囲‥‥‥‥21

[た行]

第一国出願‥‥‥‥‥‥‥‥‥‥‥‥101
対策チーム‥‥‥‥‥‥‥‥‥‥‥‥217
「第三者の権利を留保して」という文言の
　削除‥‥‥‥‥‥‥‥‥‥‥‥‥‥‥40

第三者の利害関係が絡む絶対権………200	中国国際私法模範法………………………215
第二国出願…………………………………101	中国での判決の承認、執行が重要な要因に
貸与権……………………………60, 61, 64	なる事件………………………………216
対世的効力を持つ判決……………………193	中古ボーリング用自動ピン立て装置事件
多国籍企業…………………………………191	判決……………………………………11, 12
多国籍企業を権利者として想定………221	仲裁契約の準拠法説………………………202
WIPO 実演・レコード条約（WPPT）…58,	仲裁合意……………………………………197
75, 76, 84	仲裁合意の独立性…………………………197
WIPO の調整委員会の勧告………………43	仲裁条項（arbitration clause）…………199
WTO 設立協定………………………………62	仲裁地および承認・執行予定国で有効と
WTO の紛争解決機関……88, 117, 146, 209	みられる仲裁合意……………………196
WTO の紛争解決制度に持ち込むことが	仲裁地法説…………………………………202
望ましくない紛争……………………212	仲裁適格性………………198, 199, 200, 203
ダブル・アクショナビリティの要件……164	仲裁適格性の否定…………………………201
ダミーとしての請求………………………194	仲裁による解決……………………………25
ダリ事件控訴審判決………………………185	仲裁による渉外紛争の解決の利点……195
ダンケル（Arthur Dunkel）…………59, 61	仲裁人の忠告的判断………………………205
チェイス法（the Chase Act（1891 年））…51	仲裁付託契約（submission）……………199
知的財産基本法……………………………201	中立的第三者の非拘束的な意見………206
知的財産権……………………………2, 3, 5	調停（mediation）…………………………204
知的財産権契約に関する訴訟の裁判管轄	調停のような簡略な対話方式…………206
権………………………………………137	調停を専門に行う会社……………………205
知的財産権自体に関わる問題……………157	直接に条約、協定等の国際規範に違反した
知的財産権侵害製品………………………60	行為を当事国に禁止する権限………208
知的財産権侵害天国………………………162	著作権侵害の法性決定……………………176
知的財産権侵害についての保護国法……159	著作権における独立の原則……………112
知的財産権侵害の救済方法や救済内容	著作権に関する世界知的所有権機関条約
…………………………………………145	（WCT）…………………………58, 75, 76
知的財産権に関する最低限の保護基準…63	著作権に関する属地主義の原則………175
知的財産権に関する紛争の仲裁適格性の	著作権の最低限の保護期間……………53
準拠法…………………………………202	著作権の登録制度…………………………127
知的財産権の国際的保護が弱体化される危	著作権の二重譲渡…………………………186
険性………………………………………89	著作権の保護期間………50, 52, 64, 110, 145
知的財産権の最低限の保護水準…………72	著作権保護の独立性………………………111
知的財産権の譲渡等の準拠法を物権変動	著作者人格権……………………51, 52, 61
類似の関係……………………………187	著作物の海賊行為…………………………110
知的財産権の有効性………………………199	著作物の公衆伝達方法……………………138
知的財産権の有効性についての仲裁適格	著作物の複製および翻訳に関する強制許諾
性…………………………………………196	の非排他的な許可……………………57
知的財産権のユビキタス性………5, 7, 131	著作物の本源国……………………………172
知的財産高等裁判所の設置………………25	著作物の本源国における保護の存在……50
知的財産摩擦……………………16, 24, 26	地理的表示…………………………………61

事項索引　243

地理的表示の保護………………………71
通商協定としての TRIPs………………146
通商交渉委員会（TNC）…………28, 59, 60
通常実施・使用権の登録自体や登録の
　　効力………………………………184
ディケンズ（Charles Dickens）………45
抵触法上の原則…………………………96
ディスカバリー…………………………26
ディスカバリー制度……………………225
ディスカバリーの対象…………………218
ディスカバリーの手続………17, 19, 205
締約国間の特別な取極…………………49
データ・ベース…………………………64
適応問題が生じる可能性……163, 168, 176
テキサス州東部地区地方裁判所………222
敵対的警告書送付………………………219
デスモンテ（François Dessemonte）……151
鉄人 28 号事件…………………………139
デュッセルドルフ地方裁判所…………222
テル・ケル（telle quelle）条項…35, 41, 44,
　　108, 144
テレビ番組……………………………205
伝承的知識……………………………5, 73
伝統的知的財産権条約………5, 97, 144, 146
ドイツ車買付預託金返還請求事件……132
ドイツ帝国裁判所（Reichsgericht）
　　1914 年 10 月 26 日判決……………52
ドイツ民法施行法 38 条から 42 条……159
道具理論………………………………170
当事者間の公平、裁判の適正迅速の理念に
　　反するような特段の事情…………137
当事者間の衡平を害し、又は適正かつ迅速
　　な審理の実現を妨げることとなる特別の
　　事情……………………………132, 142
当事者間の紛争解決合意………………205
当事者間のみの債権的効力……………184
当事者による準拠法選択………………157
当事者による準拠法の事後的変更……162,
　163
当事者の公平、裁判の適正・迅速を期する
　　という理念に著しく反する特段の事情
　　………………………………………140

当事者の合理的意思……………………186
当事者の準拠法合意……………………157
当事者のすべてが署名した文書の仲裁
　　条項………………………………197
当事者の黙示的意思を認定して処理する
　　方法………………………………188
当初の調停的要素の強い制度から裁判的
　　要素の強い特徴を持つ制度………211
同盟（Union）………………………32, 33
同盟国に常居所を有する者……………53
登録あるいは公正証書の作成等の書面上の
　　要件………………………………183
登録国という連結点……………………119
登録国の領土法…………………………181
登録国法…………………………119, 156
登録商標の保護期間……………………69
登録知的財産権……………113, 130, 156
登録知的財産権の「存否又は効力」……130
独自の権利（sui generis right）………86
独創性のないデータ・ベース…………98
特徴的給付……………………………177
特徴的給付の契約類型…………………179
特徴的給付の理論による推定……178, 180,
　188
特徴的給付を行う当事者の常居所地法
　　………………………………………177
特別の官庁を設置すべき義務…………35
特別の取極…………37, 44, 57, 58, 75, 113
特別留保条項……………………159, 164
途上国、先進国、社会主義国のグループ間
　　の交渉………………………………43
特許協力条約（PCT）…………44, 77, 100
特許協力条約（PCT）に基づく国際出願
　　………………………………………121
特許権が登録された国…………………171
特許権侵害訴訟…………………………191
特許権の移転登録請求…………………135
特許権の帰属の問題……………………135
特許権の国際的消尽……………………13
特許権の属地主義の抵触法的側面と実質法
　　的側面………………………………166
特許権の保護国法………………………224

特許権の無効主張……………………227
特許肯定論………………………………31
特許製品の並行輸入……………11, 12, 14
特許製品の並行輸入に関するBBS事件
　………………………………12, 13, 136
特許製品の輸入による特許喪失の廃止…36
特許仲裁法（the Patent Arbitration Act）
　………………………………………198
特許庁長官の意見……………………192
特許庁の無効審判……………………194
特許調和条約草案………………………44
特許独立の原則…………………37, 164
特許に無効理由が存在することが
　明らかであるとき…………………227
特許の国際分類（IPC）に関するストラス
　ブール条約……………………………79
特許の保護期間の計算………………107
特許の有効性…………………………199
特許廃止論………………………………43
特許発明の技術的範囲に属さないから
　侵害に当たらないという抗弁………224
特許反対運動……………………………29
特許反対論………………………………30
特許法104条の3、1項……………194
特許法69条1項にいう「試験又は研究の
　ためにする特許発明の実施」………232
特許法条約（PLT）……………………81
特許保護論者……………………………29
特許料の納付期間や優先期間の延長など
　の臨時的措置…………………………39
TRIPs……………………………………144
TRIPs上の内国民待遇原則……………92
TRIPs草案………………………………61
TRIPsと公衆衛生に関する宣言
　（ドーハ宣言）………68, 75, 146, 147
TRIPsプラス…………………………58, 77
ドレクセル（Josef Drexl）……………151
ドレフュス（Ruchelle C. Dreyfuss）……150
トロロープ（Anthony Trollope）………45

[な行]

内国民待遇…………………………35, 61

内国民待遇の原則…4, 32, 33, 36, 48, 63, 90,
　94, 115, 117
捺印証書………………………………183
南北あるいは東西対立の場……………42
二元説…………………………………128
二重の利得………………………………14
日韓共同提案…………………………151
日本知的財産仲裁センター…………204
日本の裁判所の専属管轄……………130
日本の知的財産権の過小保護………162
ニューヨーク条約の条件を満たすような
　仲裁（条項）………………………216
ヌスバウム（Arthur Nussbaum）………116
ノウ・ハウやトレード・シークレットなど
　に関連しているため秘密性…………196

[は行]

パーカー事件判決……………………8, 9
ハーグ合意管轄条約…………………195
バイオ・テクノロジーの特許性………65
陪審裁判…………………………………25
陪審裁判の実情に詳しい弁護士……221
背信的悪意者……………………186, 187
陪審による審理…………………………17
パイプライン保護………………………66
パウル・シュミット（Paul Schmidt）……47
博覧会の出品物の保護…………………35
バセドー（Jürgen Basedow）…………151
発明……………………………………120
発明公開に対する代償……………13, 33
発明者掲載権……………………………40
発明者証……………………………42, 43
発明者証の出願…………………42, 101
発明者の権利の性質……………………31
発明の完成……………………………229
発明の同一性の要件…………………102
パテント・アプローチ……………70, 126
パテント・ミスユースの抗弁……222, 223
ハネウエル特許…………………………18
パネルの最終報告書…………………210
パブリシティの権利…………………127
パリ・ルート…………………………123

事項索引　245

パリ条約上の特別の取極……………100	標章の国際登録のための商品およびサービスの国際分類に関するニース協定……80
パリ条約上の内国民待遇……………90	標章の国際登録のデメリット…………125
パリ条約に対する反対運動……………36	標章の国際登録のメリット……………125
パリ条約の停滞状態……………………44	標章の図形的要素の国際分類に関するウィーン協定………………………81
パリ条約プラスの効果………………100	ピレー（Antoine Pillet）……………106
パリ万国博覧会（1878年）…………31	ピンストライピング……………………186
判決の承認執行に関する規則………215	ファースト・セール・ドクトリン………8
万国著作権条約……………54, 55, 56, 127	ブエノス・アイレス条約………………55
万国博覧会……………………………43	不完全発明権…………………………105
判事によって選任された正式の陪審員の非拘束的な判断…………………206	複合優先…………………………40, 103
半導体チップ保護法（17U.S.C. §901et seq.）……………………………199	不公正な取引……………………………27
販売の申出……………………………66	藤井裁判官の反対意見…………167, 168
PCT…………………………………77, 100	不実施に対する制裁規定………………40
PCT加盟国……………………………79	不実施に対する制裁措置………………43
PCTに基づく国際出願……………44, 122	不正競争行為…………………………172
PCTルート…………………………79, 123	不正商品…………………………………27
PCTルートのデメリット……………123	物権変動に関する原因行為の準拠法と物権行為の準拠法の関係………182, 185
ピカード（Edmoind Picard）……………2	物理的損害……………………………140
東アジアの視点………………………152	不平等条約の撤廃…………………15, 16
光ファイバー通信元年…………………22	不法行為地法と法廷地法の二重の適用を要求する原則……………………164
非関税障壁……………………………27	不法行為に関する結果発生地説………166
ビクトル・ユーゴ（Victor Hugo）………47	フランス破棄院1912年11月5日判決……………………………………106
非公式の非拘束仲裁（informal nonbinding arbitration）……………204	フレッド・ペリイ事件判決……………10
非拘束的仲裁…………………………205	プロ・パテントかアンチ・パテントか……………………………………223
被告の住所等による裁判管轄権……130	プロ・パテント政策……………………59
美術家の原画又は作家や音楽家の原稿の再販売の利益から分配を受ける譲渡不可能な権利（droit de suite）…………99	プロ・パテント政策の国際化…………27
微生物の寄託の国際的承認に関するブタペスト条約……………………………79	紛争解決のための委員会（パネル）……209
秘匿特権の対象………………………218	紛争処理機関（DSB）………………209
ひとつのパッケージ……………………62	紛争の対象となっている実体関係の準拠法説……………………………202
瞳分割方式……………………………18	プンタ・デル・エステ宣言……………27
秘密意匠……………………………126	並行輸入の抗弁………………………224
秘密協定違反…………………………21	米国会社との共同不法行為…………168
標章の国際登録に関するマドリッド協定………………………………37, 80	米国国際貿易委員会（ITC）…………20
標章の国際登録に関するマドリッド協定議定書………………………124	米国仲裁協会（AAA）の仲裁…………20
	米国仲裁協会（AAA）の仲裁委員会

和解案 …………………………………… 21
米国仲裁協会の仲裁命令 ………………… 25
米国抵触法革命 ………………………… 169
米国特許侵害に向けた積極的誘導行為
　　…………………………………………… 161
米国特許法の域外適用規定 …………… 166
米国における外国人著作者の著作物の
　保護 ……………………………………… 51
米国の国民のみを特に優遇する条項 …… 97
米国のプロ・パテント政策 ……………… 28
米国法律協会（ALI）………………… 150
ベスト・モード ………………………… 223
ベスト・モード違反 ……………… 17, 18
ベルヌ・セーフ・ガード条項 ………… 57
ベルヌ条約5条2項 ………………… 174, 175
ベルヌ条約が黙示的に認めている保護国
　法 ……………………………………… 176
ベルヌ条約上の内国民待遇の原則 … 91, 174
ベルヌ条約第2回改正会議追加議定書 … 51
ベルヌ条約ベルリン改正条約 …………… 95
弁護士の秘匿特権 ………………… 218, 220
弁護士の秘匿特権が利用できるように
　配慮する必要 ………………………… 218
貿易関連知的財産権理事会への通報 …… 99
貿易不均衡 ……………………………… 16
包括的貿易交渉 ………………………… 28
包括利用許諾 …………………………… 60
法規分類学派への回帰 ………………… 169
妨訴抗弁 ………………………………… 203
妨訴抗弁の判断 ………………………… 202
法廷地に本拠を持つ弁護士 …………… 221
法廷地法 …………………………… 153, 174
法律関係の性質に応じた本拠 ………… 169
保護期間について内国民待遇の例外 …… 47
保護国と不法行為地の完全な一致 …… 170
保護国法 …… 96, 113, 114, 119, 153, 156, 160,
　180, 188
保護国法の意義 …………………… 153, 157
保護国法の概念 ………………………… 154
保護国法の原則 …… 115, 116, 118, 153, 175
保護国法の適用範囲を拡張する観点 … 183
保護制限の手続等の規定 ……………… 51

保護対象の無体性、偏在性 …………… 173
保護の制限要件 ………………………… 173
本源国法の定める条件と方式 ………… 48
本源国法の制約 ………………………… 95
翻訳権 ………………………………… 49, 54
翻訳の保護期間 ………………………… 48

[ま行]

マックス・プランク協会の戦略的プロジェ
　クト（CLIPグループ）……………… 151
麻薬事件をはじめとする青少年の犯罪の増
　加 ……………………………………… 198
マレーシア航空事件 …………………… 132
満州国特許事件 ………………………… 137
満州特許事件東京地裁判決 …………… 163
水際取締制度 …………………………… 192
民間文芸 ………………………………… 5
民事訴訟法3条の3第8号の除外規定
　　…………………………………………… 134
民商事事件の訴訟遅延 ………………… 198
無登録の意匠保護 ……………………… 70
無方式主義 …………… 50, 95, 127, 174
名誉棄損又は信用棄損の特例 ………… 161
申立担保制度 …………………………… 192
黙示的意思を認定して準拠法を決定する
　方法 …………………………………… 179
黙示的許諾論 …………………………… 8, 14
黙示的合意 ………………………… 178, 185
模造品や著作物の海賊行為 …………… 213
文言侵害 ………………………………… 17

[や行]

薬事法に基づく製造承認申請のための
　試験 …………………………………… 232
友好的警告書 …………………………… 219
優先期間 ……………………… 34, 35, 37, 39
優先権 ………………………… 33, 34, 35, 36
優先権主張 ……………………………… 120
優先権主張の効果 ……………………… 104
優先権主張の手続 ……………………… 38
優先権主張の申立て ……………… 103, 104
優先権主張の要件の明確化 …………… 41

優先権証明書の提出期間……………39
優先権制度……………………100, 144
優先権制度の意義………………121
優先権の成立要件………………101
輸入・輸出差止申立制度…………192
UNESCO（国連教育科学文化機関）………55
ユビキタス性……………………3, 5, 131
ヨーロッパ特許条約（EPC）……………100

[ら行]

ラジオ等による公衆への伝達の許諾……53
ラッチェス（懈怠）の抗弁………222, 223
リバース・エンジニアリング……16, 22, 87
領土法……………………………119
利用発明…………………………67
ルイ・ナポレオン（Louis Napoleon）の発布した勅令………………45
ルーベンス（Rubens）生誕300年の記念式典……………………46
レコードに関する強制使用許諾…………53
連邦控訴裁判所（CAFC）の設置………27
連邦最高裁1983年判決(Moses H. Memorial Hospital v. Mercury Construction Corp., 460 U.S.1 (1983))……………198
連邦巡回控訴裁判所（CAFC）……………23
ローマ条約………………………99
Rocket Docketとよばれる迅速な裁判を行う裁判所………………222

[わ行]

わが国の裁判管轄権を否定すべき特段の事情……………………139
我が特許法秩序の基本理念………………165
我々は世界を変革する：持続可能な開発のための2030アジェンダ……………146

木棚　照一（きだな・しょういち）
1941年5月　石川県鳳至郡鵜川町（現鳳珠郡能都町）に生まれる
1964年3月　金沢大学法文学部法科1類卒業
1968年3月　名古屋大学大学院法学研究科修士課程修了
1968年4月　名古屋大学法学部助手
1970年4月　立命館大学法学部助教授
1976年4月　立命館大学法学部教授
1997年4月　早稲田大学法学部教授
2012年3月　早稲田大学定年退職
2013年4月　名古屋学院大学法学部教授（2017年3月まで）
現　　在　早稲田大学名誉教授、弁護士（東京第2）

［主要業績］
単著　『国際工業所有権法の研究』（日本評論社、1989年）、『国際相続法の研究』（有斐閣、1995年）、『逐条註解　国籍法』（日本加除出版、2003年）、『国際知的財産法』（日本評論社、2009年）、『逐条解説　国際家族法——重要判例と学説の動向』（日本加除出版、2017年）
共著　『国際私法概論〔第5版〕』（有斐閣、2007年）
編著　『国際知的財産侵害訴訟の基礎理論』（経済産業調査会、2003年）、『国際取引法〔第2版補訂版〕』（成文堂、2011年）、『知的財産の国際私法原則研究』（早稲田大学比較法研究所、2012年）、『国際私法』（成文堂、2016年）、『実践知的財産法　制度と戦略入門』（法律文化社、2017年）
共編著　『国際取引と法［山田鐐一先生退官記念論文集］』（名古屋大学出版会、1988年）、『基本法コンメンタール国際私法』（日本評論社、1994年）、『プライマリー国際取引法』（法律文化社、2006年）、『グローバル化する世界と法の課題［山手治之先生古稀記念論文集］』（東信堂、2006年）
監修書　中国国際私法学会編著、袁藝訳『中国国際私法模範法——第六次草案』（日本加除出版、2004年）、「定住外国人と家族法」研究会編『「在日」の家族法Q&A〔第3版〕』（日本評論社、2010年）

こくさいちてきざいさんほうにゅうもん
国際知的財産法入門

2018年4月15日／第1版第1刷発行

著　者　木棚照一
発行者　串崎　浩
発行所　株式会社日本評論社
　　　　〒170-8474　東京都豊島区南大塚3-12-4
　　　　電話　03-3987-8621　　FAX　03-3987-8590
　　　　振替　00100-3-16　　https://www.nippyo.co.jp/
印刷所　平文社
製本所　井上製本所
装　幀　有田睦美
検印省略　© S. KIDANA 2018
ISBN978-4-535-52340-1　　Printed in Japan

JCOPY 〈(社)出版者著作権管理機構　委託出版物〉
本書の無断複写は著作権法上での例外を除き禁じられています。複写される場合は、そのつど事前に、(社)出版者著作権管理機構（電話 03-3513-6969、FAX 03-3513-6979、e-mail: info@jcopy.or.jp）の許諾を得てください。また、本書を代行業者等の第三者に依頼してスキャニング等の行為によりデジタル化することは、個人の家庭内の利用であっても、一切認められておりません。